COISA JULGADA NA INVESTIGAÇÃO DE PATERNIDADE

W464c Welter, Belmiro Pedro
       Coisa julgada na investigação de paternidade / Belmiro Pedro
   Welter. – 3. ed., rev. e atual. – Porto Alegre: Livraria do Advogado Editora, 2010.
       168 p.; 23 cm.
       ISBN 978-85-7348-704-6

       1. Ação de investigação de paternidade. I. Título.

                                        CDU – 347.63

           Índice para catálogo sistemático:
           Ação de investigação de paternidade   347.63

       (Bibliotecária responsável: Marta Roberto, CRB-10/652)

Belmiro Pedro Welter

COISA JULGADA NA INVESTIGAÇÃO DE PATERNIDADE

3ª edição

Revista e Atualizada de acordo
com a Teoria Tridimensional
do Direito de Família

Porto Alegre, 2010

© Belmiro Pedro Welter, 2010

Capa, projeto gráfico e diagramação
Livraria do Advogado Editora

Revisão
Rosane Marques Borba

Direitos desta edição reservados por
Livraria do Advogado Editora Ltda.
Rua Riachuelo, 1338
90010-273 Porto Alegre RS
Fone/fax: 0800-51-7522
editora@livrariadoadvogado.com.br
www.doadvogado.com.br

Impresso no Brasil / Printed in Brazil

Sumário

Nota do Autor 7
Introdução 9
**Capítulo I – Algumas questões relativas à ação de
investigação de paternidade** 17
 1. Direito personalíssimo de investigar a paternidade 17
 2. Direito indisponível de investigar a paternidade 19
 3. Direito imprescritível de investigar a paternidade 20
 4. A histórica discriminação humana 22
 5. A evolução das formas de família e de filiação no Brasil 30
 6. O direito de investigar a paternidade genética e socioafetiva ao
 mesmo tempo 30
Capítulo II – Presunções relativas da paternidade 40
 1. Presunção relativa da *pater is est quem nuptias demonstrant* 49
 2. Presunção relativa da paternidade na união estável 49
 3. Presunção relativa da paternidade no namoro 51
 4. Presunção relativa da paternidade no relacionamento sexual 52
 5. Presunção relativa da paternidade na recusa do investigado na produção do
 exame genético em DNA 53
 6. A relativização das presunções da paternidade 53
**Capítulo III – Algumas provas que devem ser produzidas na ação
de investigação de paternidade biológica** 59
 1. Necessidade da produção do exame genético em DNA 59
 2. Prova testemunhal e depoimento pessoal na investigação de paternidade 65
 3. Produção da prova pericial na investigação de paternidade 67
 4. Peculiaridades da prova pericial 70
 5. Momento da produção da prova pericial 72
 6. Formatação de várias perícias 75
 7. Possibilidade de ser indicado assistente técnico na elaboração da
 prova pericial 76
 8. Condução coercitiva do investigado na realização do exame genético
 em DNA 79

Capítulo IV – Paternidade socioafetiva 89
  1. Afetividade e dignidade da pessoa humana 91
  2. Afetividade e proteção integral e absoluta da criança, do adolescente e do idoso 93
  3. Afetividade e o processo de secularização 96
  4. Afetividade e igualdade entre as filiações biológica e socioafetiva 99
  5. Desnecessidade de legislação infraconstitucional para acolhimento da tridimensionalidade humana 105
  6. Inconstitucionalidade da ação negatória de paternidade genética e socioafetiva 108
  7. Teoria tridimensional do direito de família: concessão de todos os direitos das paternidades genética e socioafetiva 114
    7.1. Cumulação de todos os efeitos jurídicos da investigação de paternidade genética e afetiva 118
    7.2. Efeitos jurídicos quanto aos impedimentos matrimoniais 118
    7.3. Efeitos jurídicos quanto à preservação da vida e da saúde do filho e dos pais genéticos 122
    7.4. Efeitos jurídicos quanto ao nome 123
    7.5. Efeitos jurídicos quanto aos alimentos ao filho genético e afetivo e seus pais 124
    7.6. Cumulação de todos os eventos jurídicos na tridimensionalidade humana 125

Capítulo V – Conclusões sobre coisa julgada na investigação de paternidade 129
  1. A coisa julgada na ação de alimentos não impede a ação de investigação de paternidade 130
  2. A coisa julgada na ação de anulação de registro civil não impede a ação de investigação de paternidade 131
  3. Não há coisa julgada material contra pais e filhos quando a ação de investigação de paternidade é proposta pelo Ministério Público 132
  4. Não ocorre a coisa julgada material ao pai registral não citado na ação investigatória ou negatória de paternidade 134
  5. Não faz coisa julgada a homologação do acordo de reconhecimento da paternidade na pendência da ação, sem que tenha sido oportunizada a produção de todas as provas, principalmente o exame genético em DNA 135
  6. Não faz coisa julgada a sentença de reconhecimento da prescrição da ação de investigação de paternidade 136
  7. Não faz coisa julgada a sentença de improcedência da ação de investigação de paternidade por insuficiência de provas da paternidade biológica 137
  8. A teoria tridimensional no direito de família e a coisa julgada na investigação de paternidade 142

Referências bibliográficas 159

Nota do Autor

Na primeira edição desta obra, defendi o direito a uma nova ação de investigação de paternidade se na anterior não foram produzidas *todas as provas admitidas em direito, como documental, testemunhal, depoimento pessoal e, especialmente, o exame genético em DNA*.

Na segunda edição, além de confirmar a tese anterior, sustentei que, uma vez presente a filiação socioafetiva, que pode ter sido edificada, inclusive pela sentença anterior de investigação de paternidade, não será mais possível afastar essa perfilhação, já que faz parte do mundo afetivo do ser humano.

Agora, na terceira edição, concluo a tese sobre coisa julgada na investigação de paternidade, ratificando as duas manifestações anteriores. Acrescento que, como o ser humano é um ser tridimensional, genético, afetivo e ontológico, devem ser reconhecidas, *ao mesmo tempo*, as paternidades genética E socioafetiva, com a outorga de *todos* os efeitos jurídicos dessas *duas paternidades,* como: alimentos, herança, poder/dever familiar, parentesco, guarda compartilhada, nome, visitas, ação de investigação de paternidade genética e afetiva e demais direitos existenciais.

Isso porque, na era do constitucionalismo, é preciso compreender a principiologia constitucional com harmonia e integridade. Não afasta, portanto, a incidência de nenhum princípio, pelo que a coisa julgada não pode se sobrepor ao princípio da condição humana tridimensional, genética, afetiva e ontológica, inserido no artigo 1º, III, da Constituição do País, que assegura a dignidade da pessoa humana, na qual estão assentados a República e o Estado Democrático de Direito.

Introdução

Os princípios constitucionais[1] da igualdade,[2] da proibição de discriminação entre a filiação,[3] da supremacia dos interesses dos filhos,[4] da cidadania[5] e da dignidade da pessoa humana,[6] os dois últimos elevados a fundamento da República Federativa do Brasil e do Estado Democrático

---

[1] CANOTILHO, José Joaquim Gomes. *Direito Constitucional e Teoria da Constituição*. 3.edição. Coimbra – Portugal: Livraria Almedina, 1999, p. 1177, as "*regras* são normas que, verificados determinados pressupostos, exigem, proíbem ou permitem algo em termos definitivos, sem qualquer excepção (*direito definitivo*). *Princípios* são normas que exigem a realização de algo, da melhor forma possível, de acordo com as possibilidades fácticas e jurídica".

[2] MIRANDA, Jorge. *Manual de Direito Constitucional*. Tomo IV. 2. ed. Coimbra, Portugal: Coimbra Editora, 1993, p. 216, "a igualdade e proporcionalidade não se coincidem, embora se sobreponham largamente. A igualdade tem que ver com a distribuição de direitos e deveres, de vantagens e de encargos, de benefícios e de custos inerentes à pertença à mesma comunidade ou à vivência da mesma situação. A proporcionalidade é um dos critérios que lhe presidem ou uma das situações imprescindíveis, como acaba de se indicar; é uma medida de valor a partir da qual se procede a uma ponderação".

[3] CERQUEIRA Filho, Giságlio. *Estatuto da Criança e do Adolescente Comentado: comentários jurídicos e sociais*. Munir Cury; Antônio Fernando do Amaral e Silva; Emílio García Mendez (coords.). 2. ed. São Paulo: Malheiros, 1992, p. 88, nosso País não mais permite que se revisite a histórica e odiosa discriminação imputada aos filhos, já que "essas tristes lembranças, além de ilegais e imorais, são fruto de conhecidos interesses de propriedade e de herança".

[4] CAHALI, Yussef Said. *Divórcio e Separação*. 9. ed. São Paulo: Revista dos Tribunais, 2000, p. 931: "os direitos inerentes ao pátrio poder, no concernente à guarda da prole, cedem passo perante solução desenganadamente exigida pelo bem dos menores" (artigos 227 da CF, 4° e 7° do ECA).

[5] WELTER, Belmiro Pedro. *(Des)velamento da cidadania na democracia constitucional*. Revista de Direito da Universidade Regional Integrada do Alto Uruguai e das Missões, Santo Ângelo, junho de 2002. CORRÊA, Darcísio. *A construção da cidadania, reflexões histórico-políticas*. Ijuí: Editora UNIJUÍ, 1999, p. 216 a 218, a cidadania confunde-se praticamente com os direitos humanos, sendo "uma representação universal do homem emancipado, fazendo emergir a autonomia de cada sujeito histórico, como a luta por espaços públicos na sociedade a partir da identidade de cada sujeito".

[6] FERRAZ JÚNIOR, Tércio Sampaio. *Constituição de 1988: legitimidade, vigência e eficácia, supremacia*. São Paulo: Atlas, 1989, p. 36, "o sentido da dignidade humana alcança, assim, a própria distinção entre Estado e Sociedade Civil, ao configurar o espaço de cidadania, que não se vê absorvida nem por um nem por outro, mas deve ser reconhecida como um pressuposto de ambos. Significa que, constitucionalmente, está reconhecido que o homem tem um lugar no mundo político em que age".

de Direito,[7] não admitem a discussão da origem da filiação, não importando se de reprodução humana natural (sexual, corporal) ou medicamente assistida (assexual, extracorporal, laboratorial, artificial, científica), genética ou socioafetiva, já que todas elas podem ser investigadas, outorgando-se, ao mesmo tempo, todos os efeitos jurídicos das duas paternidades.

Residem controvérsias no cenário jurídico brasileiro acerca da manutenção, ou não, das três verdades da perfilhação: formal,[8] biológica[9] e sociológica.[10] O embate jurídico entre os operadores do Direito é enunciação de que a discussão será mais acalorada sobre as diversas interpretações a serem dadas na reprodução humana medicamente assistida e acerca da genética, afetividade e ontologia, motivo por que o jurista, ao se manifestar sobre a paternidade ou a maternidade,[11] seja sexual ou assexual, biológica ou afetiva, não pode consignar um teto, e sim um piso hermenêutico, justamente porque se cuida de seres humanos, cada qual com as suas idiossincrasias, individualidade, ancestralidade, identidade, formação social, singularidade, diversidade e dignidade. Significa, enfim, que tudo o que for dito sobre reprodução humana corporal ou extracorporal, genética, socioafetividade e ontologia deve ser visto de soslaio, na medida em que o debate doutrinário e jurisprudencial se encontra na fase gestacional, não havendo, por enquanto, engenharia genética,[12] afetiva e

---

[7] STRECK, Lenio Luiz; MORAIS, José Luis Bolzan de. *Ciência Política e Teoria Geral do Estado*. Porto Alegre: Livraria do Advogado, 2000, p. 90, os princípios do Estado Democrático de Direito são: "a) *Constitucionalidade*; b) *Organização Democrática da Sociedade*; c) *Sistema de direitos fundamentais individuais e coletivos*; d) *Justiça Social*; e) *Igualdade*; f) *Divisão de Poderes ou de Funções*; g) *Legalidade*; h) *Segurança e Certeza Jurídicas*". SILVA, José Afonso da. *Curso de Direito Constitucional Positivo*, 10. ed. São Paulo: Malheiros, 1995, p. 122-123, os princípios são: "a) *Princípio da constitucionalidade*; b) *princípio democrático*; c) *sistema de direitos fundamentais*; d) *princípio da justiça social*; e) *princípio da igualdade*; f) *princípios da divisão de poderes* e da *independência do juiz*; g) *princípio da legalidade*; h) *princípio da segurança jurídica*".

[8] Artigo 338 do Código Civil: "Presumem-se concebidos na constância do casamento: I – os filhos nascidos 180 (cento e oitenta) dias, pelo menos, depois de estabelecida a convivência conjugal (artigo 339); II – os nascidos dentro nos 300 (trezentos) dias subsequentes à dissolução da sociedade conjugal por morte, desquite ou anulação".

[9] Artigo 227, § 6º, da Constituição Federal: "Os filhos havidos ou não da relação do casamento, ou por adoção, terão os mesmos direitos e qualificações, proibidas quaisquer designações discriminatórias relativas à filiação".

[10] Artigo 226, § 7º, da Constituição Federal: "Fundado nos princípios da dignidade da pessoa humana e da paternidade responsável, o planejamento familiar é livre decisão do casal, competindo ao Estado propiciar recursos educacionais para o exercício desse direito, vedada qualquer forma coercitiva por parte de instituições oficiais ou privadas".

[11] BITTENCOURT, Edgard de Moura. *Família: casamento, divórcio, concubinato, filiação, filhos de criação; adoção comum, simples e plena*, 4. ed. São Paulo: Livraria Editora Universitária de Direito, 1987, p. 159, "a investigação da paternidade é, sem dúvida alguma, a área jurídica que mais se presta a aventuras e chantagens. Apenas o objetivo econômico, mediato ou imediato, conduz alguém, por si ou por seu representante legal, a demandar o suposto pai ou seus herdeiros. Embora em tese se admita que o interesse moral também possibilita a demanda, não registram os anais forenses casos desse tipo exclusivo".

[12] ALMEIDA, Aline Mignon de. *Bioética e Biodireito*. Rio de Janeiro: Lumen Juris, 2000, p. 40, "a engenharia genética integra a Terceira Revolução Industrial e é o seu pólo mais dinâmico. Estamos diante de um

ontológica capaz de compreender os princípios da condição humana tridimensional, sobretudo, da dignidade humana e da prioridade absoluta dos interesses dos filhos.

São invocados o artigo 227, § 6º, da Constituição, disciplinando que "os filhos, havidos ou não da relação do casamento, ou por adoção, terão os mesmos direitos e qualificações, proibidas quaisquer designações discriminatórias,[13] e o artigo 227, cabeço, do texto constitucional, estabelecendo que "é dever da família, da sociedade e do Estado assegurar à criança e ao adolescente, com absoluta prioridade, o direito à vida, à saúde, à alimentação, à educação, ao lazer, à profissionalização, à cultura, à dignidade, ao respeito, à liberdade e à convivência familiar e comunitária, além de colocá-los a salvo de toda forma de negligência, discriminação, exploração, violência, crueldade e opressão".

Houve ruptura da ordem jurídica anterior ao Pacto Constitucional de 1988,[14] em vista da igualdade material entre filhos corporais, extracorporais, biológicos e sociológicos, pela mudança de costumes, redefinindo valores e conceituando o contexto familiar de forma mais ampla. Isso exigiu dos Poderes da República a composição dos litígios com olhos postos na realização da condição humana tridimensional, e não limitar-se à aceitação de conceitos preconceituosos que não se ajustem à modernidade.[15]

Com o advento da terceira Revolução Industrial[16] e do século XXI, a engenharia genética, socioafetiva e ontológica passaram a (de)marcar presença na vida do ser humano, desde a concepção, no pré-natal, no tratamento embrionário, no feto, alongando-se ao nascimento e até a fi-

---

dos acontecimentos mais importantes da história da humanidade, com repercussões incalculáveis em todos os setores da nossa vida, e de tal forma, e em tamanha profundidade, que podemos dividir a nossa história em pré e pós-engenharia genética".

[13] FACHIN, Luiz Edson. *Elementos Críticos do Direito de Família: curso de direito civil*. Rio de Janeiro: Renovar, 1999, p. 201, "como a Constituição manteve o casamento como fonte da família, desaparece a designação discriminatória, mas permanece a distinção. Há um 'resíduo diferenciador' sem que implique uma ofensa ao princípio da igualdade, porque distinguir não significa discriminar".

[14] FERRAJOLI, Luigi. *Derecho y razón. Teoria del garantismo penal*, 4. ed. Tradutores: Perfecto Andrés Ibáñez; Alfonso Rui Miguel; Juan Carlos Bayón Mohino; Juan Terradilos Basoco; e Rocío Cantarero Bandrés. Editorial Trotta: Madrid, p. 860, "el llamado contrato social, una vez traducido a pacto constitucional, deja de ser una hipótesis filosófico-política para convertir-se en un conjunto de normas positivas que obligan entre sí al estado y al ciudadano, haciendo de ellos dos sujetos con soberania recíprocamente limitada" (Tradução: O chamado contrato social, uma vez traduzido a pacto constitucional, deixa de ser uma hipótese filosófico-política para converter-se em um conjunto de normas positivas que obrigam entre si ao Estado e ao cidadão, fazendo deles dois sujeitos com soberania reciprocamente limitada).

[15] Acórdão da 3ª Turma, em 03.04.90, transcrito na RSTJ 40/236. Relator: Waldemar Sveiter.

[16] CASTELLS, Manuel. *A Sociedade em Rede*. 2. ed. São Paulo: Paz e Terra, 1999, p. 430, a primeira e segunda Revolução Industrial potencializaram a mão humana, o trabalho mecânico, o físico. Já a terceira Revolução Industrial, também chamada por Manuel Castells de *Era da Informação*, potencializou o cérebro humano que, entre tantas outras conquistas, "pela primeira vez [...] penetrará os segredos da vida e conseguirá fazer manipulações substanciais da matéria viva".

nitude humana. No decorrer da vida, a medicina vai administrar a saúde da pessoa, tentando, "por todos os meios, afastar o espectro da morte, através dos mais diversos recursos terapêuticos e profiláticos oferecidos pela medicina moderna",[17] o que reclama a imposição de diretrizes éticas e jurídicas aos que lidam com a reprodução humana científica,[18] compreendidos, nessa ciranda jurídica e ética globalizada, os cultores do Direito e todas as categorias profissionais ligadas à área da saúde, inclusive a mental, pois, conforme anota Leonardo Boff,[19] "para uma realidade global, importa também uma ética global", advertindo que deve haver consenso mínimo no direito à integridade física, psíquica e à vida tridimensional de cada ser humano.

Na mesma proporção do avanço biotecnológico,[20] socioafetivo e ontológico, aumentam as dificuldades dos cientistas do Direito em identificar a paternidade e a maternidade e manter incólume a inviolabilidade do painel ético[21] e constitucional, porque, segundo Brunet, a ciência tem face bifronte: libertadora e destruidora. A primeira permite mais opções para a solução de problemas; a face destruidora, contudo, estimula no ser humano o egoísmo e o instinto de superioridade destrutiva, pretendendo a superação pelo uso negativo da tecnologia, pelo que, acrescenta a autora, "faz-se necessário que a Bioética e o Direito, em trabalho conjunto, estabeleçam os limites de utilização do conhecimento genético, transfigurado em biopoder".[22]

A humanidade não assimilou os avanços da ciência genética,[23] da afetividade e da ontologia, de vez que se habituou à maternidade pela gravidez e pelo parto, mas, hoje, "a mulher que engravida e dá à luz um

---

[17] BRAUNER, Maria Cláudia Crespo. *A bioética e os progressos tecnocientíficos da medicina moderna: quais os limites de segurança*. São Leopoldo, RS: Anuário da Unisinos, 1999, p. 193 a 213.

[18] LOCKE, John. *Dois Tratados Sobre o Governo*. Tradução Julio Fischer. São Paulo: Martins Fontes, 1998, p. 451, "a procriação traz consigo apoio e assistência mútuos, bem como uma comunhão de interesses, necessária não só para unir seus cuidados e afeto, mas também para sua progênie comum, que tem o direito de ser alimentada e sustentada por eles, até que seja capaz de prover às próprias necessidades".

[19] BOFF, Leonardo. *Ethos mundial: um consenso mínimo entre os humanos*. Brasília: Letraviva, 2000, p. 26-79-80.

[20] Artigo publicado pela Revista Veja "a duplicação de um ser humano adulto é teoricamente possível, usando-se o mesmo processo adotado na Escócia para clonar 'Dolly'. Mesmo assim, será quase impossível que algum grupo de cientistas assuma publicamente um projeto desse tipo" (Revista VEJA Educação, 2001 – Abril, www.veja.com.br, 06.08.01). Contudo, no mesmo mês, foi noticiado pela imprensa que cientistas ingleses iniciarão a clonagem de seres humanos, a contar de dezembro de 2001.

[21] A expressão "painel ético" significa ética não apenas local, e sim a reprodução humana medicamente assistida com base na ética globalizada, universalizada, transnacionalizada.

[22] BRUNET, Karina Schuch. *Engenharia Genética: Implicações Éticas e Jurídicas*. Porto Alegre: Revista Jurídica nº 274, 08/2000, p. 44 a 55.

[23] ALBUQUERQUE, Antônio Augusto. Reportagem constante no Jornal Correio do Povo, de Porto Alegre, de 12.11.98, p. 17, em matéria de investigação de paternidade ou maternidade, "é bem mais

bebê pode não ser a mãe biológica deste ser, pode não ter qualquer vínculo genético com a criança. O progresso científico, neste campo, abalou a regra milenar *mater semper certa est*".[24] Por isso, a condição humana tridimensional, genética, afetiva e ontológica, surpreendeu o Direito, pois "somente agora os juristas começam suas viagens sobre os territórios da bioética e do biodireito, parecendo bombeiros atrás de um incêndio, transitando no paradoxo que pode haver entre instrumentos de liberdade e artefatos da mercancia",[25] motivo pelo qual se impõe o estabelecimento de limites procedimentais de bioética[26] e de biodireito.[27]

Apresentarei os pensamentos que habitam no plenário jurídico brasileiro sobre a perfilhação biológica, socioafetiva[28] e ontológica, cuja temática vem produzindo tensões "entre o conhecimento e a ética, mediadas por pesquisadores, tecnólogos, empresas, institutos, universidades, entidades governamentais normativas e fiscalizadoras e grupos que representam a opinião pública, erudita ou popular".[29] No Brasil, o artigo 225,

fácil saber quem é o pai", pois, segundo esse autor, "o pai, e não a mãe, é o único que pode ser comprovado geneticamente".

[24] VELOSO, Zeno. *Direito brasileiro da filiação e paternidade*. Rio de Janeiro: Malheiros, 1997, p. 155.

[25] FACHIN, Luiz Edson. *Elementos Críticos do Direito de Família: curso de direito civil*. Rio de Janeiro: Renovar, 1999, p. 229.

[26] LEITE, Eduardo de Oliveira. *Procriações artificiais: bioética e biodireito*. Repensando o direito de família, Anais do I Congresso Brasileiro de Direito de Família. Rodrigo da Cunha Pereira (coord.). IBDFAM, OAB-MG, Belo Horizonte: Del Rey, 1999, p. 147, bioética é "o direito de intervir na vida de outra pessoa ou na vida de uma comunidade dada, procurando lhe imprimir uma nova orientação, ou simplesmente desviar seu rumo natural, não é tão óbvio como poderia parecer numa primeira abordagem".

[27] ALMEIDA, Aline Mignon de. *Bioética e biodireito*. Rio de Janeiro: Lumen Juris, 2000, p. XVII, "em relação à vida humana, a ética e o direito nunca estiveram tão próximos como agora, e daqui para frente, sempre que se falar em Biodireito, teremos que tratar da Bioética e vice-versa, na medida em que estão intimamente ligados".

[28] A doutrina (BARROS, Fabrício Silveira. O interesse superior da criança como paradigma da filiação sócio-afetiva. In: *O direito de família descobrindo novos caminhos*. Maria Cláudia Crespo Brauner (coord.). Canoas: La Sale, 2001, p. 249) e a jurisprudência (TJRS – AI 599 296 654 – 7ª C. Cív. – Rel. Luís Felipe Brasil Santos – Unânime – J. 18.08.1999) utiliza as expressões filiação *sócio-afetiva* (com acento e hífen) e *socioafetiva* (sem acento e sem hífen) para designar a filiação que não é biológica, mas, sim, afetiva. Gramaticalmente, o termo correto é socioafetiva (com acento e hífen). Contudo, entendo que a interpretação sincrônica recomenda o uso do termo filiação *socioafetiva* (sem acento e sem hífen), por várias razões: a primeira, o hífen causa uma ruptura gráfica, retirando a identidade do termo, ainda apegado à ideia de cisão cartesiana; a segunda, *socioafetiva* dá a entender unidade de filiação, isto é, igualdade entre filhos biológicos e sociológicos, cujo pensamento está-se enraizando no plenário jurídico e social não só brasileiro, mas em vários países; a terceira, *socioafetivo* denota a existência de *um pai*, e não *o pai* (biológico), já que, para a filiação, modernamente, não importa tanto a biologia, mas, sim, a afetividade; a quarta, a grafia *socioafetivo* dá a ideia de sagrado, que pertence ao espírito, que não pertence apenas à perfilhação biológica, a qual, aliás, também deve ser afetiva; a quinta, ao aplicar a grafia *socioafetivo* estar-se-á aplicando uma interpretação originária do contexto social; a sexta, a convenção da gramática, no caso do termo *socioafetivo*, causa cisão do social, do espírito, da alma, do sacro, pelo que, para se manter a unidade da perfilhação biológica e sociológica, que reclama o tratamento de *pai*, sem discriminação entre biológico ou sociológico, deve ser empregada apenas a expressão filiação *socioafetiva*.

[29] PESSOA, Oswaldo Frota. *Fronteiras do Biopoder*, http://200.239.45.3/cfm/espelho/revista/bio2v5/fronteirasbiopoder.htm, em 09.06.99.

§ 1º, inciso II, da Constituição Federal, impõe ao poder público a tarefa de "preservar a diversidade e a integridade do patrimônio genético do País e fiscalizar as entidades dedicadas à pesquisa e manipulação de material genético", em cujo dispositivo constitucional está inserido o projeto universal do genoma humano, pelo que, considerando o princípio da dignidade da pessoa humana, deve ser reconhecida a existência de um direito à identidade genética,[30] afetiva e ontológica.

A contar do Contrato Constitucional e do Código Civil (Lei nº 10.406/2002), não é mais possível interpretar o direito de família com base no Código Civil de 1916, mas, sim, sob uma ótica garantista,[31] constitucional, porque, na visão streckiana, não são os objetos que explicam o mundo, o qual é o instrumento que possibilita o acontecer da explicitação dos objetos, eliminando o "caráter de ferramenta da Constituição: a Constituição não é ferramenta – é constituinte [...]. Temos de des-objetivar a Constituição, tarefa que somente será possível com a superação do paradigma metafísico que (pré)domina o imaginário dos juristas",[32] (des)velando, assim, alguns princípios constitucionais, por exemplo:

01) da dignidade da pessoa humana (artigo 1º, III, da CF); 02) da cidadania (artigo 1º, II); 03) da igualdade entre a filiação (artigo 226, cabeço); 04) do pluralismo e da democracia no recanto familiar, com a liberdade de escolha da espécie de família (artigo 1º, V); 05) da igualdade dos cônjuges (artigo 5º, inciso I); 06) da liberdade, da justiça e do solidarismo no trato das relações familiares (artigo 3º, I); 07) da beneficência em prol da unidade familiar (art. 3º, IV); 08) da instituição da filiação socioafetiva (artigos 226, §§ 4º e 7º, e 227, § 6º); 09) do acolhimento da ontologia; 10) da equivalência da filiação biológica e afetiva (artigos 226, § 7º, e 227, § 6º); 11) da pluralidade das entidades familiares (artigo 226, § 1º, 3º e 4º); 12) do bem-estar familiar (artigo 227, *caput*); 13) da proteção absoluta e integral dos filhos (artigo 227, *caput*); 14) da beneficência entre os membros da família (artigo 226, cabeço e §§ 4º e 7º); 15) da equiparação entre casamento,

---

[30] SARLET, Ingo Wolfgang. *Dignidade da Pessoa Humana e Direitos Fundamentais na Constituição Federal de 1988*. Porto Alegre: Livraria do Advogado, 2001, p. 105.

[31] CARVALHO, Salo de. *Pena e garantias: uma leitura do garantismo de Luigi Ferrajoli no Brasil*. Rio de Janeiro: Lumen Juris, 2001, p. 83, a teoria garantista "apresenta-se, pois, como saber crítico e questionador, como instrumento de defesa radical e intransigente dos direitos humanos e da democracia contra todas as deformações do direito e do Estado presentes nos modelos genocidas e totalitários do pampenalismo contemporâneo". Ver, também nesse sentido, FERRAJOLI, Luigi. *Derecho y razón. Teoria del garantismo penal*, 4. ed. Tradutores: Perfecto Andrés Ibáñez; Alfonso Rui Miguel; Juan Carlos Bayón Mohino; Juan Terradilos Basoco; e Rocío Cantarero Bandrés, Editorial Trotta: Madrid.

[32] STRECK, Lenio Luiz. *Hermenêutica jurídica e(m) crise*, 2. ed. Porto Alegre: Livraria do Advogado, 2000, p. 287.

união estável e todas as formas de ser-em-família (artigo 226, *caput* e § 3º), cuja nova ordem constitucional é auto-aplicável.[33]

Trarei à discussão a importância da aplicação e cumprimento das normas e princípios constitucionais, contribuindo para uma análise do direito intangível do ser humano à condição humana tridimensional, com a plenitude da dignidade, princípio dotado, ao mesmo tempo, segundo José Afonso da Silva, de um valor supremo, porque se encontra na base da vida nacional, atraindo o conteúdo de todos os direitos fundamentais, desde o direito à vida, um princípio constitucional fundamental e geral, não somente da ordem jurídica, mas também da ordem política, social, econômica, cultural "e fundamento da República Federativa do Brasil constituída em Estado Democrático de Direito. Se é fundamento é porque se constitui num valor supremo, num valor fundante da República, da Federação, do País, da Democracia e do Direito".[34]

Postado em direitos e princípios constitucionais, navegarei nas mudanças legislativas da filiação; na equiparação da paternidade e maternidade biológica e afetiva; na produção de todas as provas admitidas em direito, especialmente o exame genético em DNA;[35] na viabilidade de investigar as paternidades biológica e socioafetiva, ao mesmo tempo; na concessão de todos os direitos dessas duas paternidades, e, principalmente, no acolhimento da condição humana tridimensional, genética, afetiva e ontológica.

---

[33] PEREIRA, Rodrigo da Cunha. *Direito de Família: uma abordagem psicanalítica*, 2. ed. Belo Horizonte: Del Rey, 1999, p. 92, "o entendimento dominante sobre a nova ordem constitucional, instalada desde 1988, é mesmo o da auto-aplicabilidade". No mesmo sentido, SARLET, Ingo Wolfgang. *A eficácia dos direitos fundamentais*. 3. ed. Porto Alegre: Livraria do Advogado, 2003, p. 73.

[34] SILVA, José Afonso da. *A dignidade da pessoa humana como valor supremo da democracia*. Revista de Direito Administrativo. Rio de Janeiro: Renovar, nº 212, p. 92, abr./jun. 1998.

[35] RASKIN, Salmo. A Evolução das Perícias Médicas na Investigação de Paternidade: dos redemoinhos do cabelo ao DNA. Direito de Família: a família na travessia do milênio. *Anais do II Congresso Brasileiro de Direito de Família*. Rodrigo da Cunha Pereira (coord.). Belo Horizonte, IBDFAM, OAB – MG: Del Rey, 2000, p. 188, "a possibilidade de encontrar duas pessoas iguais em diversos pontos do material genético analisado é menos do que a população atual do planeta (cerca de 6 bilhões de indivíduos), ficando a única exceção a cargo dos gêmeos univitelinos, que possuem, a princípio, 100% de seu DNA igual".

Capítulo I

Algumas questões relativas à ação de investigação de paternidade

Examinarei as questões pertinentes aos direitos personalíssimo, indisponível, irrenunciável, intransmissível e imprescritível das paternidades genética e socioafetiva, além de citar alguns preconceitos incrustados na evolução da família e da filiação.

1. Direito personalíssimo de investigar a paternidade

De acordo com o artigo 27 do Estatuto da Criança e do Adolescente, "o reconhecimento do estado de filiação é direito personalíssimo, indisponível e imprescritível, podendo ser exercitado contra os pais ou seus herdeiros, sem qualquer restrição, observado o segredo de justiça". Em outros termos,[36] o reconhecimento da filiação é direito personalíssimo, "porque inerente ao estado de filho. Não comporta sub-rogados, nem se trata de direito suscetível de ser exercitado por outrem".

Segundo Hélio Armond Werneck,[37] citando Pimenta Bueno, "os direitos individuais, que se podem também denominar naturais, primitivos, absolutos, primordiais ou pessoais, são faculdades e prerrogativas morais que a natureza conferiu ao homem como ser inteligente; são atributos essenciais de sua individualidade, são propriedades suas inerentes à sua personalidade; são partes integrantes da entidade humana". Logo a seguir, o escoliasta, apoiando-se em Arnoldo Medeiros da Fonseca, diz que, na verdade, os direitos personalíssimos, ao contrário dos direitos

---

[36] MONTEIRO, Washington de Barros. *Estatuto da Criança e do Adolescente*. São Paulo: Malheiros, 1992, p. 104, em nota ao artigo 27 do ECA.
[37] CORTES, Hélio Armond Werneck. Revelia, Confissão e Transigência dos Direitos Indisponíveis. In: *RT* 471/28.

pessoais, ou de crédito, "embora de natureza privada, pois se destinam a assegurar ao indivíduo o gozo de seu próprio ser, físico ou espiritual, são direitos absolutos. E, como acentua Ferrara, tendo por finalidade a tutela de bens imanentes à pessoa, duram enquanto esta existe e são irrenunciáveis e intransmissíveis".

No mesmo sentido, Edson Ferreira da Silva[38] professa que "a ninguém é dado gozar em lugar de outrem de bens como a vida, a integridade física e psíquica, a liberdade, a honra, o nome, o recato, o que traduz impossibilidade material".

Em decorrência do direito personalíssimo, a ação de investigação de paternidade somente pode ser intentada pelo filho, por seus pais ou sucessores, o que se infere dos seguintes julgados: 01) "A ação que visa negar a paternidade é ação de estado, sendo direito personalíssimo do genitor. O pai do genitor, avô do demandado, não tem legitimidade para questionar a paternidade. Mesmo que pudesse não haver liame biológico, a relação parental é incontroversa, pois o genitor jamais tomou qualquer providência para afastar a paternidade. Diante da ilegitimidade ativa, imperiosa a extinção do processo sem resolução de mérito *ex vi* do art. 267, inc. VI, do CPC";[39] 02) "Ação de investigação de paternidade. Nulidade de registro. Genitor falecido. Ilegitimidade ativa da irmã. Carência de ação: Ilegitimidade de parte e impossibilidade jurídica do pedido. Extinção da ação sem resolução de mérito".[40]

Porém, a jurisprudência, embora entenda que a ação investigatória de paternidade seja direito personalíssimo do filho, tem concedido esse direito ao neto, mesmo que o pai não o tenha efetivado em vida, o que se infere do seguinte julgado:[41] "Em casos como estes costuma-se afirmar que o direito de reconhecimento da relação de paternidade é personalíssimo e só assiste ao filho, com a ressalva das exceções previstas em lei. Diz-se que o legislador pretendeu proteger a verdadeira vontade do falecido, que durante a vida não quis apurar suas origens, por razões que só a complexa natureza humana pode justificar. Mas há casos e casos. As alegações dos recorrentes – que ainda dependem de ampla instrução probatória – induzem ao raciocínio contrário. O falecido pai jamais buscou o reconhecimento da paternidade imputada ao avô simplesmente porque não precisava. Já era reconhecido de fato como filho, como também eram os netos, aqui recorrentes. Em resumo: o pai, em vida, jamais

---

[38] SILVA, Edson Ferreira da. *Direitos de Personalidade*. In: RT 694/24.
[39] Apelação Cível nº 70019641315, Sétima Câmara Cível, Tribunal de Justiça do RS, Relator: Sérgio Fernando de Vasconcellos Chaves, Julgado em 08/08/2007.
[40] Ap. Cível 70030795058, da 7ª CCv. do TJRS, em 27.08.2009. Relator: Ricardo Raupp Ruschel.
[41] STJ; Resp 604.154; Proc. 2003/0198071-2; RS; 3ª T.; Rel. Min. Humberto Gomes de Barros; DJU 01/07/2005; p. 518. Revista Brasileira de Direito de Família nº 09, p. 142 a 145.

viu necessidade de buscar uma declaração judicial de que era filho de J.B.S. No dizer dos recorrentes, não havia necessidade disso. Só agora, com o falecimento do avô, tornou-se relevante o reconhecimento da relação de parentesco".

O neto não está reclamando o direito personalíssimo de seu pai, mas, sim, o seu próprio direito à ancestralidade, não estando ele fruindo um direito no lugar de outrem, porque a vida, a integridade física e psíquica, a liberdade, a honra, o nome, a dignidade, o mundo biológico, afetivo e ontológico são direitos fundamentais *de todos os seres humanos*.

O filho, o neto, o parente, cada qual tem as suas circunstâncias genéticas, afetiva e ontológicas, que a lei não deve impedir, sob pena de grave ofensa ao princípio constitucional da condição humana digna tridimensional, genética, afetiva e ontológica, além de negar vigência à Lei Federal nº 8.069/90 (Estatuto da Criança e do Adolescente), que diz o seguinte: "o reconhecimento do estado de filiação é direito personalíssimo, indisponível e imprescritível, *podendo ser exercitado contra os pais ou seus herdeiros, sem qualquer restrição*, observado o segredo de Justiça" (grifei), que autoriza, portanto, qualquer *parente* a investigar a paternidade genética *contra os pais ou, se mortos, contra os seus herdeiros, sem qualquer restrição*, não exigindo, em momento algum, a pendência de prévia demanda investigatória para que o sucessor possa nela prosseguir.

2. Direito indisponível de investigar a paternidade

A investigação de paternidade é ação que visa[42] "ao acertamento do estado da pessoa, seja para afirmá-lo, quando ele não lhe está na posse, seja para contestá-lo, quando um terceiro quer privá-la das vantagens de um estado em que se acha, sem a ele ter direito e, particularmente, as que têm por objeto a fixação da relação jurídica da paternidade, distinguindo-se entre positivas, ou ações de vindicação de estado, e negativas, ou de contestação de estado".

Uma das consequências do direito indisponível é a impossibilidade de desistência da demanda investigatória de paternidade ou de maternidade,[43] isto é, o autor ou seu representante legal não pode desistir da

---

[42] PEREIRA, Caio Mário da Silva. *Reconhecimento de paternidade e seus efeitos*, 5. ed. Rio de Janeiro: Forense, 1996, p. 52-3.

[43] RIO GRANDE DO SUL. Tribunal de Justiça. Acórdão da 3ª CCv. do TJRS, em 23.02.89. Relator: Mário Augusto Ferrari, RJTJRS 138/185.

ação pendente.[44] Quando a representante legal do menor desistir dessa ação, deve ser nomeado curador especial ou conceder vista dos autos ao Ministério Público, para que, na qualidade de fiscal da lei dos registros públicos ou substituto processual, dê prosseguimento à ação, já que o pedido está envelopado em manifesto interesse de incapaz, direito público e social indisponível.[45]

Enfim, a representante legal da infante não tem legitimidade de dispor de direito indisponível do filho, "causando-lhe incalculáveis prejuízos futuros, porquanto, ao postular a desistência, redundou por negar-lhe sua verdade real, sua ancestralidade, sua parentalidade, o que, ao fim e ao cabo, macula o princípio da dignidade da pessoa humana (art. 1º, III, da Constituição Federal)".[46]

3. Direito imprescritível de investigar a paternidade

O direito à filiação é imprescritível, pois, enquanto vivo, assiste ao filho o direito de reclamar o seu modo de ser-em-família. Essa imprescritibilidade "descansa na conexão existente entre o interesse do indivíduo e o do Estado. Além disso, o *status familiae* implica coincidência de direitos e deveres, que impede que alguém isente de seus deveres, despojando-se dos direitos que porventura lhe assistam. Nesse sentido, a súmula 149 do STF".[47]

A ação de investigação de paternidade genética e socioafetiva é imprescritível, porque, "tendo os filhos, nascidos ou não do casamento, os mesmos direitos, é evidente que podem pleitear a paternidade verdadeira, a qualquer tempo, mesmo estando registrados por outrem, que não acreditam ser o verdadeiro pai",[48] mas jamais revogando-se a paternidade afetiva.

Nesse mesmo sentido, o magistério de Arnaldo Rizzardo,[49] nos termos: "É imprescritível a ação. Muitos procuram fazer incidir o prazo prescricional de quatro anos, previsto no art. 178, § 9º, inc. V, letra *b*, do Código Civil. Todavia, a questão envolve o estado da pessoa. Assim,

---

[44] RIO GRANDE DO SUL. Tribunal de Justiça. Acórdão da 7ª CCv. do TJRS, em 05.04.95. Relator: Alceu Binato de Moraes, na Ap. 594141095.

[45] RIO GRANDE DO SUL. Tribunal de Justiça. Acórdão nº 597.267.939, da 7ª CCv. do TJRS, em 09.09.98. Relator: José Carlos Teixeira Giorgis.

[46] Ap. Cível 70030576656, 8ª CCv. do TJRS, em 20/08/09. Relator: Alzir Felippe Schmitz.

[47] MONTEIRO, Washington de Barros. *op. cit.*, p. 104.

[48] RIO GRANDE DO SUL. Tribunal de Justiça. Ap. Cível nº595097361, da 8ª Ccv. do TJRS. Relator: Eliseu Gomes Torres.

[49] RIZZARDO, Arnaldo. *Direito de Família*, Vol. II. Rio de Janeiro: Aide, 1994, p. 662.

como a ação de investigação de paternidade é imprescritível, da mesma forma o é a negatória de paternidade, podendo ser promovida durante toda a existência. O estado da pessoa constitui emanação da personalidade, sendo indisponível".

Concorda com esse pensamento Sérgio Gischkow Pereira,[50] nos seguintes termos: "A socioafetividade deve ser plenamente acatada no direito brasileiro e não entra em choque com a imprescritibilidade. Mesmo imprescritível a ação de estado, pode o estado de filiação ser mantido em relação a um pai que não o é biologicamente, se comprovada a ocorrência da relação socioafetiva. Portanto, considero retrocesso e sério equívoco utilizar o belíssimo instituto da socioafetividade para tentar criar prazos decadenciais e prescricionais no Direito de Família, quando manifestamente o sistema legal não o quer, além do que é posição incompatível com o moderno direito de família".

Os tribunais pátrios, inclusive o Superior Tribunal de Justiça, com base na igualdade entre a perfilhação e a imprescritibilidade das ações de estado, têm dito o seguinte: "Em sendo a ação de investigação de paternidade imprescritível para aquele que não tem pai registral, a evidência que não pode subsistir o prazo de quatro anos que se segue à maioridade dentro do qual o filho menor poderia impugnar o reconhecimento da filiação, sob pena de infringência ao disposto no art. 227, § 6.º, da Constituição Federal".

Isso quer dizer que o filho pode investigar a sua paternidade genética e socioafetiva, a qualquer tempo, sem prazo decadencial a incidir sobre sua ação,[51] o que tem sido confirmado pela jurisprudência, nos termos: 01) "Ação de investigação de paternidade. Estado de filiação. Direito indisponível. Já restou consagrado pela jurisprudência o entendimento segundo o qual o reconhecimento do estado de filiação é um direito personalíssimo, indisponível e imprescritível. Se a ação de investigação de paternidade é imprescritível, não pode subsistir o prazo de quatro anos que se segue à maioridade dentro do qual o filho menor poderia impugnar o reconhecimento da filiação, sob pena de infringência ao disposto no art. 227, § 6º, da CF";[52] 02) "O tempo não pode impedir nenhuma pessoa humana de buscar o seu

---

[50] PEREIRA, Sérgio Gischkow. A imprescritibilidade das ações de Estado e a socioafetividade: repercussão do tema no pertinente aos arts. 1.601 e 1.614 do Código Civil. In: *Direitos fundamentais do direito de família*. Belmiro Pedro Welter e Rolf Hanssen Madaleno (coords.). Porto Alegre: Livraria do Advogado, p. 437.
[51] RIO GRANDE DO SUL. Tribunal de Justiça. Ap nº 70020453742, 8ª CCv., em 29 de novembro de 2007. Relator: José S. Trindade. Disponível em: www.tj.rs.gov.br. Acessado em 04 de junho de 2008.
[52] Ap. Cível 70031279235, da 7ª CCv. do TJRS, em 22.07.2009. Relator: Ricardo Raupp Ruschel.

verdadeiro pai. E o sistema de direito positivo, que nasceu com a Constituição de 1988, consagrou, sem dúvida, esse postulado de ordem pública".[53]

4. A histórica discriminação humana

A origem da vida, contada pela religião cristã (Legislação Mosaica), vem carregada de preconceitos (conceitos prévios, no sentido gadameriano), privilegiando o homem em detrimento da mulher e dos filhos. Um exemplo é o Antigo Testamento,[54] ao narrar que Deus, em primeiro lugar, criou o homem do pó da terra e, achando-o sozinho, tomou uma de suas costelas para criar a mulher, para que ela fosse companheira, mas sempre dependente do homem, significando que, desde que há mundo humano, a mulher sempre foi (re)legada à submissão do homem, neste mundo (terreno) e no outro (divino).

De acordo com o relato bíblico, a mulher foi considerada a grande culpada pela queda do homem, de sua expulsão do paraíso, pois Adão "atendeu à voz de sua mulher", comendo o fruto (maçã?) da árvore proibida. É dizer, como a mulher estava subordinada ao homem, ele não deveria tê-la ouvido, pelo que, por ter renunciado à sua autoridade sobre a mulher, ambos mereceram a pena de deserção do paraíso.

O culto aos antepassados foi adotado nas famílias antigas, em que foi permitido o chamado levirato,[55] que ocorria nas hipóteses em que o homem casado morresse sem filhos, sendo dever de sua esposa (viúva) deitar-se com o cunhado, irmão do falecido, para que, por meio do filho oriundo desta relação, fosse edificado o nome do falecido.

Em todas as legislações antigas, inclusive dos dez mandamentos,[56] está descrita a proibição do não adulterarás. O adultério (feminino) foi ferrenhamente combatido, e punido com a pena de morte, já que só ao filho legítimo caberia perpetuar o culto doméstico, devendo o homem

---

[53] REsp nº 158.086-MS, Rel. Min. Carlos Alberto Menezes Direito, DJ de 28/08/2000). Iterativos precedentes. Agravo improvido. (AgRg no REsp 400103/RS, Quarta Turma do STJ, Relator Min. Hélio Quaglia Barbosa, julgado em 21.09.2006).
[54] BÍBLIA CATÓLICA. *Antigo e Novo Testamento*. Traduzido por: Padre Antônio Pereira de Figueiredo. Difusão Cultural do Livro. Gênesis: 2:7, 18, 21, 22, p. 10.
[55] BÍBLIA CATÓLICA. *Antigo e Novo Testamento*. Traduzido por: Padre Antônio Pereira de Figueiredo. Difusão Cultural do Livro. *Gênesis: 38:8* "Então disse Judá a Onã: Possui a mulher de teu irmão, cumpre o levirato e suscita descendência a teu irmão". *e* Deuteronômio: 25:5 e 6.
[56] BÍBLIA CATÓLICA. *Antigo e Novo Testamento*. Traduzido por: Padre Antônio Pereira de Figueiredo. Difusão Cultural do Livro. *Êxodo: 20: 14*.

repelir o filho adulterino recém-nascido e, na posição de dono de sua mulher, condená-la à morte.[57]

A Lei de Moisés (Legislação Mosaica), parte principal do Antigo Testamento,[58] estabelecia, por exemplo, a monogamia feminina, já que o homem poderia ter mais de uma mulher,[59] ao passo que, caso a mulher fosse flagrada em adultério, a pena prevista era de morte.[60] O divórcio, que representava verdadeiro repúdio do marido, era privilégio do homem, e a mulher repudiada que se unisse a outro ficava contaminada,[61] não podendo o primeiro marido se unir a ela novamente no caso de se tornar viúva.

A Legislação Mosaica trazia uma visão muito depreciativa da mulher, considerando-a, desde a queda do paraíso, uma pecadora, imunda, contaminada, merecedora de punições extremas, como a pena de morte, caso não fosse virgem quando de seu casamento[62] ou quando flagrada em adultério. A mulher era vista como imunda durante o período menstrual e após o parto, e caso desse à luz um menino, só no oitavo dia deixava de ser suja, devendo ficar mais trinta e três dias a purificar-se de seu sangue, não devendo tocar em nada considerado sagrado. Caso a mulher tivesse uma menina, o prazo, para deixar de ser considerada impura, era dobrado, passando para duas semanas, e, sua purificação, para sessenta e seis dias.[63]

Quanto ao relacionamento paterno-filial, a Legislação Mosaica determinava que os filhos honrassem pai e mãe (dever constante nos dez mandamentos da Igreja Católica), sendo a desobediência apenada, pelos homens da cidade, com apedrejamento, até a morte do filho.[64]

---

[57] COULANGES, Fustel de. *A Cidade Antiga*. 4. ed. Traduzido por Fernando de Aguiar. São Paulo: Martins Fontes, 1998, p. 98-99.

[58] A parte principal do Antigo Testamento, decorrente das leis de Moisés, é o *Pentateuco*, dividido em cinco livros: Gênesis, Êxodo, Números, Levítico e Deuteronômio.

[59] BÍBLIA CATÓLICA. *Antigo e Novo Testamento*. Traduzido por: Padre Antônio Pereira de Figueiredo. Difusão Cultural do Livro. Deuteronômio: 21:15. *"Se um homem tiver duas mulheres, uma a quem ama e outra a que aborrece [...]"*.

[60] BÍBLIA CATÓLICA. *Antigo e Novo Testamento*. Traduzido por: Padre Antônio Pereira de Figueiredo. Difusão Cultural do Livro. Deuteronômio: 22:22. *"Se um homem for achado deitado com uma mulher que tem marido, então ambos morrerão [...]"*.

[61] BÍBLIA CATÓLICA. *Antigo e Novo Testamento*. Traduzido por: Padre Antônio Pereira de Figueiredo. Difusão Cultural do Livro. Deuteronômio: 24: 1, 2 e 4.

[62] BÍBLIA CATÓLICA. *Antigo e Novo Testamento*. Traduzido por: Padre Antônio Pereira de Figueiredo. Difusão Cultural do Livro. Deuteronômio: 22:20 e 21.

[63] BÍBLIA CATÓLICA. *Antigo e Novo Testamento*. Traduzido por: Padre Antônio Pereira de Figueiredo. Difusão Cultural do Livro. *Levítico*: 12: 2 a 5.

[64] BÍBLIA CATÓLICA. *Antigo e Novo Testamento*. Traduzido por: Padre Antônio Pereira de Figueiredo. Difusão Cultural do Livro. Deuteronômio: 21:18 e 21.

Havia distinção entre os filhos, à medida que ao primogênito, oriundo do casamento, cabiam todos os direitos sucessórios[65] em detrimento dos demais. Entretanto, na ausência de filho homem, a herança era dividida entre as filhas mulheres,[66] contanto que estas casassem com os filhos de seus tios paternos (seus primos), permanecendo a herança na tribo da família de seu pai.[67]

O que mais se ouve falar, na Lei de Moisés, é "multiplicar a descendência", não se mencionando a afetividade, muito menos a ontologia na família. O maior castigo de uma mulher recém-casada era não poder conceber um filho, pois julgada infértil, tendo nascido daí o costume de a mulher ter o dever de entregar sua serva a seu marido, para que, por meio dela, pudesse dar um filho a seu marido, como se de seu ventre tivesse saído. Era uma forma de penalizar a mulher que não podia ter filhos. Exemplos desses costumes são os de Sara e Abraão, Raquel e Jacó,[68] mas, quando Sara conseguiu engravidar e dar à luz um filho, rejeitou o filho do marido com a serva.

Também é possível encontrar na legislação de Moisés os chamados casamentos ilícitos, denominados atualmente impedimentos matrimoniais, delimitando o relacionamento sexual e o casamento com a finalidade de evitar o incesto entre pais e filhos, padrasto/madrasta e enteadas(os), irmãos, mesmo que unilaterais, avô/avó e netas(os), sogro e nora, genro e sogra, sobrinho(a) com tia(o) e entre cunhados.[69]

A homoafetividade está relacionada, desde a Legislação Mosaica, como união familiar abominável,[70] não podendo um homem se deitar com outro homem, como se fosse sua mulher, sob pena de morte. É dizer, a condenação e a marginalização dos homossexuais têm origem religiosa, um modo-no-mundo-afetivo-ontológico que ainda não laicizado, embora o País, há mais de um século, e o mundo ocidental, há mais de 500 anos, tenham-se afastado do direito canônico (secularização – separação entre Estado e Igreja). Isso significa que, desde os tempos primitivos da huma-

---

[65] BÍBLIA CATÓLICA. *Antigo e Novo Testamento*. Traduzido por: Padre Antônio Pereira de Figueiredo. Difusão Cultural do Livro. *Gênesis: 25: 5 e 6*.
[66] BÍBLIA CATÓLICA. *Antigo e Novo Testamento*. Traduzido por: Padre Antônio Pereira de Figueiredo. Difusão Cultural do Livro. *Números: 27:4 a 9*.
[67] BÍBLIA CATÓLICA. *Antigo e Novo Testamento*. Traduzido por: Padre Antônio Pereira de Figueiredo. Difusão Cultural do Livro. *Números: 6 a 8, 11 e 12*.
[68] BÍBLIA CATÓLICA. *Antigo e Novo Testamento*. Traduzido por: Padre Antônio Pereira de Figueiredo. Difusão Cultural do Livro. *Gênesis: 30:3, 22, 23, 24, 16:2 e 15; 21: 3, 9 e 10*.
[69] BÍBLIA CATÓLICA. *Antigo e Novo Testamento*. Traduzido por: Padre Antônio Pereira de Figueiredo. Difusão Cultural do Livro. *Levítico: Dos casamentos ilícitos: 18: 6 até 18*.
[70] BÍBLIA CATÓLICA. *Antigo e Novo Testamento*. Traduzido por: Padre Antônio Pereira de Figueiredo. Difusão Cultural do Livro. *Levítico: Uniões abomináveis: 18:22*.

nidade, já existia o relacionamento homoafetivo e o preconceito religioso, tradição familiar que se mantém até os nossos dias.

Outra legislação antiga sobre religião é o Código de Hamurábi, constituído de 282 artigos, 64 deles destinados a regular as relações familiares, originadas na religião e caracterizadas pelo patriarcalismo, na autoridade do homem como chefe de família. Aqui, a mulher adúltera poderia ser repudiada pelo marido e, caso o marido traído ou o rei não lhe concedesse perdão, era amarrada e jogada ao rio juntamente com seu amante.

Assim como na Lei de Moisés, o Código de Hamurábi também permitia que, no caso da esterilidade da mulher, o homem poderia conviver com uma escrava para formar a sua descendência, repudiando a mulher por meio do divórcio, mas, diferentemente da Legislação Mosaica, também previa, para estes casos, a adoção por meio de contrato e a aquisição de uma esposa secundária.[71]

Em meio a tanta discriminação contra a mulher e os filhos, a adoção gozava de certo *status*,[72] uma vez que o adotado deveria fruir dos mesmos privilégios que os outros filhos, sob pena de o filho adotivo retornar à sua família biológica. Em contrapartida, os filhos deviam estrita obediência ao seu pai, pois o Código de Hamurábi previa penas cruéis para o filho desobediente, que negasse ou agredisse o pai, e "quando um filho disser a seu pai: Vós não sois meu pai, deverá ser marcado a ferro em brasa com o sinal dos escravos, acorrentado e vendido".

O Código de Manu, embora não tenha tido o mesmo alcance e influência das Leis de Moisés e de Hamurábi, também coisificava a mulher, considerada incapaz durante toda sua vida, porquanto até o casamento ficava sob a guarda do pai. Depois de casada, sua guarda passava ao marido e, na velhice, ficava sob a assistência dos filhos, não alcançando jamais a capacidade e nem o direito de fazer prevalecer a sua vontade.[73]

O adultério era punido severamente no Código de Manu, já que o homem deveria ter descendência (masculina) para manter a tradição da cerimônia fúnebre após sua morte e dar continuidade à família. Em razão disso, a mulher que não pudesse ter filhos deveria ser substituída,[74] ao

---

[71] GUSMÃO, Paulo Dourado de. *Introdução ao Estudo do Direito*. 19.ed. Rio de Janeiro: Forense, 1996, p. 303.

[72] AZAMBUJA, Maria Regina Fay de. *Violência sexual intrafamiliar: é possível proteger a criança?* Porto Alegre: Livraria do Advogado, 2004, p. 22.

[73] Artigo 415 do Código de Hamurábi: "Uma mulher está sob a guarda de seu pai durante a infância, sob a guarda de seu marido durante a juventude, sob a guarda de seus filhos em sua velhice; ela não deve jamais conduzir-se à sua vontade".

[74] Artigo 493 do Código de Manu: "Uma mulher estéril deve ser substituída no oitavo ano; aquela cujos filhos têm morrido, no décimo; aquela que só põe no mundo filhas, no undécimo; e aquela que fala com azedume, imediatamente".

passo que se o homem fosse estéril, sua genitura poderia ser alcançada por meio de um irmão ou parente, desde que autorizasse sua esposa a se unir com um destes para conceber o filho, que tanto desejava.[75]

A mulher grávida sempre desejava um filho menino, pois, caso assim não fosse, a filha ficava encarregada de entregar o filho macho que tivesse ao seu pai, para que o pai o criasse, cumprindo o neto em sua honra a cerimônia fúnebre,[76] significando que os filhos eram discriminados pela sexualidade. Além disso, o filho fora do casamento não adquiria direito algum, tocando o direito sucessório apenas ao filho mais velho e oriundo do casamento, porque somente ele representava garantia de continuidade da família e do culto religioso.[77]

A Grécia Antiga, caracterizada pela forma democrática de estabelecer leis, também punia o adultério feminino, enquanto a concubinagem do marido era tolerada.[78] O casamento era monogâmico, e a mulher, tal qual o Código de Manu, era considerada incapaz, portanto, passava da autoridade do pai à do marido e deste à dos filhos e, ficando viúva, à de um tutor. Na ausência de filhos genéticos, a adoção era permitida, e, com relação ao direito sucessório, as filhas só herdavam no caso de não existir filhos homens.

Quanto ao direito paterno-filial, os filhos deviam obediência ao pai. A criança doente ou imperfeita podia não ser aceita pelo pai, que exercia seu poder de vida e de morte sobre o filho, a mulher e os escravos. Na cidade de Esparta, os meninos, aos sete anos de idade, eram entregues aos cuidados do Estado, que ficava responsável por sua guarda até completar dezoito anos, ensinando-lhe a rígida disciplina militar, a fim de torná-lo um soldado.[79]

O direito romano, herdado pelos países do Ocidente, teve sua origem histórica na Lei das Doze Tábuas, aprimorada até ser incorporada pelo *Corpus Iuris Civilis*, de Justiniano. A Lei das Doze Tábuas[80] surgiu

---

[75] Artigo 471 do Código de Manu: "Quando não se tem filhos, a progenitura que se deseja pode ser obtida pela união da esposa, convenientemente autorizada, com um irmão ou outro parente".

[76] Artigo 538 do Código de Manu: "Aquele que não tem filho macho pode encarregar a sua filha da maneira seguinte, de lhe criar um filho, dizendo: que o filho macho que ela puser no mundo se torne meu e cumpra em minha honra a cerimônia fúnebre".

[77] Artigo 517 do Código de Manu: "Mas o mais velho, quando ele é eminentemente virtuoso, pode tomar posse do patrimônio em totalidade e os outros irmãos devem viver sob sua tutela, como viviam sob a do pai".

[78] BITTENCOURT, Edgard de Moura. *Concubinato*. São Paulo: Leud, 1975, p. 40, lembra que, para os gregos "a concubinagem não acarretava qualquer desconsideração, e era, em certa medida, reconhecida pelas leis".

[79] AZAMBUJA, Maria Regina Fay de. *Violência sexual intrafamiliar: é possível proteger a criança?* Porto Alegre: Livraria do Advogado, 2004, p. 23-24.

[80] CRETELLA Júnior. *Curso de Direito Romano: o direito romano e o direito civil brasileiro, no novo Código Civil*. 28.ed. Rio de Janeiro: Forense, 2003, p. 32-33. Inicialmente foram redigidas X tábuas, correspon-

do conflito entre plebeus e patrícios,[81] modelo encontrado pelos patrícios para pacificar os plebeus que, por sua vez, se sentiam ameaçados e injustiçados por desconhecerem o direito a que estavam submetidos, já que o direito romano, de cunho sagrado, baseava-se nos costumes e era de conhecimento exclusivo dos pontífices (sacerdotes patrícios), que o aplicavam.

Na primeira codificação do direito romano primitivo, era proibido o casamento entre patrícios e plebeus. A celebração do casamento *sine manu* (sem transferência de família) não exigia maiores formalidades, e a *affectio maritalis*, isto é, "a intenção de vida em comum, com caráter estável, não alterava a situação dos cônjuges, continuando o marido e a mulher a pertencerem às suas famílias de origem".[82] O casamento *cum manu* (com transferência de família), acessível somente aos patrícios, exigia solenidade religiosa, em que os noivos, na presença de testemunhas e do Pontífice, se alimentavam de um bolo, no qual havia uma oferenda a Júpiter.

A organização da família romana era determinada pelo ascendente comum mais velho, chamado *paterfamilias*, que exercia sua autoridade não somente sobre esposa, filhos e escravos, como também sobre as filhas casadas *cum manu* com seus descendentes.[83] Qualquer que fosse a situação, a mulher estava sempre sujeita à autoridade de um homem, fosse seu pai, irmão, marido, sogro, filho ou tutor.

O homem era o chefe político, jurídico e religioso da família, enquanto a mulher era considerada incapaz (*alieni iuris*), e, quando adquirida pelo marido, como se fosse um objeto à venda, passava ao poder dele. A transferência do poder familiar do pai ao marido era denominada *coemptio*, que constituía uma espécie de compra fictícia da mulher. Em decorrência das desigualdades entre homem e mulher, somente ao homem era dado o direito de repudiar sua mulher, desde que apresentasse as razões do repúdio.

Um pouco mais flexível, a Lei das Doze Tábuas transformava o *usus*, que tem características de uma união estável, em casamento quando a mulher residia durante um ano na casa de um homem, como se fosse sua esposa, e desde que não tivesse se ausentado da casa durante três noites.

Em relação aos filhos, era permitido ao pai matar aquele que nascesse com defeito físico, desde que contasse com a concordância de cinco

---

dendo ao número de 10 membros que constituíram a comissão encarregada de redigir uma lei escrita para o povo romano. No ano seguinte, mais duas tábuas são acrescentadas às primeiras, dando um total de XII tábuas".

[81] VENOSA, Sílvio de Salvo. *Direito Civil: parte geral*. São Paulo: Atlas, 2001, p. 54.
[82] MENDES, Sérgio de Sá. *Direito Romano Resumido*. 2. ed. Rio de Janeiro: Rio, 1978, p. 81.
[83] NOGUEIRA, Jacqueline Filgueras. *A filiação que se constrói: o reconhecimento do afeto como valor jurídico*. São Paulo: Memória Jurídica, 2001, p. 25.

vizinhos. O pai também podia vender o filho, mas, na terceira venda, perdia o pátrio poder (poder/dever familiar). Os filhos nascidos de relação concubinária passavam à condição de legitimados com o casamento posterior dos pais.[84]

Foi na Lei das Doze Tábuas que surgiu a paternidade presumida, nos casos em que o filho nasce após a morte do pai, pelo que era considerado legítimo se nascesse dez meses após o falecimento de seu pai, caracterizando-se o que o Código Civil denomina de causas suspensivas do casamento e da união estável.

A adoção, além de ser utilizada para dar filhos a quem não os tivesse, era uma forma de os plebeus adquirirem a cidadania romana, sendo duas as modalidades de adoção:[85] a primeira, a mais antiga, denominada *ad rogatio*, em que o *paterfamilias* que tivesse sua capacidade diminuída, tornando-se incapaz, levava consigo toda sua família e seu patrimônio e ingressava na família do adotando, submetendo-se ao seu poder familiar; a segunda, a adoção conhecida como *datio in adoptionem*, em que o *paterfamilias* adotava um filho que, abandonando sua família de origem, passava a ser membro da família do adotante.

Com relação à sucessão hereditária, também havia discriminação entre filhos e filhas, só herdando os filhos homens. Entretanto, a legislação romana primitiva implicou mudanças significativas para o direito das sucessões, como o instituto do testamento e a divisão entre os filhos varões dos bens deixados pelo *de cujus*. Com isso, diferentemente da Lei de Moisés e dos Códigos de Hamurábi e Manu, o primogênito não herdava a totalidade dos bens de seu pai, pelo que, com a morte do pai, as dívidas ativas e passivas eram divididas entre os herdeiros varões, conforme o quinhão de cada um.

Na ausência de testamento e de herdeiro necessário (filho varão), a filha mulher não herdava, sendo a herança transmitida ao agnado (parente consanguíneo por linha masculina) mais próximo, ou, na falta deste, aos gentis. No caso de morte do *paterfamilias*, sem deixar testamento, ficando um herdeiro seu impúbere, o poder familiar não passava para a mãe, mas para o parente mais próximo na linha masculina (agnado), devendo este ser o tutor do menor impúbere e também dos portadores de deficiência mental e pródigos.

A histórica discriminação, especialmente contra mulheres e filhos, foi atenuada com o fortalecimento do cristianismo na Idade Média.[86] A

---

[84] MENDES, Sérgio de Sá. *Direito Romano Resumido*. 2. ed. Rio de Janeiro: Rio, 1978, p. 82.
[85] LOTUFO, Maria Alice Zaratin. Curso Avançado de Direito Civil. São Paulo: Revista dos Tribunais, 2002. Vol. 5: *Direito de Família*, p. 216.
[86] KOSHIBA, Luiz. *História: origens, estruturas e processos*. São Paulo: Atual, 2000, p. 126.

religião antiga foi substituída[87] pela religião cristã da Igreja Católica e, em decorrência dessa mudança, o mundo Ocidental iniciou a caminhada em busca de relacionamentos familiares mais humanos e iguais. Contudo, a Igreja Católica, para justificar seu poder, assumiu a posição de intérprete de Deus na terra, passando a ditar a Lei Canônica quanto à constituição e consagração da família medieval.[88] Além de dizer que detinha em suas mãos o poder celeste, com a invasão germânica e a consequente queda do Império Romano, a Igreja ocidental herdou as tradições e legislações romanas, a Lei das Doze Tábuas e o *Corpus Iuris Civilis* de Justiniano. Como a Igreja negava o direito secular, passou a defender sua autonomia em relação ao poder estatal,[89] produzindo, então, o Corpus Iuris Canonici, passando o direito da Igreja Católica a cristianizar o direito romano.[90]

A Igreja Católica passou a ditar as regras da família medieval que, constituída com a celebração de uma cerimônia religiosa, se caracterizava pelo modelo patriarcal, monogâmico e indissolúvel, exigindo fidelidade e castidade do casal e a obediência dos filhos. O controle do casamento era forma utilizada pela Igreja para refrear os instintos sexuais dos seres humanos, bem como evitar relações incestuosas, como refere Georges Duby,[91] nos termos:

> Cuidar para que ninguém "ousasse macular-se ou macular a outrem por meio de núpcias incestuosas" implicava que todas as "nuptiae" (núpcias), "as dos não-nobres assim como as dos nobres", fossem públicas; que elas não fossem nem "inexordinatae" e nem "inexaminatae" e, consequentemente, que um inquérito sobre o grau de parentesco dos esposos as precedesse. Publicidade, inquérito – junto aos "parentes", aos "vizinhos", aos "veteres populi" (pessoas mais velhas) – mas, em primeiro lugar, junto ao padre, junto ao bispo, chamados assim, daí por diante, legalmente, a participar das cerimônias nupciais. Não apenas para benzer, para exorcizar, não apenas para moralizar, mas para controlar e para autorizar. Para julgar. Portanto, para dirigir.

Cristianizado o matrimônio, tanto o homem quanto a mulher foram reprimidos sexualmente, não podendo o homem excitar sua mulher e nem esta sentir prazer, devendo ser fria no débito (dívida) conjugal. O repúdio masculino foi abolido, e o divórcio, que era permitido pelos

---

[87] KOSHIBA, Luiz. *História: origens, estruturas e processos.* São Paulo: Atual, 2000, p. 126.

[88] DUBY, Georges. *Idade Média, idade dos homens: do amor e outros ensaios.* Traduzido por Jônatas Batista Neto. São Paulo: Companhia das Letras, 1989, p. 14.

[89] "O Papa Gelásio I (492-496) foi o primeiro a enunciar com clareza o princípio da separação entre o poder *temporal* (dos reis) e *espiritual* (da Igreja, representada pelo papa), declarando a superioridade deste último" (KOSHIBA, Luiz. *História: origens, estruturas e processos.* São Paulo: Atual, 2000, p. 126).

[90] GUSMÃO, Paulo Dourado de. *Introdução ao Estudo do Direito.* 19. ed. Rio de Janeiro: Forense, 1996, p. 315.

[91] DUBY, Georges. *Idade Média, idade dos homens: do amor e outros ensaios.* Traduzido por Jônatas Batista Neto. São Paulo: Companhia das Letras, 1989, p. 20.

romanos,[92] foi condenado por Leão XII em nome da unidade e da indissolubilidade do matrimônio, concebendo apenas a separação de corpos em casos excepcionais.

Pelo relato formatado, vê-se que, após milênios, ainda permanecem muitos dos preconceitos impuros contra a mulher e os filhos, mesmo diante da laicização do Direito, há vários séculos, e da instalação de uma ordem social democrática, havendo, dessa forma, necessidade de uma paralisação de todos os intérpretes/julgadores frente ao (con)texto constitucional, para que esses pré-conceitos impuros sejam hermeneuticamente afastados da jurisdição constitucional.

5. A evolução das formas de família e de filiação no Brasil

Desde o descobrimento do Brasil, historia Gilberto Freyre,[93] a discriminação dos membros da família, principalmente mulher e filhos, era fato corriqueiro na Casa-Grande e na Senzala. A mulher branca, por exemplo, estava destinada ao casamento; a mulata, ao sexo, e a negra, para o trabalho, o que bem demonstra o preconceito impuro do homem. Além disso, as moças eram criadas em ambiente rigorosamente patriarcal, vivendo "sob a mais dura tirania dos pais – depois substituída pela tirania dos maridos". Momento seguinte, o autor relata que os homens não gostavam de casamentos longos, mas de se amasiar, se concubinar, o que era facilitado pelas leis portuguesas, que proibiam o reconhecimento dos filhos havidos fora do casamento.

O historiador cita mais um caso de discriminação contra a mulher: as virgens tinham que casar, no máximo, aos doze ou treze anos, pois acreditavam: a) que, depois de certa idade, "as mulheres pareciam não oferecer o mesmo sabor de virgens ou donzelas aos doze ou aos treze anos"; b) na época, a ideia era de que "a virgindade só tem gosto quando colhida verde", mesmo que transformando a criança em mãe, porquanto, "na idade de brincar com boneca, já estava lidando com filho".

No Brasil, os portugueses, no início do século XVI, depararam com indígenas seminus, de costumes muito diferentes da moral cristã dos europeus, na formação da família, o que contrariava os princípios da Igreja Católica quanto aos impedimentos matrimoniais por consanguinidade, a exigência da monogamia e a indissolubilidade do casamento. Entre os

---

[92] Fustel de Coulanges diz que, "tendo sido o casamento contratado apenas para perpetuar a família, parece justo que pudesse anular-se no caso de esterilidade da mulher. O divórcio, para este caso, foi sempre, entre os antigos, um direito; é mesmo possível tenha sido até obrigação" (*Op. cit*, p. 47).

[93] FREYRE, Gilberto. *Casa-Grande & Senzala*. 49. ed. São Paulo: Global, 2004, p. 72, 390, 429 e 510.

indígenas era permitida a união entre tio materno e sobrinha, já que a linhagem por parte de mãe não era vista como parente, enquanto o parentesco paterno era o único verdadeiro. Os indígenas adotavam o casamento exogâmico e tinham tantas mulheres quantas pudessem manter, e o fim do casamento era visto com normalidade, pois tanto o homem quanto a mulher tinham liberdade para buscarem outros pares.[94]

No período colonial, só os homens migravam para a colônia brasileira, seja por questões de política – aumentar a população para desbravar toda a extensão territorial brasileira –, seja por preferência sexual – as mulheres indígenas eram consideradas mais ardentes na cama –, seja por não haver opção para satisfazer suas necessidades sexuais – a escassez de mulher branca. Com esse modo de ser, o homem europeu deu início à vida brasileira num ambiente de *quase intoxicação sexual*.[95]

Como consequência da multiplicidade de relacionamentos sexuais do homem branco com as índias, escravas e mestiças, resultou o nascimento de filhos e a impossibilidade de descobrir o verdadeiro pai. A discriminação dos filhos no Brasil tem início com a chegada do europeu, uma vez que, para os indígenas, a mulher "não tinha participação efetiva na formação do filho, sendo apenas um recipiente adequado onde o homem depositava a semente para a germinação, desenvolvimento e geração do fruto",[96] pelo que os filhos nascidos de mãe índia com pai desconhecido eram chamados de *filhos de ninguém, ninguendades*. Assim, os filhos nascidos das relações sexuais entre brancos e índias, africanas e mestiças não eram reconhecidos pelo pai branco, elevando-se o número de filhos (ilegítimos, os nascidos de relações sexuais fora da constância do casamento).[97]

Era costume dos indígenas o *cunhadismo* – casamento de uma moça índia com um homem branco –, que tornava o homem branco parente de todos os membros da tribo, pois era uma honra para os índios ter como parente um branco, considerado raça superior.[98] Embora não visse com bons olhos a união entre cristãos (europeus) e não cristãos (índias, escravas e mestiças), os padres abençoavam o casamento (monogâmico) entre homens e mulheres de religiões distintas, na tentativa de frear as relações sexuais desenfreadas, tornando mais fácil converter as mulheres gentias para os princípios do catolicismo, o que realmente aconteceu.

Os negros africanos trazidos pelos portugueses, para se tornarem trabalhadores escravos no Brasil, produziram a riqueza dos colonizadores

---

[94] FREYRE, Gilberto. *Casa-grande & Senzala...* 49. ed. São Paulo: Global, 2004.
[95] Idem, ibidem, p. 161.
[96] BRUM, Argemiro J. *O Desenvolvimento Econômico Brasileiro*. 20. ed. Ijuí: Editora UNIJUÍ, 1999, p. 144.
[97] FREYRE, Gilberto. *Casa-grande & Senzala: formação da família brasileira sob o regime da economia patriarcal*. 49. ed. São Paulo: Global, 2004, p. 162.
[98] BRUM, Argemiro J. *O Desenvolvimento Econômico Brasileiro*. 20. ed. Ijuí: Editora UNIJUÍ, 1999, p. 143.

e renderam muito dinheiro para seus senhores, além de contribuir para aumentar o contingente de mão de obra escrava. Os africanos, trazidos pelos navios negreiros, ao chegarem à terra firme, eram (ex)postos como objeto, avaliados e vendidos de acordo com as suas condições físicas para o trabalho e para a reprodução em massa, passando a propriedade dos senhores de engenho.[99]

A família brasileira é consequência da força da mulher (gentia) que, embora tenha sido utilizada e explorada pelo homem (branco), provou sua fertilidade, multiplicando os povoados destas terras, e com disposição para o trabalho conseguiu criar os filhos[100] não reconhecidos pelos pais brancos. Além disso, quando casada com o homem branco, passou a adotar a religião católica, acolhendo os princípios da monogamia, patriarcalismo e indissolubilidade do casamento, que regem o matrimônio cristão, iniciando a típica família brasileira.

Mas, mesmo carregando essa cruz canônica por todos os tempos, a mulher, como sempre, continua sendo discriminada, compreendida pelo preconceito da inferioridade, incapacidade, submissa à autoridade do homem, como se ele fosse um semideus, um ser puro, esquecendo-se que, muitas vezes, ele é bem mais impuro, pecador, preconceituoso e inautêntico do que as mulheres.

No século XVII, as relações jurídicas brasileiras[101] passaram a ser disciplinadas pela legislação portuguesa, mais especificamente pelas Ordenações Filipinas. No tocante à família, a República portuguesa, preocupada em aumentar o contingente humano, sacrificou alguns princípios da Igreja Católica, ao adotar, na compilação lusitana, o chamado *status de casados* ao homem e mulher que vivesse uma união pública (fama, tratamento e nome de casados),[102] estendendo a essa união o mesmo tratamento destinado ao casamento.

Os dogmas da religião cristã estabeleceram como deveriam se comportar as famílias lusitanas e brasileiras, cuidando dos impedimentos matrimoniais, que decorriam do parentesco e da consanguinidade, que tornavam nulo o casamento, até a sua indissolubilidade, pelo que o adultério era visto como crime contra a República e, para a Igreja Católica, considerado pecado. A punição para quem fosse pilhado em adultério dependia da análise da forma de casamento, se de direito, se de feito (casamento putativo) ou de estado de casados (união estável), sendo aplicada a pena de morte nos dois primeiros casos ou o degredo para a África,

---

[99] FREYRE, Gilberto. *Casa-Grande & Senzala...* 49. ed. São Paulo: Global, 2004, p. 443 a 446.
[100] Idem, ibidem, p. 202.
[101] GUSMÃO, Paulo Dourado de. *Op. cit*, p. 335.
[102] FREYRE, Gilberto. *Casa-grande & Senzala: formação da família brasileira sob o regime da economia patriarcal.* 49. ed. São Paulo: Global, 2004, p. 325.

Brasil ou Castro-Marim, no caso de união estável (Livro 5, Título XXVI). A hipótese de bigamia, prevista expressamente no Livro 5, Título XIX, tinha como punição a pena de morte.

Mesmo após a proclamação da independência, por meio do Decreto de 20 de outubro de 1823, permaneceu vigorando entre nós a legislação lusitana "em tudo que não contrariasse a soberania nacional e o regime brasileiro",[103] só deixando de ser aplicada quando entrou em vigor o Código Civil dos Estados Unidos do Brasil de 1916.

Na Constituição Imperial do Brasil de 1824, a religião da Igreja Católica e Apostólica Romana foi adotada como oficial.[104] Aquele texto constitucional preocupou-se tão só com a família imperial, regulamentando alimentos, dotação, bens etc. que lhe pertenciam. O casamento religioso deixa de ser costume, passando a ser obrigatório, com o Decreto de 03 de novembro de 1827, pelo que o Direito Canônico foi erigido a fonte primordial nas questões matrimoniais.[105] Naquela época, casamento válido era somente o abençoado pela Igreja Católica, e aqueles que não professassem a religião oficial do Estado ficavam à margem da sociedade.

Por meio do Decreto n° 1.144, de 11 de setembro de 1861, o Estado passou a reconhecer efeitos civis aos casamentos das pessoas que não professassem a religião católica. Com o Decreto 181, de 24 de janeiro de 1890, o casamento religioso foi substituído pelo casamento civil, pelo que as cerimônias de batizado, de casamento e fúnebres perderam seu valor jurídico perante a instituição estatal do registro civil de nascimento, casamento e óbito. Ademais, tornava possível que a filiação natural paterna fosse atestada por alguma prova ou confissão espontânea, permitindo o reconhecimento do filho mediante escritura pública, no momento de seu nascimento, ou em outro documento autêntico subscrito pelo pai.[106]

A secularização do Estado, libertando-se do jugo da religião católica, estava estampada na Constituição Republicana de 1891, na seção da Declaração dos Direitos,[107] constando no § 4° do artigo 72: *A República só reconhece o casamento civil, cuja celebração será gratuita.*

Foi neste cenário laico que entrou em vigor, em janeiro de 1917, o Código Civil de 1916, no qual muitas normas tinham cunho religioso e

---

[103] CINTRA, Antonio C. de Araujo. et al. *Teoria Geral do Processo*. 18. ed. São Paulo: Malheiros, 2002, p. 104.
[104] Artigo 5° da Constituição de 1824: "A Religião Catholica Apostolica Romana continuará a sér a Religião do Imperio. Todas as outras Religiões serão permittidas com seu culto domestico, ou particular em casas para isso destinadas, sem fórma alguma exterior de Templo".
[105] CAHALI, Yussef Said. *Op. cit.*, p. 44-45.
[106] PORTUGAL, Sylvio. *Investigação de Paternidade*. São Paulo, 1926, p. 82.
[107] A Constituição Republicana afastou a influência da Igreja Católica, permitindo a liberdade de culto e tornando secular o casamento, o ensino e as cerimônias fúnebres (artigo 72, §§ 2° e 7°).

discriminatório, afetando as mulheres e os filhos, o que pode ser confirmado pelos seguintes exemplos:

1) a mulher era considerada incapaz (artigo 6, I);

2) o domicílio dos incapazes era o de seus representantes e, por esta razão, o domicílio da mulher casada era o do marido (artigo 36, parágrafo único);

3) os filhos eram classificados em legítimos ou ilegítimos (artigo 183, § 4º), espúrios, naturais (artigo 184, parágrafo único);

4) a vontade do pai prevalecia em detrimento da vontade da mãe, pois ele detinha o pátrio poder com relação aos filhos (artigos 186 e 380, parágrafo único);

5) o defloramento da mulher, ou seja, o fato de não ser mais virgem, quando ignorado pelo marido, possibilitava a anulação do casamento por erro essencial quanto à pessoa do outro cônjuge (artigo 219, § 4º);

6) a criação da família legítima decorria somente do casamento (artigos 229 e 332);

7) foi criada a ideia de culpa de um dos cônjuges pelo fim do casamento por anulação ou desquite, devendo o culpado ser penalizado com a perda de todas as vantagens havidas pelo cônjuge inocente (artigo 232, I e II);

8) o marido era o chefe da família, e a mulher, mera colaboradora (artigo 233), cabendo a ele a representação, a administração e a fixação do domicílio. A manutenção da família estava entre os deveres do marido, cabendo a ele, ademais, autorizar a profissão da mulher, bem como sua residência fora do teto conjugal (I, II, III, IV e V);

9) a mulher tinha parte de seus rendimentos particulares sequestrados judicialmente se abandonasse o lar conjugal (artigo 234);

10) a mulher não podia, sem autorização do marido, exercer profissão (artigo 242, VII);

11) a instituição do regime dotal (artigo 278 e ss.), costume herdado dos portugueses, imprimia conotação contratual ao casamento, sendo utilizado pelos pais para casarem suas filhas, tornando-as mais atrativas aos olhos dos pretendentes;

12) a influência da Igreja Católica, ao serem previstas taxativamente as hipóteses de desquite (artigo 317): o adultério, tentativa de morte, sevícia, ou injúria grave, abandono voluntário do lar conjugal, durante dois anos contínuos. Contudo, em nome da indissolubilidade do casamento, o adultério deixava de ser motivo para o desquite se o cônjuge traído tivesse concorrido para que o outro o cometesse (culpa concorrente) ou se, então, perdoasse o adúltero (artigo 319, I e II);

13) os filhos incestuosos e os adulterinos não podiam ser reconhecidos (artigo 358);

14) ninguém podia ser adotado por duas pessoas, salvo se fossem marido e mulher (artigo 370);

15) era possível a dissolução do vínculo da adoção (artigo 374);

16) o filho adotado, fora os casos de impedimentos matrimoniais, não possuía relação de parentesco com os demais parentes do adotante (artigo 376);

17) se o adotante tivesse filhos legítimos, legitimados ou reconhecidos, o filho adotado não tinha direito à sucessão hereditária (artigo 377);

18) a preferência pelos parentes paternos e pelo sexo masculino na nomeação de tutores (artigo 409, I, II e III);

Na bíblia católica, na Lei de Moisés, no Código Hamurábi e no Código de Manu também são encontrados alguns preconceitos (conceitos prévios), quais sejam:

19) a herança cabia ao filho primogênito, oriundo do casamento, em detrimento dos demais irmãos;

20) na ausência desse filho, as mulheres herdavam, desde que se casassem com os seus primos (filhos dos tios), para que a herança permanecesse na família;

21) o maior castigo da mulher casada era não ter filhos, pois era obrigada a consentir que seu marido pudesse ter um filho com sua serva;

22) os impedimentos matrimoniais nasceram na Lei de Moisés, em que foi proibida a relação sexual entre pais e filhos; irmãos; padrasto/enteada; madrastra/enteado; sogra/genro; sogro/nora; sobrinho/tia; sobrinha/tio e entre cunhados;

23) a homoafetividade, na legislação mosaica, era tida como abominável, penalizada com pena de morte;

24) a mulher, até o casamento, permanecia sob a guarda do pai; quando casada, sob a guarda do marido e, na velhice, sob a proteção dos filhos, jamais alcançando a capacidade plena e nem tendo o direito de fazer prevalecer a sua vontade. É dizer, qualquer que fosse a situação, a mulher estava sujeita à autoridade de um homem, fosse seu pai, irmão, marido, sogro, filho ou tutor;

25) as causas suspensivas do casamento originam-se da Lei das Doze Tábuas, em que o filho nascido após a morte do pai era considerado legítimo, isso se nascesse dez meses após o falecimento de seu pai;

26) a mulher não tinha o direito ao prazer sexual, não podendo o homem sequer excitá-la.

É possível perceber que os legados históricos influenciaram na elaboração das diretrizes da família republicana brasileira, já que estabeleceram o patriarcalismo, a incapacidade da mulher diante da figura opressora do homem, a monogamia, a família como sinônimo de casamento, que era indissolúvel, e a desigualdade entre os filhos.

A Constituição de 1934, além de prever o voto feminino (artigo 108), estabelecia a igualdade perante a lei, proibindo privilégios e distinções, por motivo de nascimento, sexo, raça, profissão, classe social, religião ou política (artigo 113, I). Foi a primeira Constituição a destinar um capítulo à família, à educação e à cultura (Título V, Capítulos I e II). Contudo, no artigo 144, relacionou a família ao casamento, consagrando sua indissolubilidade e ressuscitando, no artigo 146, a possibilidade de realização de casamento religioso, ao qual passava a atribuir os mesmos efeitos do casamento civil.

O parágrafo único do artigo 145 da Constituição de 1934 deixava a cargo da lei civil a determinação dos casos de desquite e de anulação do casamento. Mesmo previsto no Código Civil de 1916, o desquite só era possível em casos extremos, de prática de ilícito penal cometido por um cônjuge contra o outro, e, tal qual o divórcio canônico (*divortium quoad thorum et mensam*), não passava de mera separação de corpos.

A Constituição de 1934 também possibilitava o reconhecimento dos filhos naturais com direitos hereditários em igualdade de condições com os filhos legítimos (artigo 147).

Alterado o panorama político, econômico e social do Brasil e implantado o Estado Novo, a Constituição de 1937, mantendo o princípio da indissolubilidade do casamento, incentivava a formação de famílias numerosas (artigo 124). Nessa época, as famílias que já recebiam orientação religiosa de *casai e multiplicai-vos*, passou a ser muito mais numerosa, e os filhos representavam para o pai uma ajuda financeira do Estado e o aumento da mão de obra (proletariado), razão pela qual eram denominados *prole*. Consequência disso é que a mulher foi vista como objeto, como mera parideira, tendo um filho atrás do outro, sem assistência médica, morrendo no parto, muitas vezes.

Além disso, no Capítulo da Família foram inseridos dispositivos referentes à educação da *prole* (artigo 125), o reconhecimento dos filhos naturais, assegurando-lhes direitos iguais aos dos filhos legítimos (artigo 126), a proteção do Estado na defesa dos direitos e garantias da infância e juventude (artigo 127).

A contar de 1941, por meio do Decreto-Lei nº 3.200, passou a ser proibida a qualificação do filho nas certidões de nascimento, salvo por requerimento do próprio interessado ou por decisão judicial. Ainda em

1941, o Decreto-Lei n° 5.213, de 21 de janeiro, modificou o Decreto-Lei n° 3.200/41, autorizando o pai a permanecer com a guarda do filho natural, se assim o tivesse reconhecido. Também surgiu nesse ano o importantíssimo estatuto da mulher casada (Lei n. 4.121), que alterou muitos dispositivos discriminatórios contidos no Código Civil de 1916.

Em 1942, surgia no cenário brasileiro o Decreto-Lei n° 4.737, de 24 de setembro, cujo artigo 1° autorizava o reconhecimento, voluntário, ou por meio de ação de investigação de paternidade, após o desquite, do filho havido pelo cônjuge fora do matrimônio. Antecedendo a Constituição de 1946, o Decreto n° 9.701, de 03 de setembro de 1946, regulava a guarda e o direito de visitas aos filhos menores nos casos de desquite judicial.

Devido a essas previsões legais, o texto da Constituição de 1946 não fazia nenhuma referência à filiação, pelo que, além de manter a indissolubilidade do casamento (artigo 163), voltou a disciplinar o casamento civil e o religioso com efeitos civis (§§ 1° e 2°). Como consequência do amparo às famílias numerosas, instituído pela Constituição de 1934, acarretou não só o aumento desenfreado de filhos, como também da mortalidade infantil e das gestantes, pelo que a Constituição de 1946 tornou obrigatória a assistência à maternidade, à infância e à adolescência (artigo 164).

Em 1949, a Lei n° 883, de 21 de outubro, possibilitou que os filhos naturais investigassem sua paternidade mesmo na constância do casamento do indigitado pai. Contudo, aos filhos adulterinos somente era possível a investigação da paternidade depois de dissolvida a sociedade conjugal ou em caso de separação de fato dos genitores, há mais de cinco anos contínuos.

O cenário jurídico brasileiro, acerca da adoção, até então disciplinada pelo Código Civil de 1916, passou a contar com a Lei n° 4.655, de 02 de junho de 1965, que instituía a legitimação adotiva.

A Constituição de 1967, prevendo a igualdade perante a lei, sem distinção de sexo, raça, profissão, religião e convicção política, estabeleceu que o preconceito de raça era punido pela lei (artigo 150, § 1°). O Título IV desse texto constitucional cuidava da família, da educação e da cultura, mas sem qualquer preocupação em separar as matérias por capítulos. À família foi destinado um só artigo, dividido em quatro parágrafos, dispondo que ela era constituída pelo casamento civil ou religioso com efeitos civis, determinando sua indissolubilidade, além de prever a criação de lei para proteger a maternidade, a infância e a adolescência (artigo 167).

Lentamente, o panorama jurídico brasileiro foi sendo alterado, com o objetivo de regular as relações jurídicas decorrentes do relacionamento em família, de uma sociedade mais humanizada, secularizada, pluralizada, democratizada, enfim, da família que tem como modo de ser a felicidade de seus membros. Neste processo evolutivo, além das leis já citadas, muitas outras precederam o texto constitucional de 1988, como o caso da Lei nº 6.515, de 26 de dezembro de 1977, que permitiu o divórcio no Brasil, afastando o princípio canônico da indissolubilidade do casamento. Além disso, passou a permitir que o pai reconhecesse o filho na constância do casamento, por meio de testamento cerrado, aprovado antes ou depois do nascimento do filho e, nesta parte, irrevogável.

O Código de Menores, instituído pela Lei nº 6.697, de 10 de outubro de 1979, revogando a Lei nº 4.655/65, trazia a adoção plena, com aceitação dos direitos sucessórios ao adotado, e a adoção simples, em que o adotado recebia metade dos direitos do filho legítimo.[108] A Lei nº 7.250, de 14 de novembro de 1984, acrescentava o § 2º ao artigo 1º da Lei nº 883/49, autorizando a confissão de filho adulterino na constância da sociedade conjugal, desde que o cônjuge do genitor estivesse separado de fato há mais de cinco (5) anos contínuos.

Assim, antes mesmo de promulgada a Constituição do Brasil, desde o dia 05 de outubro de 1988, havia uma predisposição social, política e jurídica a afastar os principais fantasmas do passado jurídico brasileiro, permitindo que a família fosse vista por olhares democráticos, hermenêuticos e republicanos. Portanto, com a sensibilidade de uma sociedade mais igualitária, laica e democrática, a partir do texto igualitário entre marido e mulher, do cuidado e proteção da pessoa dos filhos, as leis protetivas começaram a surgir, como o Estatuto da Criança e do Adolescente, as leis da união estável, o Código Civil de 2002, o Estatuto do Idoso, a Lei Maria da Penha.

Com o advento da Constituição Cidadã, formou-se um novo tempo consitucional, em que as discriminações e violências contra a mulher e os filhos foram exiciadas, formalmente, embora ainda não de forma material, pelo que há ainda um longo caminho a ser percorrido até a compreensão da família tridimensional.

Isso quer dizer que ainda é eminentemente lenta a laicização, a democratização, a humanização e a condição humana tridimensional, devido à resistência do ser humano em suspender os preconceitos violentos, espúrios e i-mundos legados pela tradição histórica. Por isso, a condição de possibilidade da compreensão do direito de família é conhecer a tradição histórica, em que o seu contexto é marcado por discriminação, hierarquia, intolerância e violência, podendo-se citar algumas (r)evoluções do direito de família, por exemplo:

---

[108] FACHIN, Luiz Edson. Família Hoje. In: *A Nova Família: problemas e perspectivas*. Vicente Barreto (org.). Rio de Janeiro: Renovar, 1997, p. 38.

a) a família antiga[109] era numerosa, resultante de um ancestral ou uma divindade comum;[110]

b) no direito romano, a família era unidade religiosa, jurídica e econômica,[111] em que o pai/marido tinha o poder de vida e de morte sobre os filhos, a mulher e os escravos;

c) no mundo ocidental, a organização familiar foi arquitetada com lastro no direito romano, patriarcal, monogâmica, hierarquizada, impessoal, em que a figura paterna era incontestável, predominando o casamento como única forma de legitimar a família, mesmo que em prejuízo da felicidade de seus membros;

d) no Brasil, de acordo com o Código Civil de 1916, a família era compreendida como um conjunto de pessoas que descendiam de tronco ancestral comum, pelos laços sanguíneos, unidos entre si pelo matrimônio, pela filiação genética e a adoção, também pela hierarquia, monogâmica, patriarcal e impessoal;

e) no Brasil, a contar do texto constitucional de 1988, a família passou a ser nuclear, pluralizada, desencarnada, democratizada e dessacralizada, um gênero que envolve várias formas de unidade familiar, como conjugal, convivencial, monoparental, unipessoal, socioafetiva, anaparental, reconstituída etc. Estruturada para o desenvolvimento pessoal de seus membros, representa "um abrigo, uma proteção, um pouco de calor humano, lar onde se sobressaem a solidariedade, a fraternidade, a ajuda mútua, os laços de afeto e o amor".[112]

A hierarquia foi substituída pela democracia, que adveio do Estado laico e democrático, demonstrativo de que deveriam prevalecer os supremos interesses de todos os membros da família, a comunhão plena de vidas, de afeto, de solidariedade, de felicidades, recanto constitucional da promoção da cidadania e da dignidade da pessoa humana, princípios fundamentais da República Federativa e do Estado Democrático do Brasil (artigo 1º, incisos II e III, da Constituição Federal de 1988).

f) a Constituição do País também possibilita uma visão tridimensional da família, rompendo com todo o passado objetificado, intolerante, hierarquizado, preconceituoso, visto que não se caracteriza somente um comportamento, um modo de agir, um contrato, uma instituição, mas, sim, um modo de ser, um jeito de ser, uma condição de ser-no-mundo-genético, de ser-no-mundo-(des)afetivo e de ser-no-mundo-ontológico.

---

[109] COULANGES, Fustel de. *A cidade antiga*. São Paulo: Martins Fontes, 2000.

[110] GUSMÃO, Paulo Dourado de. *Introdução ao Estudo do Direito*. 19. ed. Rio de Janeiro: Forense, 1996, p. 321.

[111] GOMES, Orlando. *Direito de família*. 7. ed. Rio de Janeiro: Forense, 1994, p. 36.

[112] FACHIN, Luiz Edson. *Da Paternidade: relação biológica e afetiva*. Belo Horizonte: Del Rey, 1996, p. 22.

Para que a Constituição do Brasil, que é um acontecer, possa realmente constituir,[113] é preciso que ela seja compreendida como condição de possibilidade de produzir sentido/aplicação vinculante à sociedade.[114] Em outras palavras, a norma é o resultado da atribuição de sentido do texto,[115] não sendo o intérprete quem atribui sentido, pois é o texto que se comunica com ele, deixando que diga alguma coisa. São as palavras do texto que desvelam o mundo da linguagem, o mundo da vida, o mundo da realidade, e sem linguagem não há mundo, já que "ser que pode ser compreendido é linguagem".[116]

A tridimensionalidade do direito de família é compreendida a partir do desvelamento da tradição, que demonstra a inexistência de espaço para o mundo familiar prático, ao diálogo, à conversação, à discussão, acerca de conflitos familiares e sociais, cujo preconceito não faz parte do Direito e nem foi pauta na Constituição do País. É preciso suspender esses pré-juízos, conceitos prévios, os quais nos tornam surdos para a coisa mesma, por meio do encontro com a tradição e o atual momento constitucional, porque "não será possível desvelar um pré-juízo enquanto ele agir continuada e sub-repticiamente, sem que saibamos, e sim somente quando ele for, por assim dizer, suscitado".[117]

6. O direito de investigar a paternidade genética e socioafetiva ao mesmo tempo

Tem-se dito que se a inseminação artificial heteróloga for praticada por mulher, solteira, separada, divorciada ou viúva, não pode prosperar, mais tarde, a tentativa de reconhecimento compulsório da filiação contra o doador do sêmen, porque, "de um lado, o anonimato ou mesmo o sigilo o acoberta. De outro lado, a prática inseminatória deve ser um risco exclusivo da mulher, não permitindo abrir pesquisa sobre a procedência do elemento procriador".[118]

---

[113] STRECK, Lenio Luiz. *Hermenêutica jurídica e(m) crise*. 2. ed. Porto Alegre: Livraria do Advogado, 2000, p. 287.

[114] LUCAS, Douglas Cesar (org.). Hermenêutica Filosófica e os limites do acontecer do direito numa cultura jurídica aprisionada pelo "procedimentalismo metodológico". In: *Olhares hermenêuticos sobre o Direito*. Ijuí: Editora Unijuí, 2006, p. 55.

[115] ESPINDOLA, Angela Araujo da Silveira; SALDANHA, Jânia Maria Lopes. Construir a Constituição para a Cidadania: A compreensão e a Linguagem na Nova Crítica do Direito Afastando os Mitlaufers Jurídicos. In: *Olhares hermenêuticos sobre o Direito*. Douglas Cesar Lucas (org.). Ijuí: Editora Unijuí, 2006, p. 116.

[116] Idem, ibidem, p. 123.

[117] STRECK. Lenio Luiz. *Verdade e Consenso*. Rio de Janeiro: Lumen Juris, 2006, p. 237.

[118] PEREIRA, Caio Mário da Silva. *Reconhecimento de Paternidade e seus Efeitos*. 5. ed. Rio de Janeiro: Forense, 1996, p. 117-118.

Autores[119] historiam que a maioria das legislações (só)nega o direito de investigar a origem genética na reprodução humana medicamente assistida, para efeito de manter em segredo a identidade do doador do material genético, mas, "de qualquer sorte, a questão é de tal forma delicada que, quando foi votada no Conselho da Europa, cinco países pronunciaram-se a favor da proibição do anonimato e nove a favor do anonimato".

Também é afirmado que não pode ser estabelecido qualquer vínculo de filiação entre o doador do material genético e a criança nascida na reprodução medicamente assistida, decorrendo desse conceito a impossibilidade de o cônjuge ou convivente impugnar a paternidade anteriormente consentida na reprodução humana, o que representa "uma exceção ao biologismo, aos vínculos de sangue, prevalecendo a filiação voluntária, a verdade socio-afetiva".[120]

Outrossim, dizem[121] que o filho não perde a sua identidade por não conhecer os pais genéticos, porque, "com a afirmação dos direitos da personalidade, é certo que a identidade se altera com o esforço pessoal-próprio, ganhando nova imagem, foros de honra, de intimidade, tudo isso com que a sociedade se engrandece". Além disso, é sustentado que o anonimato do doador não significa *esconder tudo*, podendo ser possível, em um primeiro momento, revelar ao filho o seu nascimento através de inseminação medicamente assistida e, em outra oportunidade, outorgar-lhe o direito de investigar a paternidade genética.[122] Quer dizer que o doador genético permanece no anonimato, uma vez que "na expectativa legítima de jamais ser reconhecido socialmente como o 'pater', ou mesmo como o simples genitor de certo indivíduo que acabou por nascer graças à sua participação".[123]

Nos países em que a inseminação artificial está mais desenvolvida, como em Alemanha, França, Estados Unidos, Portugal, Inglaterra, Espanha, Bulgária e Austrália, "há o consenso de que o doador do sêmen deve ficar no anonimato. Mas, o filho, em algum tempo, terá direito de ser informado sobre a sua origem genética".[124] Lei sueca, de 1º de março de 1985, permite ao filho ter conhecimento do "doador", porém, somen-

---

[119] LUZ, Valdemar P. da. *Curso de Direito de família*. Caxias do Sul: Mundo Jurídico, 1996, p. 117.

[120] VELOSO, Zeno. *Direito brasileiro da filiação e paternidade*. São Paulo: Malheiros, 1997, p. 152-153.

[121] MELO, Albertino Daniel de. Filiação Biológica – Tentando Diálogo Direito – Ciências. In: *Grandes Temas da Atualidade, DNA como meio de prova da filiação*. Eduardo de Oliveira Leite (coord.). Rio de Janeiro: Forense, 2000, p. 2.

[122] DINIS, Joaquim José de Souza. *Filiação Resultante da Fecundação Artificial Humana, Direitos de Família e do Menor – inovações e tendências – doutrina e jurisprudência*. 3. ed. Sálvio de Figueiredo Teixeira (coord.). Belo Horizonte: Del Rey, 1993, p. 50.

[123] OLIVEIRA, Guilherme de. *Critério Jurídico da Paternidade*. Coimbra: Livraria Almedina, 1998, p. 500.

[124] VELOSO, Zeno. *Direito brasileiro da filiação e paternidade*. São Paulo: Malheiros, 1997, p. 157.

te depois de atingida a maioridade, pelo que "o prévio consentimento para fecundação dos 'pais civis' tornaria juridicamente inadmissível, por exemplo, qualquer impugnação à paternidade que estes desejassem, supervenientemente, deduzir".[125] No Brasil, contudo, não existe nenhuma lei garantindo esse anonimato, mas, apenas, recomendação constante do inciso IV n°s 2 e 3 da Resolução 1.358 do Conselho Federal de Medicina, de 11.11.1992.[126]

Não concordo com o acobertamento do anonimato, excluindo o mundo genético e, em consequência, a negação da origem, do princípio, da aurora das coisas, da ética, da moral, da evolução da civilização. O não direito ao mundo biológico esconde a condição humana tridimensional, que é parte integrante de seus direitos da cidadania e da dignidade, em vista do direito fundamental aos modos de ser-no-mundo-genético, de ser-no-mundo-afetivo e de ser-no-mundo-ontológico.

O anonimato não pode ser causa de exclusão da condição humana tridimensional, pelo que o ser humano tem o direito de investigar o princípio da civilização, a sua ancestralidade a qualquer tempo, a sua origem genética e socioafetiva, além de ser resguardado o seu jeito de ser.

No reconhecimento da paternidade (genética ou afetiva), o material genético e a filiação já desde sempre vêm antecipados com a mensagem da origem do mundo biológico e/ou afetivo. Isso quer dizer que o mundo genético não pode ser visto exclusivamente na visão do doador genético, da relação sexual ou assexual (inseminação artificial) ou de que o doador "na expectativa legítima de jamais ser reconhecido socialmente como o 'pater', ou mesmo como o simples genitor de certo indivíduo que acabou por nascer graças à sua participação".[127] Isso porque a origem genética é um direito à condição humana tridimensional, que pertence ao ser humano, "que não participou do processo de sua concepção, e não pode viver

---

[125] FERRAZ, Sérgio. *Manipulações Biológicas e Princípios Constitucionais: uma introdução*. Porto Alegre: Sergio Antonio Fabris, 1991, p. 53-54.

[126] MEIRELLES, Jussara. *Gestação por outrem e determinação da maternidade – "mãe de aluguel"*. Curitiba: Genesis, 1998, nota 12 do capítulo VI, p. 111, cita a Resolução n° 1.358, de 11 de novembro de 1992, do Conselho Federal de Medicina, nos termos: "O Conselho Federal de Medicina, no uso das atribuições que lhe confere a Lei n° 3.268, de 30 de setembro de 1957, regulamentada pelo Decreto n° 44.045, de 19 de julho de 1958 e, considerando a importância da infertilidade humana como um problema de saúde, com implicações médicas e psicológicas, e a legitimidade do anseio de superá-la; considerando que o avanço do conhecimento científico já permite solucionar vários dos casos de infertilidade humana; considerando que as técnicas de Reprodução Assistida têm possibilitado a procriação em diversas circunstâncias em que isto não era possível pelos procedimentos tradicionais; considerando a necessidade de harmonizar o uso destas técnicas com os princípios da ética médica; considerando, finalmente, o que ficou decidido na Sessão Plenária do Conselho Federal de Medicina, realizada em 11 de novembro de 1992; resolve: Art. 1°. Adotar as Normas Éticas para a Utilização das Técnicas de Reprodução Assistida, anexas à presente Resolução, como dispositivo deontológico a ser seguido pelos médicos. Art. 2°. Esta Resolução entra em vigor na data da sua publicação".

[127] OLIVEIRA, Guilherme de. *Critério Jurídico da Paternidade*. Coimbra: Livraria Almedina, 1998, p. 500.

sem o direito de ter seu estado de filho reconhecido",[128] pelo que lhe negar esse direito é confiscar todo princípio do ser humano.

O concedente ou doador de material genético não poderá deixar de assumir a paternidade sob o manto impermeável do anonimato, à medida que, com o seu modo de ser-no-mundo (conceber a existência humana pelo material genético), fez com que ele se tornasse o pai/mãe genético, o mundo biológico do filho. O doador do material genético sabe, desde sempre, que está gerando um ser humano com as suas características biológicas, cujo direito de ser reconhecido, já que *o tempo não pode impedir nenhuma pessoa humana de buscar o seu verdadeiro pai. E o sistema de direito positivo, que nasceu com a Constituição de 1988, consagrou, sem dúvida, esse postulado de ordem pública.*[129]

A garantia do anonimato é prova de que o mundo Ocidental continua coisificando o ser humano, que não convive e nem compartilha unicamente na normatização do mundo genético, nem na bidimensionalidade dos mundos genético e afetivo, mas, sim, na tridimensionalidade dos mundos genético, afetivo e ontológico. É por mais evidente que lhe arrostar o direito ao conhecimento de qualquer um desses três mundos é sonegar-lhe a condição humana, postando-se contra toda a evolução da ética, da bioética, da moral e da humanidade.

Oportuna a lembrança de Anete Trachtenberger, de que alguns humanos, ao exigirem teste em DNA para reconhecerem um filho, apresentam, com frequência, história familiar de que também foram filhos não reconhecidos por seus pais, ou que viveram em famílias cujo pai abandonou o lar. Por conseguinte, "esses homens passaram todo o ciclo de vida, até a fase adulta, sem um relacionamento mais próximo com a figura paterna". A autora lembra que a "influência da família não está restrita aos membros de uma determinada estrutura doméstica ou a um dado ramo familiar nuclear do sistema, ela está sempre reagindo aos relacionamentos passados, presentes e antecipando futuros".[130] Isso quer dizer que, por diversas razões emocionais, históricas, econômicas, direitos e benefícios, heranças pode ser necessário identificar o pai e a mãe biológicos.[131]

---

[128] FACHIN, Luiz Edson. *Elementos Críticos do Direito de família: curso de direito civil.* Rio de Janeiro: Renovar, 1999, p. 207-208, citando VIANA, Marco Aurélio S. Curso de Direito Civil. Belo Horizonte: Del Rey, 1993, p. 174, v. II.

[129] Resp nº 158.086-MS, Rel. Min. Carlos Alberto Menezes Direito, DJ de 28/08/2000). Iterativos precedentes. Agravo improvido. (AgRg no REsp 400103/RS, Quarta Turma do STJ, Relator Min. Hélio Quaglia Barbosa, j. 21.09.2006).

[130] TRACHTENBERG, Anete. O poder e as limitações dos testes sanguíneos na determinação de paternidade. In: *Grandes Temas da atualidade. DNA como meio de prova da filiação.* Eduardo de Oliveira Leite (coord.). Rio de Janeiro: Forense, 2000, p. 16.

[131] RASKIN, Salmo. *A evolução das perícias médicas na investigação de paternidade: dos redemoinhos do cabelo ao DNA.* Porto Alegre: Síntese. Revista Brasileira de Direito de família nº 3 – Out-Nov-Dez/99, p. 52.

A legislação comparada[132] noticia que a principal questão da investigação da paternidade é o filho saber a sua origem genética, sua ancestralidade, sua identidade, suas raízes, entender seus traços (aptidões, doenças, raça, etnia) socioculturais, direito de vincular-se com alguém que lhe deu a bagagem genético-cultural básica, seu mundo genético. Investigar o nascedouro biológico é conhecer e ser a ancestralidade, a identidade pessoal, para impedir o incesto, preservar os impedimentos matrimoniais, evitar enfermidades hereditárias, enfim, para receber o direito de cidadania, na qual estão incluídos todos os direitos e garantias do parentesco genético, afetivo e ontológico, porquanto "cada geração transmite um patrimônio social de usos, costumes, tradições e idéias à geração seguinte, para continuidade social".[133]

Com relação ao direito de investigar a paternidade biológica *pelo filho afetivo*, a discussão, nos Estados Unidos e na República Federal da Alemanha, está em torno dos seguintes argumentos: a) direito à informação; b) princípio da igualdade perante a lei, entendido como defesa da privacidade, mas que não são aceitos pelos Tribunais. São acolhidos os seguintes fundamentos: a) necessidade psicológica; b) conveniência fundada de saber a história clínica e a herança genética do adotado, porque o progresso dos meios de diagnóstico e dos meios terapêuticos das doenças genéticas tornou fundamental, em certos casos, conhecer os antecedentes biológicos de um indivíduo – casos em que a confidencialidade e o anonimato dos genitores se tornam obstáculos inconvenientes ou mortais[134] aos filhos.

Sem razão, nessa questão, o Tribunal Constitucional alemão, em decisão exarada em 1994, quando reconheceu o direito de personalidade ao conhecimento da origem genética, do mundo biológico, *mas sem efeitos sobre a relação de parentesco*,[135] cuja jurisprudência não deve ser aplicada no Brasil, já que a Constituição do País alberga os princípios da informação, da cidadania, da dignidade e da condição humana tridimensional,

---

[132] MARQUES, Claudia Lima. Visões sobre o teste de paternidade através do exame do DNA em direito brasileiro – direito pós-moderno à descoberta da origem?. In: *Grandes Temas da atualidade. DNA como meio de prova da filiação*. Eduardo de Oliveira Leite (coord.). Rio de Janeiro: Forense, 2000, p. 31, 32 e 41.

[133] MADALENO, Rolf. A coisa julgada na investigação de paternidade. In: *Grandes Temas da Atualidade, DNA como meio de prova da filiação*. Eduardo de Oliveira Leite (coord.). Rio de Janeiro: Forense, 2000, p. 307.

[134] OLIVEIRA, Guilherme de. *Critério Jurídico da Paternidade*. Coimbra: Livraria Almedina, 1998, p. 475-7, "seja como for, é conhecido um trabalho feito na Escócia, depois de 44 anos de publicidade dos registros, que mostra a vantagem psicológica de saber as origens genéticas".

[135] LÔBO, Paulo Luiz Netto. Princípio Jurídico da Afetividade na Filiação. Direito de família: a família na travessia do milênio. *Anais* do II Congresso Brasileiro de Direito de família. Rodrigo da Cunha Pereira (coord.). Belo Horizonte, IBDFAM, OAB – MG: Del Rey, 2000, nota de rodapé, p. 247, citando a decisão de 1994 do Tribunal Constitucional alemão, que "reconheceu nitidamente o direito de personalidade ao conhecimento da origem genética, mas 'sem efeitos sobre a relação de parentesco'".

respeitando, *ao mesmo tempo*, a igualdade e a diversidade humana em seu modo de ser-no-mundo-genético, de ser-no-mundo-(des)afetivo e de ser-no-mundo-ontológico, direitos alçados a fundamentos da República Federativa e do Estado Democrático de Direito (artigos 1º, II e III, 5º, inciso XIV, 226, § 7º, 227, §§ 4º e 7º, da Constituição do País).

O texto constitucional revolucionou a relação entre pais e filhos, cônjuges, conviventes, irmãos etc., ao equiparar todos os membros da família, procedendo a um entrelaçamento entre os modos de ser-em-família, reconhecendo-lhes o direito de conviver em seus três mundos. O modo de ser-filho-afetivo é irrevogável tanto quanto a filiação genética, não sendo razoável proibir o filho afetivo de investigar a paternidade sanguínea.[136] Nesse sentido, realizou-se um estudo, na Escócia, com quarenta e quatro anos de publicidade, provando a vantagem psicológica de saber as origens genéticas,[137] cujo resultado estatístico comprova que o ser humano é incapaz de conviver e compartilhar com dignidade em família, em sociedade (mundo afetivo) e consigo mesmo (mundo ontológico), caso não conheça seu passado, sua origem.

No Brasil, deve ser buscada uma razoabilidade/proporcionalidade, cujos princípios devem sempre nortear a intersubjetividade no processo hermenêutico, considerando o seguinte: a) o ser humano, em vista da proibição de discriminação, independentemente de sua origem, tem o direito de conhecer os seus mundos genético, afetivo e ontológico; b) é irrevogável o reconhecimento voluntário ou judicial da filiação afetiva, o modo de ser-em-família, que se mantém incólume ainda que descoberta a verdade biológica; c) o filho afetivo, em suas diversas formas de ser-em-família tridimensional, tem o direito constitucional ao nascedouro da ancestralidade.

Com toda razão, nesse aspecto, Lenio Luiz Streck[138] pontifica o seguinte: "Saber o nome do pai é uma questão civilizatória; é o resgate da origem; do desvelamento de nosso ser; a angústia que persegue o homem desde a aurora da civilização é saber quando e de que maneira algo é e pode ser. Portanto, proteger o nome do pai no anonimato é metafísica, é a negação da origem, do primeiro, da aurora das coisas. Enfim, negar o nome do pai é negar o princípio".

Com esses fundamentos, justificações e modo de ser-no-mundo-hermenêutico, vê-se que faz parte da condição humana o direito de conhecer e ser a tridimensionalidade genética, afetiva e ontológica, já que se cuida

---

[136] BRASIL. Superior Tribunal de Justiça. REsp nº 127.541 (1997/0025451-8)-RS, 3. Turma. Relator: Eduardo Ribeiro, DJU 28.08.2000. In: Revista brasileira de direito de família nº 07, de 10/2000, p. 67.

[137] OLIVEIRA, Guilherme de. *Critério Jurídico da Paternidade*. Coimbra: Livraria Almedina, 1998, p. 475-7.

[138] STRECK, Lenio Luiz. Respondendo a um e-mail, em 09.05.2007, a indagação que fiz acerca da questão da investigação de paternidade genética.

da própria evolução civilizatória, do conhecimento da origem, do princípio, da observância da isonomia entre os seres humanos, da ética e da moral. Isso quer dizer que no mundo ocidental há necessidade de ser inicializada uma autêntica revolução hermenêutica, para que seja mudado o pensamento metafísico da impossibilidade de o ser humano identificar o seu princípio genético e socioafetivo, não importando a forma em que veio e vive no mundo humano.

O Tribunal de Justiça do Rio Grande do Sul, em decisão inédita, em 07.05.2009, acolheu a "Teoria Tridimensional do Direito de Família", de autoria do signatário,[139] nos termos:

> Dentro dessa ótica e com a certeza de que a menor tem o direito de saber a sua origem genética, bem como ter preservada a sua paternidade socioafetiva, tenho que a questão toda se resolve com a aplicação da teoria tridimensional, que justamente reconhece os direitos das filiações genética e socioafetiva.
>
> Para isso trago à colação a doutrina de[140] Belmiro Pedro Welter. Em sua doutrina, afirma que no mundo ocidental "continua a se pensar tão somente no reconhecimento de uma das paternidades, excluindo-se, necessariamente a outra". Para ele, todos os efeitos jurídicos das duas paternidades devem ser outorgadas ao ser humano, na medida em que a condição humana é tridimensional, genética, afetiva e ontológica, vejamos:
>
> b) Compreensão tridimensional sobre paternidade biológica e socioafetiva.
>
> A compreensão do ser humano não é efetivada somente pelo comportamento com o mundo das coisas (mundo genético), como até agora tem sido sustentado na cultura jurídica do mundo ocidental, mas também pelo modo de ser-em-família e em sociedade (mundo desafetivo) e pelo próprio modo de relacionar consigo mesmo (mundo ontológico).
>
> No século XXI é preciso reconhecer que a família não é formada como outrora, com a finalidade de procriação, mas, essencialmente, com a liberdade de constituição democrática, afastando-se os conceitos prévios, principalmente religiosos, na medida em que família é linguagem, diálogo, conversação infinita e modos de ser-no-mundo genético, de ser-no--mundo-(des)afetivo e de ser-no-mundo-ontológico'.
>
> "O ser humano não existe só, porquanto, nas palavras heideggerianas",[141] "ele existe para si (*Eigenwelt*): consciência de si; ele existe para os outros (*Mitwelt*): consciência das consciências dos outros; ele existe para as entidades que rodeiam os indivíduos (*Umwelt*). Existência se dá no interjogo dessas existências. Mas o Ser deve cuidar-se para não ser tragado pelo mundo-dos-outros e isentar-se da responsabilidade individual de escolher seu existir", pelo seguinte:
>
> 1) o ser humano é biológico, para que haja a continuação da linhagem, do ciclo de vida, transmitindo às gerações, por exemplo, a compleição física, os gestos, a voz, a escrita, a

---

[139] WELTER, Belmiro Pedro. *Teoria Tridimensional do Direito de Família*. Porto Alegre: Livraria do Advogado, 2009.

[140] Idem. Teoria Tridimensional no Direito de Família: Reconhecimento de Todos os Direitos das Filiações Genética e Socioafetiva. In: *Revista Brasileira de Direito das Famílias e Sucessões*, nº 08, Editora Magister.

[141] HEIDEGGER, Martin. *Matrizes pós-românticas:* fenomenologia e existencialismo. Disponível em: http://www.ufrgs.br/museupsi/aula29.PPT#36>. Acesso em: 24 out. 2005.

origem da humanidade, a imagem corporal, parecendo-se, muitas vezes, com seus pais, tendo a possibilidade de herdar as qualidades dos pais".[142] "É o mundo da autorreprodução dos seres vivos, inclusive do ser humano, das necessidades, correspondendo ao modo de ser-no-mundo-genético, um complexo programa genético que influencia o ser humano em sua atividade, movimento ou comportamento",[143] pelo qual o ser humano permanece ligado a todos os demais seres vivos, tendo o direito de conhecer a sua origem, sua família de sangue;[144]

2) o ser humano é afetivo e desafetivo, porque forjado pela dinâmica dos fatores pessoal, familiar, social e universal,[145] cuja linguagem não é algo dado, codificado, enclausurado, pré-ordenado, logicizado, de modo fixo, cópia de uma realidade social que é preestabelecida, e sim um existencial, um modo de ser-no-mundo-(des)afetivo, um construído, um (des)coberto, uma imagem, um especulativo de um sentido na singularidade do ser dentro da universalidade e faticidade das relações sociais, do mundo em família, porque o ser humano "não é coisa ou substância, mas uma atividade vivida de permanente autocriação e incessante renovação".[146]

3) o ser humano é ontológico, porque se comporta e se relaciona no mundo, sem divisões, sem origens, sem teoria exclusiva (genética, ou afetiva ou ontológica, porquanto é um ser único, total, tridimensional). O humano é um ser com condição comum a todos os humanos, um acontecer, que convive e compartilha nos mundos da ancestralidade sanguínea, do relacionamento social/familiar e consigo mesmo.

O ser humano é um todo tridimensional e, ao mesmo tempo, uma parte genética, afetiva e ontológica, tendo à sua disposição todos os direitos e desejos desses três mundos, uma vez que a existência é uma formação contínua de eventos, pelo que, nas ações de investigações de paternidade/maternidade genética e afetiva, devem ser acrescidos todos os direitos daí decorrentes, como alimentos, herança, poder/dever familiar, parentesco, guarda compartilhada, nome, visitas, paternidade/maternidade genética e afetiva e demais direitos existenciais.

No decorrer da trajetória da vida, o ser humano vai adquirindo direitos, que vão moldando os seus modos de ser-no-mundo, encontrando-se em formação contínua da vida, motivo pelo qual nenhum desses episódios poderá ser renunciado, sob pena de renunciar à carga, à história, à experiência de vida, à evolução da civilização, à linguagem humana e a toda temporalidade, que não pode ser negada como se ela não tivesse ocorrido e nem conduzido o modo de ser-em-família, de ser-em-sociedade e de ser-no-mundo-tridimensional.

---

[142] ASIMOV, Isaac. *O código genético*. São Paulo: Cultrix, 1962, p. 16.

[143] VARELLA, Dráuzio. A imposição sexual. Jornal O Sul – Caderno Colunistas. Em 4 de março de 2007, em que afirma que Ernst Mayr, um dos grandes biólogos do século passado, disse o seguinte: "Não existe atividade, movimento ou comportamento que não seja influenciado por um programa genético". Por isso, enfatiza Dráuzio, "considerar a orientação sexual mera questão de escolha do indivíduo é desconhecer a condição humana".

[144] MADALENO, Rolf. *Novas perspectivas no direito de família*. Porto Alegre: Livraria do Advogado, 2000, p. 40.

[145] DOURADO, Ione Collado Pacheco; PRANDINI, Regina Célia Almeida Rego. *Henri Wallon*: psicologia e educação. Disponível em: <http://www.anped.org.br/24ff2071149960279.doc>. Acesso em: 26 out. 2004.

[146] BLANC, Mafalda de Faria. *Introdução à ontologia*. Coleção Pensamento e Filosofia. Lisboa: Instituto Piaget, 1990, p. 110.

A proibição da renúncia a todos os momentos da estrada da vida decorre da manutenção da trilogia dos modos de ser-no-mundo, porque os eventos da existencialidade não são somente os que foram vivenciados, mas, também, "que o seu ser-vivenciado teve um efeito especial, que lhe empresta um significado permanente".[147]

c) Conclusão:

Não reconhecer as paternidades genética e socioafetiva, ao mesmo tempo, com a concessão de "todos" os efeitos jurídicos, é negar a existência tridimensional do ser humano, que é reflexo da condição e da dignidade humana, na medida em que a filiação socioafetiva é tão irrevogável quanto a biológica, pelo que se deve manter incólumes as duas paternidades, com o acréscimo de todos os direitos, já que ambas fazem parte da trajetória da vida humana.

Polêmica, a meu ver, reside na questão registral da dupla paternidade/maternidade (biológica e afetiva), porquanto se o filho já tem um registro de nascimento socioafetivo, como na adoção judicial, na adoção à brasileira ou no reconhecimento voluntário da paternidade, qual seria o nome (sobrenome) que ele adotaria com o acolhimento da paternidade biológica? Que sobrenome ele adotaria no acolhimento da paternidade socioafetiva, quando já registrado pelos pais genéticos? Ele manteria no registro de nascimento o nome dos pais genéticos e dos pais afetivos, ou dos pais genéticos e do pai ou da mãe afetivo(a)?

Entendo que, quando se cuida de ação de estado, de direito da personalidade, indisponível, imprescritível, intangível, fundamental à existência humana, como é o reconhecimento das paternidades genética e socioafetiva, não se deve buscar compreender o ser humano com base no direito registral, que prevê a existência de um pai e uma mãe, e sim na realidade da vida de quem tem, por exemplo, quatro pais (dois genéticos e dois afetivos), atendendo sempre aos princípios fundamentais da cidadania, da afetividade, da convivência em família genética e afetiva e da dignidade humana, compreendidos na condição humana tridimensional.

Por isso, penso não ser correto afirmar, como o faz a atual doutrina e jurisprudência do mundo ocidental, que "a paternidade socioafetiva se sobrepõe à paternidade biológica", ou que "a paternidade biológica se sobrepõe à paternidade socioafetiva", isso porque ambas as paternidades são iguais, não havendo prevalência de nenhuma delas, exatamente porque fazem parte da condição humana tridimensional, que é genética, afetiva e ontológica.

"Em virtude do entendimento acima, tenho que no caso dos autos, o apelo deve ser provido apenas para que seja declarada a paternidade biológica de [...] em relação à [...], mantendo-se o registro de nascimento da mesma onde consta como pai [...], já que este é o único pai (socioafetivo) que a mesma conhece e convive. A demandante [...], quando maior, poderá, se quiser, em ação apropriada, buscar a alteração de seu registro com o objetivo de fazer constar qual o nome do seu genitor, se o biológico ou o socioafetivo".[148]

---

[147] GADAMER, Hans-Georg. *Verdade e método I*. 6. ed. Tradução de Flávio Paulo Meurer. Rio de Janeiro. Vozes, 2004, p. 106, 115 e 116.

[148] Tribunal de Justiça do Rio Grande do Sul. Apelação cível nº 70029363918, 8ª Câmara Cível, em 07.05.2009. Relator: Desembargador Claudir Fidélis Faccenda, com a participação dos Desembargadores José Ataídes Siqueira Trindade e Alzir Felippe Schmitz.

Capítulo II

Presunções relativas da paternidade

Serão examinadas as hipóteses de presunções *relativas* da paternidade, como, no casamento, na união estável, no namoro, no relacionamento sexual ou assexual e na recusa do investigado na efetivação do exame genético em DNA, as quais, em tese, são inconstitucionais, porque não preservam o direito fundamental ao conhecimento da condição humana tridimensional, genética, afetiva e ontológica.

1. Presunção relativa da *pater is est quem nuptias demonstrant*

O artigo 338 do Código Civil de 1916 dizia o seguinte: "Presumem-se concebidos na constância do casamento: I – os filhos nascidos 180 (cento e oitenta) dias, pelo menos, depois de estabelecida a convivência conjugal; II – os nascidos dentro nos 300 (trezentos) dias subsequentes à dissolução da sociedade conjugal por morte, desquite (separação judicial), ou anulação".

O Código Civil, em seu artigo 1597, manteve os dois incisos acima citados, mas acrescentou mais três causas de presunção da paternidade, isto é, presume-se concebidos na constância do casamento (e da união estável) os filhos: "III – havidos por fecundação artificial homóloga, mesmo que falecido o marido; IV – havidos, a qualquer tempo, quando se tratar de embriões excedentários, decorrentes de concepção artificial homóloga; V – havidos por inseminação artificial heteróloga, desde que tenha prévia autorização do marido".

Na reprodução (procriação) humana medicamente assistida por inseminação artificial homóloga, citada no inciso III, o material genético pertence ao casal. Uma vez realizada a inseminação artificial homóloga, não há como se negar a paternidade, não importando eventual separação, anulação do casamento ou morte dos cônjuges.

Com relação ao inciso IV, o legislador, ao utilizar a expressão embriões "excedentários", dá a entender que deve ter havido anterior inseminação artificial homóloga, da qual sobejaram embriões que não foram utilizados. É dizer, se não houver anterior inseminação, não é possível que haja embriões excedentes, pelo que não se presumirá a paternidade do marido em caso de embriões não excedentes, isto é, realizada a inseminação artificial homóloga pela primeira vez com embriões. Mas, também pode ser sustentado que a expressão embriões "excedentários" foi apenas linguagem equivocada do legislador, que talvez quisesse dizer a existência de depósito de material genético em um local especializado, não reclamando, assim, anterior inseminação artificial.

Outrossim, o legislador, ao referir ao termo "a qualquer tempo", significa que se presume a paternidade se a inseminação artificial ocorrer com os embriões excedentários durante ou após o casamento ou mesmo a morte do marido. Significa, em tese, que a mulher detém o poder de gerar filho quando bem quiser, porque o marido, ao fornecer o material genético, autorizou previamente a inseminação artificial homóloga, mesmo se depois vier a separar-se da esposa ou morrer.

A inseminação artificial heteróloga ocorre quando o material genético é oriundo de pais diferentes. Assim, se um casal resolve que a mulher deva ser inseminada com material genético de terceiro, o marido que der a autorização não poderá negar a paternidade.

Os filhos matrimoniais ou convivenciais desfrutam de uma situação privilegiada, já que a presunção de paternidade permite identificar o pai, sem maiores delongas, desde o nascimento, tonifica Maria Cláudia Crespo Brauner, pontificando também que essa "presunção 'pater is est', prevista no artigo 338 do Código Civil (de 1916), considera como filhos do matrimônio aqueles nascidos pelo menos 180 dias depois de estabelecida a convivência conjugal e aqueles nascidos até 300 dias após a dissolução dessa união".[149] Acrescenta a autora que a ausência de certeza era, tão somente, no interesse de manter-se a segurança jurídica e a moral imposta na sociedade do início do século XX, a partir da incidência de uma ficção criada pela presunção de paternidade. Por fim, aduz que, "para o Código, pai é aquele que o sistema jurídico define como tal; é a lei que atribui à criança um pai. Deste modo, se a maternidade é constatada, e sendo a mãe casada, a paternidade só pode ser presumida em relação ao seu marido", ou seja, é pai porque é marido, mesmo que não genitor, surgindo,

---

[149] BRAUNER, Maria Cláudia Crespo. Novos contornos do Direito da Filiação: a dimensão afetiva das relações parentais. São Leopoldo, RS. In: *Anuário da UNISINOS*, 2000 e *Revista Ajuris* n° 78, de 07/2000, op. cit, p. 277.

com isso, o célebre adágio *pater is est quem nuptiae demonstrant* e, em decorrência, a paternidade social.[150]

Atualmente, em vista da unidade da perfilhação e da certeza científica da paternidade pela realização do exame genético em DNA, a presunção relativa da paternidade perdeu sua razão de ser, mas ainda aplicável como indício da paternidade, naqueles casos em que inviável a formatação da prova pericial.

2. Presunção relativa da paternidade na união estável

Os princípios da igualdade, da afetividade, da cidadania, da dignidade e da condição humana tridimensional, genética, (des)afetiva e ontológica, não se aplicam unicamente ao casamento ou na quebra de paradigma da filiação genética no Brasil, também servindo para retirar da periferia jurídica as famílias extramatrimoniais, como a união estável e demais modos de ser-em-família, atribuindo-lhes direitos e deveres próprios da convivência em família. Significa dizer que a união estável é, tal qual o casamento, mais uma forma de ser-em-família, porque ambas as entidades se localizam no mundo humano afetivo e desafetivo. É dizer, equiparar casamento, união estável e demais jeitos de ser-em-família, é compreender a tradição da família, a Constituição do País e a realidade do mundo da vida,[151] mergulhados na realidade social, e não acorrentadas ao medievo, quando somente era visto o interesse patrimonial e o mundo genético.

A existência humana demonstra que não há qualquer diferença entre o jeito de ser-no-casamento, na união estável e nas demais formas de ser-em-família. Esses modos de ser-no-mundo-familiar não subsistem sem o mundo afetivo, uma vez que o modo de ser-no-mundo-afetivo é condição de possibilidade de o humano compartilhar em família e no seu mundo ontológico, motivo pelo qual precisam ser acolhidos todos os modos de ser-em-família, evitando, assim, a continuação da coisificação do ser humano e da família.

---

[150] LEITE, Eduardo de Oliveira. Exame de DNA, ou o limite entre o genitor e o pai. Leite, Eduardo de Oliveira (coord.). In: *Grandes Temas da Atualidade. DNA como meio de prova da filiação*. Rio de Janeiro: Forense, 2000, p. 67-8.

[151] GADAMER, Hans-Georg. *Elogio da Teoria*. Lisboa: Edições 70, 2001, p. 56. O autor lembra o seguinte sobre a expressão mundo da vida: "[...]Nos trabalhos tardios de Husserl, a expressão mágica era mundo da vida – uma dessas raras e surpreendentes cunhagens lexicais (a expressão não ocorre antes de Husserl) que ingressou na consciência lingüística geral e atestou, desse modo, que trouxe à fala uma verdade desconhecida ou esquecida. Assim, a expressão 'mundo da vida' recorda os pressupostos que residem de antemão em todo o conhecimento científico".

Não é apenas no casamento que se presume a paternidade, como na constância da união estável. Nesse sentido, o seguinte julgado: "Demonstrada a existência de união estável por vários anos, desnecessário o ajuizamento de ação de investigação de paternidade para o registro de filha nascida após a morte do companheiro da autora. Considerando que o artigo 226, § 3º, da CF, reconhece a união estável entre homem e mulher como entidade familiar, aplica-se à espécie a presunção legal consubstanciada no artigo 338, II, do CC".[152]

Estabelecida a união estável e a coincidência com a concepção, daí resulta uma presunção relativa de paternidade. Não se trata, porém, de presunção absoluta, podendo ser afastada por prova em contrário, como o exame genético em DNA ou, segundo a jurisprudência, se comprovada a filiação socioafetiva, que *não* prevalece sobre a biológica, como afirma a jurisprudência,[153] em vista do acolhimento do princípio da afetividade (Constituição Federal, artigos 226, §§ 4º e 7º, e 227, § 6º), da igualdade entre a perfilhação e, principalmente, da condição humana tridimensional, genética, afetiva e ontológica.

3. Presunção relativa da paternidade no namoro

Afigura-se a presunção da paternidade, de acordo com a jurisprudência, se o investigante provar que sua mãe tinha amizade com o investigado, porquanto, "evoluindo os costumes e as relações sociais, os relacionamentos íntimos, diante das facilidades que as cercam, se tornam de difícil comprovação, enquanto a paternidade já se encontra no rol das provas comuns, pelo exame genético em DNA. Hoje, quando os motéis fazem parte da paisagem social brasileira, já não é necessária a prova de que, ao tempo da concepção, a mãe do autor estava concubinada com o pretendido pai. Dessa maneira, o verdadeiro ônus da prova nos dias atuais está a cargo do investigado, pois ele pode provar, cientificamente, que não é o pai. Ao investigante basta a prova de amizade de sua mãe com o pretendido pai; basta a prova de que tenham sido vistos juntos alguma vez, porque, atualmente, ninguém pode se vacinar contra o ímã do sexo".[154]

---

[152] Acórdão da 4ª CCv. do TJRS, em 03.06.98, rela. Maria Berenice Dias. DOJ-RS de 24.07.98, p. 07, nº 1417.
[153] EMI 70000904821 – 4º G.C. Cív. do TJRS, Rel. Luiz Felipe Brasil Santos – J. 10.11.2000.
[154] Acórdão da 8ª CCv do TJRS, na ap. 595030693, em 06.04.95, rel. João Andrades Carvalho. No mesmo sentido, acórdão da 7ª CCv. do TJRS, em 13.11.96, rel. Paulo Heerd, in RJTJRS 181/374.

4. Presunção relativa da paternidade no relacionamento sexual

Em questão de se presumir a paternidade, basta o relacionamento sexual, não significando, contudo, uma forte probabilidade, mas "relativa certeza em torno da autoria da paternidade. Lembra-se, porém, que as relações sexuais são apenas um pressuposto necessário da procriação. Uma vez verificadas, é possível inferir a paternidade".[155]

5. Presunção relativa da paternidade na recusa do investigado na produção do exame genético em DNA

Uma das mais difíceis soluções jurídicas no direito de família diz respeito à possibilidade de conduzir o investigado para a produção do exame genético em DNA, para que seja descoberta a paternidade biológica. De um lado, o Superior Tribunal de Justiça determina a produção dessa prova,[156] mas, de outro, o Supremo Tribunal Federal, por maioria de votos, tem denegado esse direito, afirmando que o investigado tem o direito à intangibilidade física.[157]

Seguindo orientação da Suprema Corte de Justiça, os tribunais não têm conduzido o investigado na feitura do exame genético em DNA, resolvendo a questão no plano jurídico-instrumental, ou seja, a negativa na produção dessa prova "importa renúncia implícita à tese da negativa da paternidade, representando um forte indício da paternidade".[158]

6. A relativização das presunções da paternidade

A Lei nº 12.004/09, alterou o parágrafo único do artigo 2º-A da Lei nº 8.560/92, que passou a ter a seguinte redação: "A recusa do réu em se submeter ao exame de código genético – DNA – gerará a presunção da paternidade, a ser apreciada em conjunto com o contexto probatório".

---

[155] RIZZARDO Arnaldo. *Direito de Família*. volume II, Rio de Janeiro: Aide, 1994, p. 627.

[156] REspecial nº 215.247, da 4ª Turma do STJ, relator Sálvio de Figueiredo Teixeira, em 05.10.99, DJ de 06-12-99, RSTJ, a. 02, (13):260-303, Janeiro, CD-STJ 27, de 11.2000.

[157] Acórdão do STF, em sessão plenária, Habeas Corpus nº 71373-4-RS, em 10.11.94, rel. Marco Aurélio, por maioria de votos, Boletim Informativo nº 31, de 11/96, da PGJ do RS.

[158] Embargos Infringentes nº 593160773, 4º Grupo de Câmaras Cíveis do TJRS, Rel. Luiz Felipe Azevedo Gomes, 11.11.94, e Apelação Cível nº 597145713, 7ª Câmara Cível do TJRS, Rel. Eliseu Gomes Torres, j. 03.12.97, DJ 06.02.98, p. 31.

Nos mesmos termos, o verbete n° 301 da súmula do Superior Tribunal de Justiça, nos termos: "Em ação investigatória, a recusa do suposto pai a submeter-se ao exame de DNA induz presunção *juris tantum* de paternidade".

A presunção da paternidade atravessou milênios, mas, "ao final do século XX, o antigo adágio romano 'mater certíssima, pater semper incertus' é colocado em dúvida, por meio de provas científicas que possibilitam estabelecer um vínculo paterno ou materno com uma certeza quase absoluta".[159]

Várias teorias fundamentam a presunção da paternidade: a) da acessoriedade (em sendo o marido dono da esposa, o é também do filho, já que o acessório segue o principal); b) da presunção de fidelidade da esposa (presunção de inocência do delito de adultério da mulher); c) da coabitação exclusiva (a presunção da paternidade não repousa na presunção da fidelidade, mas, sim, na coabitação entre os cônjuges, presumindo-se as relações sexuais exclusivas); d) da vigilância do marido (o marido é obrigado à vigilância da esposa, pelo que o filho que ela der à luz deve ser-lhe atribuído); e) da admissão antecipada do filho pelo marido (o matrimônio presume a aceitação prévia dos filhos); f) conceitualista ou formalista (a presunção da filiação é devido a ata de nascimento do filho).[160]

Os artigos 226, §§ 4° e 7°, e 227, § 6°, da Constituição Federal, e 27 do ECA introduziram no mundo jurídico brasileiro a obrigatoriedade da descoberta da verdade da filiação genética e socioafetiva, cujos filhos são iguais em direitos e obrigações. Por isso, não se pode falar em presunção da paternidade na constância do casamento, da união estável ou outra forma de ser-em-família, visto que habitam no ordenamento jurídico só a filiação biológica e afetiva, devido ao naufrágio da filiação jurídica, mera ficção da paternidade. O nascimento de filho na constância do matrimônio ou da união estável é um indicativo, e não uma prova absoluta da paternidade, já que esse "processo lógico, pelo qual a mente atinge uma verdade legal, foi vencida, na segunda metade deste século, pela confiabilidade do exame de DNA, que não só revolucionou o mundo da biomedicina, mas e sobretudo, alterou o quadro estagnado que dominava no engessado ambiente jurídico nacional".[161]

---

[159] MARTINS, José Renato Silva. Zaganello, Margareth Vetis. Recusa à realização do exame de DNA na investigação de paternidade: direito à intimidade ou direito à identidade?. In: *Grandes Temas da Atualidade, DNA como meio de prova da filiação*. Eduardo de Oliveira Leite (coord.). Rio de Janeiro: Forense, 2000, p. 152.

[160] BOEIRA, José Bernardo Ramos. *Investigação de Paternidade: Posse de Estado de Filho: paternidade socioafetiva*. Porto Alegre: Livraria do Advogado, 1999, p. 43.

[161] LEITE, Eduardo de Oliveira. Exame de DNA, ou o limite entre o genitor e o pai. In: *Grandes Temas da Atualidade, DNA como meio de prova da filiação*. Eduardo de Oliveira Leite (coord.). Rio de Janeiro: Forense, 2000, p. 63.

A presunção da filiação "pater is est quem nuptias demonstrant" representa a manutenção do artigo 312 do Código de Napoleão, isto é, a ficção de que o marido é pai dos filhos gerados pela esposa (artigo 340 do CC de 1916). Contudo, Humberto Theodoro Júnior informa que dois fatores atuaram, nos últimos tempos, para destruir o sistema de ficção legal de paternidade: a) a eliminação da distinção entre tipos de filiação, graças à regra constitucional que assegurou tratamento jurídico igualitário para todos os filhos dentro e fora do casamento e da união estável (CF de 1988, art. 227, § 6º); b) a evolução dos meios científicos de fixação da paternidade biológica (exame genético em DNA).

O autor aduz também que a Constituição Federal, ao adotar o sistema único de filiação, garante a todos os filhos o direito à verdadeira paternidade, *que é genética e socioafetiva*, de sorte que "não mais se tolera que aqueles que biologicamente são filhos não sejam juridicamente considerados como tais".

As ficções legais da paternidade perderam prestígio, visto que "nas causas que versam sobre o direito de família, nas quais o interesse público prevalece sobre o privado, não pode haver concessões à verdade formal",[162] devendo-se reconhecer, com a produção de todas as provas admitidas em direito, principalmente o exame genético em DNA, as paternidades biológica e sociológica, porquanto "el respecto a la vida familiar exige que la realidad biológica y social prevalezca sobre uma presunción legal que choca frontalmente tanto com los hechos estabelecidos como com los deseos de las personas involucradas, sin aprovechar realmente a nadie".[163]

A presunção do Direito choca-se frontalmente contra a condição humana tridimensional, genética, afetiva e ontológica, que exige o reconhecimento das paternidades genética e afetiva, e não uma filiação meramente formal ou jurídica.[164] Com efeito, a filiação biológica pare-

---

[162] CARVALHO, Hélio Costa Veiga de. Da imprescritibilidade da ação negatória de paternidade e da legitimidade ativa do próprio autor do reconhecimento da filiação. In: *Revista da Faculdade de Direito da USF*, Volume nº 17, 2000, p. 115, e CD Juris Síntese 29, de 08.2001.

[163] CARLUCCI, Aída Kemelmajer de. Unificación supranacional del derecho de familia. *VI Jornada Jurídica Nacional e I Jornada Internacional de Direito de Família*. Realizada em novembro de 1997, Porto Alegre: ADV, Instituto dos Advogados do Rio Grande do Sul, Seleções Jurídicas, março/abril de 1998, p. 7.

[164] BRAUNER, Maria Cláudia Crespo. Novos Contornos do Direito da Filiação: a dimensão afetiva das relações parentais, op. cit., p. 244, citando acórdão constante da obra de Sálvio de Figueiredo Teixeira, in *Direitos de família e do menor*. Belo Horizonte: Del Rey, 1992, p. 237, relator Athos Carneiro, nos termos: Compreende-se o rigorismo das normas do Código de 1916: à época, o princípio "pater is est quem nuptias demonstrant" havia de ser observado com rigor máximo, não só ante as realidades sociais imperantes e a moral vigente, como porque a negativa de paternidade, então inexistente meios técnicos a comprová-la, somente poderia alicerçar-se em fatos evidentes, tais a impossibilidade física de coabitação, a separação legal dos cônjuges ou a impotência absoluta do marido, não sendo a presunção afastada sequer pelo adultério da mulher com quem o varão vivesse sob o mesmo teto,

ce ser "a verdade verdadeira, mas não se concebe um sistema jurídico que, embora não o diga, não conceda um lugar à verdade sociológica, aos hábitos individuais, familiares, sociais [...]. O facto de viver como se o vínculo biológico existisse cria [...] uma comunidade psicológica que pode ser tão forte como a comunidade de sangue [...] que seria pouco realista abalar [...], pois 'juieta non movere' é uma das máximas secretas do direito. Em suma, tratou-se de dar relevância à verdade sociológica da filiação, de guardar a paz das famílias que assente na comunhão filial duradoura".[165]

Em tendo sido cravadas no contexto jurídico brasileiro unicamente as paternidades biológica e afetiva, conclui-se que a filiação formal, ficção jurídica, mera presunção jurídica da perfilhação, naufragou com a promulgação da Constituição Federal de 1988,[166] impondo-se o afastamento da presunção da paternidade, para que haja a produção de todas as provas admitidas em Direito, sob pena de ser reconhecida a ficção do estado de filho, que não mais habita no texto constitucional.

É dizer, na medida em que o ordenamento jurídico brasileiro alberga apenas as filiações biológica e sociológica, não se pode mais falar em meras presunções de paternidade, porquanto, segundo Lenio Luiz Streck,[167] "a técnica arremete fortemente contra a ficção. Nesse ponto, não se trata de uma desbiologização da filiação genética, mas, sim, de um fortalecimento das duas perfilhações biológica e sociológica; a primeira, porque, com a produção do exame genético em DNA, a paternidade e a maternidade são comprovadas cientificamente; a segunda, com o acolhimento da família eudomonista e da igualdade entre todos os filhos, conquista da Constituição de 1988, que deu azo a que o afeto, o amor, o desvelo, a felicidade tenham valor jurídico".

---

ou pela confissão materna. Outros são os tempos, já agora a confissão materna, aludida no artigo 346, podendo ser corroborada por exames genéticos de máxima precisão e incontestável credibilidade. Pode atualmente dizer-se que não basta o adultério da mulher com quem o marido vivia sob o mesmo teto, para ilidir a presunção legal de legitimidade da prole, mas que basta a confissão de adultério quando comprovada pelos exames genéticos que a ciência moderna proporciona em auxílio ao jurista".

[165] OLIVEIRA, Guilherme. *Critério Jurídico da Paternidade*. Coimbra, Portugal: Almedina, 1998, p. 421.

[166] BEBER, Jorge Luiz Costa. Ação negatória de paternidade aforada por pai registral ou reconhecido judicialmente. In: *Revista Jurídica* nº 258, p. 39, de 04/99, e CD revista jurídica nº 04/2000, "na verdade, seja pelo desenvolvimento social, seja pela evolução jurídica, seja pelos avanços da ciência em matéria de hereditariedade genética, não há como continuar sustentando uma aparente verdade, decorrente de simples presunções legais, diga-se relativas, como aquelas insculpidas nos artigos 338, 339 e 340 do Código Civil (de 1916), em desfavor de uma prevalente verdade biológica.

[167] STRECK, Lenio Luiz. Prefácio na obra *Igualdade entre as filiações biológica e socioafetiva* de Belmiro Pedro Welter. Revista dos Tribunais, 2003.

Resumindo, a presunção da paternidade "não mais se harmoniza com as diretrizes, constitucionalmente fixadas para o Direito de Família, muito menos para a filiação, devendo ser afastada",[168] para que sejam produzidas, sempre que possível, todas as provas admitidas em direito, como, documental, testemunhal, depoimento pessoal e pericial, especialmente o exame genético em DNA.

---

[168] BARBOZA, Heloísa Helena. Novas relações de filiação e paternidade. In: *Repensando o direito de família, Anais do I Congresso Brasileiro de Direito de Família*. Rodrigo da Cunha Pereira (coord.). IBDFAM, OAB-MG, Belo Horizonte: Del Rey, 1999, p. 141.

Capítulo III

Algumas provas que devem serproduzidas na ação de investigação de paternidade biológica

Por vezes, não é possível a produção de todas as provas admitidas em Direito, principalmente o exame genético em DNA, não obstante a perícia forneça a certeza científica da paternidade. Nesses casos, outros elementos probatórios precisam ser carreados aos autos da investigatória de paternidade, como documental, testemunhal e depoimento pessoal, inclusive com a possibilidade de condução coercitiva do investigado.

1. Necessidade da produção do exame genético em DNA

A hereditariedade percorreu várias fases, pensando-se, inicialmente, que a filiação podia ser definida pela semelhança fisionômica, como o retrato falado e a prova prosopográfica – sistema ABO (grupo A, B, O e AB).[169] Porém, a tipagem sanguínea ABO só consegue excluir 13 em cada 100 indivíduos falsamente acusados, "e o HLA, no máximo, 95 em cada 100, isto nos melhores Laboratórios de HLA do mundo! O DNA exclui 100%, e uma não exclusão em exame de DNA automaticamente significa uma inclusão com probabilidade de paternidade altíssima".[170] Em outros termos, quando se garantem 100% de não exclusão de paternidade, que é muito diferente de 100% de inclusão, não possui sentido algum

---
[169] SANTOS, Maria Celeste Cordeiro Leite. Quem são os pais? O DNA e a filiação, proposta de solução ou início dos dilemas?. In: *Grandes Temas da Atualidade, DNA como meio de prova da filiação*. Eduardo de Oliveira Leite (coord.). Rio de Janeiro: Forense, 2000, p. 204.

[170] RASKIN, Salmo. A análise de DNA na determinação de paternidade: mitos e verdades no limiar do século XXI. In: *Grandes Temas da Atualidade, DNA como meio de prova da filiação*. Eduardo de Oliveira Leite (coord.). Rio de Janeiro: Forense, 2000, p. 316.

falar-se em probabilidade, pelo que, "somente com o desenvolvimento do teste de DNA (ácido desoxirribonucléico), no final da década de 80, o exame hematológico ganhou em termos de probabilidade de inclusão, ou de indicação paternal, garantindo quase 100% de exclusão da paternidade".[171]

Um grande passo na descoberta do DNA foi dado pelo cientista O. T. Avery e dois de seus colegas, que "estudaram uma substância capaz de transformar uma linhagem da bactéria em outra. Era o ácido desoxiribonucleico, comumente chamado ADN (ou DNA)".[172] Os códigos do DNA são exclusivos de cada indivíduo (não há duas pessoas com o mesmo código de barras, exceto os gêmeos univitelinos),[173] pelo que o exame genético em DNA é a melhor opção para o estudo da paternidade.[174]

Não obstante o fantástico resultado na confirmação ou exclusão da paternidade, que torna praticamente infalível o exame genético em DNA, parte da doutrina[175] não o aceita como prova absoluta, em vista dos erros que podem ser cometidos e da ausência de resposta às seguintes indagações: 01) Que laboratórios estão fazendo exames em DNA? 02) Quais os critérios para credenciá-los? 03) Por que estão proliferando os laboratórios no Brasil, em número superior ao dos Estados Unidos ou da Alemanha? 04) Que especialistas e doutores integram esses laboratórios? 05) Que cuidados foram tomados na coleta do material genético e na identificação das pessoas? 06) Os laboratórios mantêm bancos de dados das frequências populacionais dos sistemas genéticos utilizados? 07) Adotam os laboratórios controles de qualidade dos exames? 08) Os materiais genéticos foram obtidos e estão guardados com toda segurança? 09) O Estado tem fiscalizado os laboratórios?[176]

Com isso, alguns autores propagam a ideia de que está na hora de ser repensada a sacralização e divinização do exame genético em DNA, na medida em que ele não é tão milagroso e capaz de resolver todas as

---

[171] SILVA, Reinaldo Pereira e. Acertos e desacertos em torno da verdade biológica. In: *Grandes Temas da Atualidade, DNA como meio de prova da filiação*. Eduardo de Oliveira Leite (coord.). Rio de Janeiro: Forense, 2000, p. 228.

[172] ASIMOV, Isaac. *O Código Genético*, São Paulo: Cultrix, 1962, p. 08.

[173] LOPES, Sônia Godoy Bueno Carvalho. *Bio – Introdução à Biologia, Citologia, Embriologia animal, Histologia animal, Os seres vivos, Genética, Evolução, Ecologia*, 5. ed. São Paulo: Saraiva, 1996, p. 454.

[174] JOBIM, Luiz Fernando. Horta, Maria Fernanda. Mur, Maria Del Carmen. e Jobim, Maria Regina. Perícias médicas em investigação de paternidade pelos principais sistemas genéticos. In: *Revista do HCPA*, abril de 1996, volume 16, Porto Alegre.

[175] FERNANDES, Tycho Brahe. O exame de DNA na prova criminal. In: *Grandes Temas da Atualidade, DNA como meio de prova da filiação*. Eduardo de Oliveira Leite (coord.). Rio de Janeiro: Forense, 2000, p. 377.

[176] VELOSO, Zeno. A sacralização do DNA na investigação de paternidade. In *Grandes Temas da Atualidade, DNA como meio de prova da filiação*. Eduardo de Oliveira Leite (coord.). Rio de Janeiro: Forense, 2000, p. 390.

questões referentes à investigação de paternidade, embora seja útil no contexto probatório, e seria absurdo negá-lo. Porém, não se pode ignorar os demais meios de prova, até porque "inúmeros fatores podem comprometer e prejudicar os resultados ditos inquestionáveis do exame pericial do DNA [...]. O exame científico da paternidade não pode desviar o caminho da instrução probatória, fazendo do juiz um mero homologador de laudos periciais".[177]

Nos casos de transfusão sanguínea, nos últimos sessenta dias antes da coleta de sangue ou transplante de medula óssea, deve-se tomar cuidado no resultado do exame genético,[178] porque essas duas situações são indagadas nas declarações padronizadas fornecidas pelos laboratórios e preenchidas pelas partes antes da coleta, esclarece Salmo Raskin. Para o autor, "caso haja omissão, o exame de DNA detectará a presença do componente genético de dois indivíduos em uma única amostra (doador e receptor), indicando que o teste deve ser repetido com nova coleta". Logo, anota o autor, quando alguma parte suspeitar da ocorrência de algumas dessas duas situações, é necessário solicitar que, além do sangue, seja coletado amostra de raízes de cabelo, "que contêm o DNA original da pessoa. Se esta suspeita for posterior à coleta, basta solicitar uma contraprova com este tipo de material (amostra de raízes de cabelo), ou aguardar cerca de 60 dias para realizar nova coleta de sangue, caso a suspeita tenha sido de transfusão sanguínea".[179]

Concordo[180] que os exames periciais devem ser regulamentados, redigindo o resultado com linguagem acessível para o Juiz, às partes e aos leigos, descrevendo os métodos utilizados e o cálculo estatístico para apresentação da probabilidade de execução; identificar os técnicos incumbidos de cada uma das diferentes etapas do teste e possíveis fontes de erro e problemas na interpretação do resultado, incluindo no laudo fotografias das bandas do DNA ou o filme de Raio-X marcado, para o exame visual do resultado; fiscalizar os laboratórios para tornar as provas

---

[177] ALMEIDA, Maria Cristina de. Prova do DNA: uma evidência absoluta?. In: *Revista Brasileira de Direito de Família* – nº 2 – Jul-Ago-Set/99, Porto Alegre, 1999, p. 148.

[178] VELOSO, Zeno. A Dessacralização do DNA. In: *Direito de Família: a família na travessia do milênio, Anais do II Congresso Brasileiro de Direito de Família*. Rodrigo da Cunha Pereira (coord.). IBDFAM, OAB – MG, Belo Horizonte: Del Rey, 2000, p. 196, "se o suposto pai já morreu, o juiz pode autorizar a exumação do cadáver, retirando-se tecidos do mesmo, e o exame pode ser realizado. Em alguns casos, nem se precisa ir tão longe: com amostras de sangue dos irmãos ou dos pais biológicos do falecido é possível a reconstituição do padrão genético do indivíduo".

[179] RASKIN, Salmo. A análise de DNA na determinação de paternidade: mitos e verdades no limiar do século XXI. *Grandes Temas da Atualidade, DNA como meio de prova da filiação*. Eduardo de Oliveira Leite (coord.). Rio de Janeiro: Forense, 2000, p. 321.

[180] Neste sentido, WELTER, Belmiro Pedro. *Investigação de Paternidade*, Tomo II, Porto Alegre: Síntese, 1999.

técnicas mais confiáveis e fixar os requisitos para o credenciamento dos laboratórios.[181]

Afastar a produção do exame genético em DNA, é o mesmo que desdenhar o princípio, a aurora do ser humano, isso porque, segundo Humberto Theodoro Júnior, se a biotecnologia inventou métodos de investigação, "que podem conduzir o juiz a uma convicção extremamente sólida, com probabilidade de mais de 99% de acerto, por que se contentar em julgar à luz de precários e vetustos meios indiciários de prova, quase sempre pouco concludentes?" O próprio escoliasta responde, utilizando os termos de Barbosa Moreira: "Estou, e tenho a certeza de que ficarei até a morte, seguramente, inabalavelmente, convencido de que é preciso que o juiz se compenetre da necessidade de que ele assuma realmente, não formalmente apenas, a sua responsabilidade na direção do processo", pelo que – continua o autor – o magistrado, na direção do processo, deve fazer o uso de seu poder, determinando a produção das provas necessárias ao esclarecimento da verdade, "ainda que a parte não tenha sido diligente em requerê-las (CPC, art. 130). Se isto é um princípio acatado em todo o processo civil moderno, com muito maior razão haverá de ser respeitado nas ações em que a lide envolve questão de ordem pública".[182]

Por isso, a necessidade de o julgador munir-se de todos os meios jurídicos disponíveis para a descoberta da paternidade biológica e sociológica, já que o interesse é das partes, do Estado[183] e da sociedade, porquanto "não se pode negar que, dos sujeitos do processo, apenas o magistrado

---

[181] TRACHTENBERG, Anete. O poder e as limitações dos testes sanguíneos na determinação da paternidade. Porto Alegre, *Revista Ajuris* nº 63/327, de 03/1995.

[182] THEODORO JÚNIOR, Humberto. Prova – princípio da verdade real – poderes do juiz – ônus da prova e sua eventual inversão – provas ilícitas – prova e coisa julgada nas ações relativas à paternidade (DNA). In: *Revista Brasileira de Direito de Família* – Nº 3 – Out-Nov-Dez/99, Porto Alegre, 1999, p. 06.

[183] Não servirá de argumento eventual alegação de inaplicabilidade imediata das normas constitucionais dos direitos e garantias individuais, na medida em que há consenso doutrinário e jurisprudencial no sentido da auto-aplicabilidade (TEPEDINO, Gustavo. Normas Constitucionais e relações de direito civil na experiência brasileira. In: *Revista Jurídica* nº 278, de 12/2000, Porto Alegre, 2000, p. 05). CANOTILHO, José Joaquim Gomes. *Direito Constitucional e Teoria da Constituição*. 3. ed. Coimbra – Portugal: Livraria Almedina, 1999, p. 405-6, "o direito de acesso aos tribunais reconduz-se fundamentalmente ao direito a uma solução jurídica de actos e relações jurídicas controvertidas, a que se deve chegar um prazo razoável e com garantias de imparcialidade e independência possibilitando-se, designadamente, um correcto funcionamento das regras do contraditório, em termos de cada uma das partes poder deduzir as suas razões (de facto e de direito), oferecer as suas provas, controlar as provas do adversário e discretear sobre o valor e resultado de causas e outras (Ac. TC 86/88, DR, II, 22-8-88). Significa isto que o direito à tutela jurisdicional efectiva se concretiza fundamentalmente através de um *processo jurisdicional equitativo – due process*". De acordo com CAPPELLETTI, Mauro e GARTH, Bryan. *Acesso à Justiça*. Tradução Ellen Gracie Northfleet. Porto Alegre: Fabris, 1988, p. 31, podem ser visualizados em três ondas sobre acesso ao Judiciário: "Podemos afirmar que a primeira solução para o acesso – a primeira onda desse movimento novo – foi a assistência judiciária; a segunda dizia respeito às reformas tendentes a proporcionar representação jurídica para os interesses difusos, especialmente nas áreas da proteção ambiental e do consumidor; e o terceiro, mais recente – é o que nos propomos a chamar simplesmente enfoque de acesso à justiça, porque inclui os posicionamentos anteriores, mas vai muito além deles, representando dessa forma, uma tentativa de atacar as barreiras ao acesso de modo mais articulado e compreensivo".

procura uma solução 'justa', visto que as partes visam a um resultado favorável aos seus interesses".[184] Nesse sentido, modernamente, há uma tendência de ampliar os poderes do Juiz, para que assuma um caráter investigatório, "atingindo, com isso, tanto quanto possível, a verdade real, mas sempre respeitando o direito de defesa das partes ou, em outras palavras, o devido processo legal".[185]

A prova pericial, mesmo antes da descoberta do DNA, como ABO, HLA, sempre foi utilizada nas investigações de paternidade. Porém, os resultados nunca foram de afirmação, e sim apenas de exclusão.[186] Com o exame genético em DNA, não se tem só a exclusão, mas, sim, a afirmação científica da paternidade em 99,99999997%, resultando, em consequência, a perda de credibilidade de teses defensivas do investigado, principalmente a "exceptio plurium concubentium".[187] Não concordo com a afirmativa, de que, efetivado o exame genético em DNA, não há razão jurídica na produção de outras provas genéticas, que seriam até ofensivas se cotejadas com o DNA,[188] na medida em que, embora esse exame possa ser infalível, ele pode ter, em sua realização, algumas irregularidades, as quais, comprovadas, podem ensejar a produção de outras provas.

Com a garantia do exame genético em DNA em praticamente 100%, estar-se-á garantindo ao investigante o direito fundamental à condição humana tridimensional, genética, afetiva e ontológica, que é inerente à dignidade humana, impenhorável, imprescritível, irrenunciável, vitalício,[189] imutável, e não circunstancial.[190]

Em sendo o estado de filho um direito à condição humana tridimensional, genética, afetiva e ontológica, não se apegando às necessidades e valores momentâneos de cada sociedade, mas, sim, à comprovação da origem humana, seria desarrazoado admitir-se que o direito material ou pro-

---

[184] VIEIRA, Helena Cunha. Poderes instrutórios do juiz no processo brasileiro. In: *Revista Ajuris* 60/327, de mar./94, Porto Alegre, 1994.

[185] ROENICK, Hermann Homem de Carvalho. Algumas reflexões sobre a verdade e a certeza no campo probatório. In: *Revista da Ajuris* 68/55, de nov./96, Porto Alegre, 1996.

[186] PENA, Sérgio D. J. Determinação de paternidade pelo estudo direto do DNA: estado da arte no Brasil. In: *Direitos de Família e do menor*. Sálvio de Figueiredo Teixeira (coord.), 3. ed., Belo Horizonte: Del Rey, 1993, p. 255, "quando tem acesso a familiares próximos do indivíduo falecido, é possível usá-los para tentar reconstruir o padrão de impressões digitais de DNA do falecido. O grau de certeza desse tipo de exame vai depender da natureza e do número dos familiares estudados".

[187] AMARAL, José Amir do. Investigação de paternidade. In: *Revista Ajuris* 63/219, de mar./95, Porto Alegre, 1995.

[188] AMAR, Ayush Morad. *Investigação de Paternidade e Maternidade do ABO ao DNA*. Cone Editora, 1991, p. 169.

[189] FONSECA, Antonio Cezar Lima da. Anotações aos direitos da personalidade. In: *Revista do Ministério Público* nº 37/277, de mar./95, Porto Alegre, 1995.

[190] SILVA, Edson Ferreira da. Direitos de personalidade: os direitos de personalidade são inatos? In: *Revista dos Tribunais* nº 694/21, de agosto/93, São Paulo, 1993.

cessual – que é um direito circunstancial – pudesse impedir a paternidade biológica por questão formal, como o indeferimento de todas as provas, especialmente o exame genético em DNA, outorgando-se *um pai* presumido, e não *o pai* biológico ao investigante, à medida que a concessão da paternidade presumida, fictícia, foi proscrita pelo Pacto Constitucional de 1988, a qual inadmite o retrocesso dos direitos fundamentais.[191]

Logo, em envolvendo a ação investigatória o direito ao estado de filho tridimensional, habitam nessa demanda "elevados interesses sociais e, por ser matéria de suma gravidade, a prova deve ser robusta e convincente, de sorte a desfazer toda dúvida",[192] e somente a perícia em DNA poderá conceder a certeza científica da paternidade genética, pois "se é desumano não ter o filho direito à paternidade, injusta também é a declaração de uma filiação inexistente",[193] pelo que é obrigatória a produção do exame genético em DNA,[194] sempre que possível, por várias razões:

---

[191] 01) STRECK, Lenio Luiz. *Hermenêutica e(m) crise*, 2. ed. Porto Alegre: Livraria do Advogado, 2000, p. 97: "No Estado Democrático de Direito vige o princípio da proibição do retrocesso social. Isto porque, estando o Estado Social assegurado pelo caráter intervencionista/regulador da Constituição, é evidente que qualquer texto proveniente do constituinte originário não pode sofrer um retrocesso que lhe dê um alcance jurídico/social inferior ao que tinha originariamente, proporcionando um retorno ao estado pré-constituinte. A principiologia própria do Estado Social e Democrático de Direito é que deve servir de topos hermenêutico para confortar a produção de sentido do novo texto advindo do processo constituinte derivado"; 02) Acórdão nº 39/84, do Tribunal Constitucional de Portugal, 3º vol., de 11.04.84, processo nº 6/83, publicado no Diário da República, 1ª série, de 5 de Maio de 1984: "As tarefas constitucionais impostas ao Estado em sede de direitos fundamentais no sentido de criar certas instituições ou serviços não o obrigam apenas a criá-los, obrigam-no também a não aboli-los uma vez criados. Impõe-se a conclusão: após ter emanado uma lei requerida pela Constituição para realizar um direito fundamental, é interdito ao legislador revogar essa lei, repondo o estado de coisas anterior. A instituição, serviço ou instituto jurídico por ela criados passam a ter a sua existência constitucionalmente garantida. Uma nova lei pode vir alterá-los ou reformá-los nos limites constitucionalmente admitidos; mas não pode vir extingui-los ou revogá-los"; 03) CANOTILHO, José Joaquim Gomes. *Direito Constitucional e Teoria da Constituição*, 3. ed., Coimbra – Portugal: Livraria Almedina, 1999, p. 326-7 e 369, "o princípio da democracia económica e social aponta para a proibição de retrocesso social. A ideia aqui expressa também tem sido designada como proibição de 'contra-revolução social' ou da 'evolução reaccionária'. Com isto quer dizer-se que os direitos sociais e económicos (ex.: direitos dos trabalhadores, direito à assistência, direito à educação), uma vez obtido um determinado grau de realização, passam a constituir, simultaneamente, uma *garantia institucional* e um *direito subjectivo*".

[192] FIDA, Orlando; ALBUQUERQUE, J. B. Torres de. *Investigação de Paternidade*. São Paulo: Editora de Direito, 1996, p. 300.

[193] SIMAS FILHO, Fernando. *A prova na investigação de paternidade*, 5. ed. Curitiba: Juruá, 1996, p. 56.

[194] RASKIN, Salmo. A evolução das perícias médicas na investigação de paternidade: dos redemoinhos do cabelo ao DNA. In: *Revista Brasileira de Direito de Família* – nº 3 – Out-Nov-Dez/99, Porto Alegre, 1999, p. 54. O DNA (ácido desoxirribonucléico) é a principal unidade biológica que compõe os seres vivos, localizando-se no núcleo de todas as células do corpo humano, sendo desigual em cada pessoa, mas com semelhanças típicas entre indivíduos biologicamente relacionados, o que se deve ao fato de que "sempre metade do DNA de um indivíduo é herdado de seu pai biológico e a outra metade é herdada de sua mãe biológica. Por isso, o DNA funciona como uma marca registrada da herança genética das pessoas". A seguir, o articulista complementa a ideia, afastando o receio de muitos doutrinadores quanto à confiabilidade da prova em DNA, já que agora é possível, "através do teste em DNA, afirmar que um indivíduo é, com certeza, o progenitor de determinada pessoa, inclusive naqueles casos em que membros da família já faleceram".

a) o Estado tem o dever de realizar ou pagar as despesas da prova pericial, porque é constitucionalmente o responsável pela assistência judiciária gratuita e garantidor dos direitos da cidadania e da dignidade da pessoa humana;[195] b) a pessoa tem o direito fundamental ao estado biológico, afetivo e ontológico, mas não com aplicação da revelia ou presunção de paternidade, e sim por demanda judicial com ampla tessitura probatória; c) os exames de sangue comuns não refletem a paternidade genética, porquanto o DNA tem valor probatório superior aos demais exames conjuntamente, e não é prova somente de exclusão, e sim de afirmação da paternidade, em praticamente 100%; d) os tribunais têm entendido que cabem várias perícias,[196] enquanto não descoberta a paternidade biológica; e) as ações de investigação de paternidade têm elevado cunho social, devendo a prova ser robusta, plenária e convincente da paternidade, expungindo qualquer dúvida, e tão só o DNA pode trazer a certeza genética; f) as gravíssimas consequências da coisa julgada, que impede, de acordo com parte da jurisprudência, a renovação da demanda de investigação de paternidade.

Ante a exclusão e afirmação em praticamente 100% da paternidade pelo exame genético em DNA, fornecendo às partes a certeza científica, não concordo com a afirmação de parte da doutrina, no sentido de que "não se pode trocar, simplesmente, o velho 'pater is est quem nuptiae demonstrant' por um modernoso 'pater is est quem sanguis demonstrant'",[197] isso porque o DNA é a testemunha mais confiável em determinação de paternidade,[198] pelo que "querer contestar o uso da técnica de DNA, como ferramenta para determinar vínculo biológico, é perda de tempo, no limiar do Século XXI",[199] salvo eventual erro ou lisura cometido no decorrer de sua realização.

2. Prova testemunhal e depoimento pessoal na investigação de paternidade

Com o advento do exame genético em DNA, a prova testemunhal e o depoimento pessoal perderam muito o seu referencial, porque é mui-

---

[195] MIRANDA, Jorge. *Manual de Direito Constitucional*. Tomo I, 6. ed. Coimbra, Portugal: Coimbra Editora, 1997, p. 232, a Defensoria Pública (artigo 134 da CF) é direito fundamental do brasileiro.

[196] AI nº 593004286, da 8ª CCv. do TJRS, em 15.04.93, rel. João Andrade Carvalho.

[197] VELOSO, Zeno. *op. cit.*, p. 389.

[198] PENA, Sérgio Danilo J. Engenharia genética – DNA: a testemunha mais confiável em determinação de paternidade. In: *Repensando o direito de família, Anais do I Congresso Brasileiro de Direito de Família*. Rodrigo da Cunha Pereira (coord.). IBDFAM, OAB-MG, Belo Horizonte: Del Rey, 1999, p. 343.

[199] RASKIN, Salmo. *op. cit.*, p. 330.

to difícil, salvo algum vício, afastar, com testemunhas ou confissão, essa prova pericial, que atesta a paternidade genética em praticamente 100%.

Tem-se dito que, provado o relacionamento sexual entre investigado e a mãe do investigante, com exclusividade, à época da concepção, pode a paternidade ser reconhecida, "não obstante a prova pericial relativa aos exames hematológicos e impressões digitais de DNA dê pela sua negativa. É que, além de tal prova não repousar sempre numa certeza (absoluta), não pode a prova pericial decidir, por si só, as demandas judiciais, pois, se possível, tornaria dispensável a atuação do Juiz nos processos onde ela fosse produzida ou daria à sentença judicial caráter meramente homologatório de conclusão do técnico".[200]

Embora útil a prova testemunhal, a prova pericial em DNA, que não apenas exclui, mas, principalmente, afirma a paternidade e a maternidade, com certeza científica, "tem ela peso incontestável superior ao da prova indireta na formação do livre convencimento do julgador, mormente quando vem completar farta prova indiciária".[201]

Não é razoável o afastamento, de plano, da prova testemunhal e do depoimento pessoal, porquanto podem trazer dados importantes para o julgamento, ainda mais quando a prova pericial não possui a afirmação da paternidade em grau máximo (como ocorre, por exemplo, com os sistemas ABO, Rh, MN, HLA, ou mesmo no DNA, quando falecido o investigado), e porque pode ocorrer algum erro na formatação da prova pericial, pois, como noticia Fernando Simas Filho,[202] o exame genético em DNA pode ser realizado em cinco modalidades diferentes, quais sejam:

"A primeira, é a determinação do DNA através dos *mini-satélites*, projeções encontradas nos cromossomos; A segunda modalidade é a determinação do DNA através da PCR (sigla de *Polymerase Chain Reaction*), reação da cadeia da polimerase, na qual a técnica de alinhar os fragmentos de DNA, é similar à modalidade anterior, com o resultado sendo fotomicrografado em seguida; A terceira modalidade consiste num aperfeiçoamento da segunda, num método determinado AMPIFLIPS, mais rápido, mais sensível, mais simples e de mais fácil interpretação; A quarta modalidade se verifica nos casos em que o investigado seja falecido; A quinta e última modalidade é a de se determinarem controles de DNA, em certas populações humanas e, posteriormente, comparar tais controles – frequência de alelos – com os DNAs de autor, sua mãe e réu. Esse tipo de exame fornece resultados um tanto vagos, sendo utilizado

---

[200] Ac. da 8ª CCv. do TJRS, em 25.06.97, rel. Heitor Assis Remoneti, RJTJRS 184/262.
[201] TJMG – AC 11.223/5 – 2ª C. – Rel. Des. Bernadino Godinho – DJMG 16.12.1994.
[202] SIMAS FILHO, Fernando, op. cit., p. 121.

como exame preliminar. A Probabilidade Relativa de Paternidade (PRP) situa-se na fronteira de certeza científica, isto é 99% (noventa e nove por cento)".

Segundo Luiz Fernando Jobim,[203] podem ser utilizados os seguintes métodos para fazer o exame genético DNA: "1) Método DNA (sondas unilocais e minissatélites); 2) Método DNA (microssatélites pela reação em cadeia da polimerase, PCR-STRs); 3) Método DNA por amplificação de DNA (PCR-HLA); 4) Método DNA (sondas unilocais, microssatélites) mais HLA e PCR; 5) DNA total (combinação de todos os métodos: minissatélites, macrossatélites e HLA"). A seguir, o autor salienta que os testes em DNA, com sondas unilocais ou microssatélites, "resolvem a maioria dos casos periciais (probabilidade de paternidade média alcançada de 99,9%). São os testes mais realizados a nível internacional. A combinação desses últimos com a tipagem do sistema HLA deve ser solicitada em casos de sucessão, onde existem poucos descendentes do investigado falecido, ou não existe a mãe do autor ou a viúva. O DNA total é a mais importante combinação de testes possíveis, alcançando a probabilidade de paternidade de 99,9999999%".

Há obrigatoriedade na produção de todas as provas, documental, testemunhal, depoimento pessoal, pericial, especialmente o exame genético DNA, inclusive de ofício, pelo que, "tendo a parte juntado, em investigatória de paternidade, rol de testemunhas intempestivo, e vindo o Juiz a dar pela improcedência da ação por ausência de provas, sem ter procedido à oitiva das testemunhas arroladas, é nula a sentença, devendo o julgamento ser convertido em diligência, para que seja coletada a prova oral recusada e reinquiridas as partes, uma vez que o interesse do menor sobrepaira ao do formalismo processual. CPC, art. 332".[204]

3. Produção da prova pericial na investigatória de paternidade

A prova pericial sempre foi utilizada nas investigações de paternidade, mas os resultados nunca foram de afirmação, e sim de exclusão, o que não ocorre com o exame genético em DNA, em que há a certeza científica da paternidade.

Nas ações de investigação de paternidade, tem-se utilizado, no decorrer dos tempos, as seguintes provas: o prosopográfico; o determinati-

---

[203] JOBIM, Luiz Fernando, em ofício remetido e protocolado sob nº 1586/98, de 07.08.98, datado de 03.08.98, nos quais constam os diversos tipos de exame genético DNA.
[204] TJMG – AC 82.607/5 – 5ª C. – Rel. William Romualdo – J. 30.08.1990. (JM 111/224)

vo das papilas digitais; o determinativo da cor da íris; o das proporções físicas; o do pavilhão auricular; o da cor da pele; e o dos redemoinhos dos cabelos. Contudo, outros exames podem ser realizados, como o exame genético em DNA, cujo resultado "é de exclusão ou afirmação da paternidade, com quase 100% de certeza. A única diferença é que, no primeiro caso – *locus* simples –, o resultado é fornecido em 'probabilidade de paternidade', com frequência acima de 99%; no segundo caso, o resultado afirma ou nega a paternidade. Frequência acima de 99% (noventa e nove por cento), em se tratando de exame feito no DNA, é considerada universalmente como *certeza científica*!".[205]

O Tribunal de Justiça do Mato Grosso entendeu que a não realização do exame pericial, de ofício e gratuitamente, ofende os princípios da igualdade, do contraditório, da mais ampla defesa e de acesso ao Judiciário, porquanto "é dever do órgão jurisdicional buscar a verdade material para compor a lide, principalmente quando ela envolve direitos indisponíveis, como na investigação de paternidade, não se justificando, pois, o julgamento de improcedência do pedido só com base em provas testemunhais, que demonstram a fragilidade da versão apresentada pela mãe do menor, porque não é no interesse dela que a ação foi ajuizada. Sendo incontroversa a ocorrência de relação sexual, por mais que seja única, e não tendo sido excluída a paternidade através do mero exame de sangue, existem elementos autorizadores da realização do DNA, a ser custeado pelo Estado, que é obrigado, segundo a Carta Magna, a prestar assistência jurídica, gratuita e integral, aos necessitados".[206]

Deve-se ter o cuidado, quando da interpretação de todas as provas, documental, testemunhal, pericial e depoimento pessoal, à medida que há casos em que, mesmo com a exclusão da paternidade pelo exame pericial, as demandas investigatórias são julgadas procedentes, com base na exaustiva prova testemunhal, documental e depoimento pessoal. Isso ocorre, por exemplo, porque houve algum erro na coleta do material genético (sangue, sêmen, raiz do cabelo, pele, placenta,[207] ossos,[208] saliva,

---

[205] SIMAS FILHO, Fernando, op. cit., p. 78.

[206] TJMS – AC – Classe B – XV – N. 46.993-6 – Ivinhema – 2ª T.C – Rel. Des. Rêmolo Letteriello – J. 04.11.1997.

[207] SANTOS, Maria Celeste Cordeiro Leite. Quem são os pais? O DNA e a filiação, proposta de solução ou início dos dilemas?. In: *Grandes Temas da Atualidade, DNA como meio de prova da filiação*. Eduardo de Oliveira Leite (coord.). Rio de Janeiro: Forense, 2000, p. 207.

[208] MORAES, Maria Celina Bodin de. O direito personalíssimo à filiação e a recusa ao exame de DNA: uma hipótese de colisão de direitos fundamentais. *Grandes Temas da Atualidade, DNA como meio de prova da filiação*. Eduardo de Oliveira Leite (coord.). Rio de Janeiro: Forense, 2000, p. 223.

urina,[209] dentes[210] ou músculos[211]), troca de materiais, extravios, desaparecimento de amostras ou, ainda, a impossibilidade de reunir todas as pessoas necessárias para formatar o exame genético.

Segundo Cleci Auxiliadora Vecci,[212] o resultado do exame genético "post mortem" não é tão preciso quanto o realizado em vida do investigado. Nesses casos, a autora informa que são estudados os descendentes legítimos, a viúva e, se necessário, os colaterais, para tornar possível a reedificação da estrutura genética do falecido, comparando-se, depois, com a estrutura genética do investigante. Após, a articulista lembra que, embora não seja recomendada a exumação de cadáveres, "pois a conservação do material obtido pode não ser satisfatória o suficiente para que se obtenha um bom resultado", a "exumação é possível e útil em casos de identificação médico-legal, e consiste em procedimento de exceção na investigação de vínculo genético. A probabilidade de se estabelecer algum grau de parentesco (entre irmãos e tio) pode ser calculada, mas existe o risco de não haver concordância entre os marcadores genéticos distribuídos aleatoriamente entre os indivíduos envolvidos. Sem a análise do material genético original do suposto pai, só é possível o estabelecimento indireto de uma provável paternidade".[213]

Acerca da perícia genética "post mortem", João Lélio Peake de Mattos Filho[214] professa que "a esqueletização de um corpo está plenamente estabelecida, decorridos cerca de dez a quatorze meses após o sepultamento, com todas as consequências sobre a matéria biológica e sua viabilidade para testes de qualquer natureza, o que nos dá uma noção da dificuldade deste procedimento. Cabelos, unhas e outros materiais desvitalizados não contêm DNA e, portanto, são imprestáveis para análise".

Os doutrinadores[215] apontam as formas em que o exame genético pode ser realizado quando falecido o investigado:

---

[209] ALMEIDA, Maria Cristina de. *Investigação de Paternidade e DNA: aspectos polêmicos*. Porto Alegre: Livraria do Advogado, 2001, p. 67-68.

[210] VELOSO, Zeno. A Dessacralização do DNA. *Direito de Família: a família na travessia do milênio, Anais do II Congresso Brasileiro de Direito de Família*. Rodrigo da Cunha Pereira (coord.). Belo Horizonte, IBDFAM, OAB – MG: Del Rey, 2000, p. 196.

[211] RASKIN, Salmo. *Investigação de Paternidade: manual prático do DNA*, 1. ed. 2. tir. Curitiba: Juruá, 1999, p. 34.

[212] VECCI, Cleci Auxiliadora. A "Investigação de Paternidade 'post mortem'". In: *Revista Jurídica* 225, de 07/96.

[213] Em "Tribuna da Magistratura", ano 5, n° 40, outubro/novembro/92, p. 14.

[214] MATTOS FILHO, João Lélio Peake de. "Investigação de Paternidade com suposto pai falecido[...]". In: *RT* 722/361.

[215] JOBIM, Luiz Fernando; HORTA, Maria Fernanda; MUR, Maria Del Carmem; JOBIM, Maria Regina. In: *Revista do HCPA*, volume 16, de abril de 1996, sob o título "Perícias médicas em investigação de paternidade pelos principais sistemas genéticos".

1. Ambos os avós paternos são disponíveis: nesta situação, os resultados são como se o falecido estivesse vivo, pois os alelos de origem paterna existente no pretenso filho devem obrigatoriamente estar presentes no avô ou na avó, caso contrário estaremos frente a uma exclusão. A inclusão é fácil de detectar-se e fornecer resultados estatisticamente importantes;

2. Em casos onde não dispomos de ambos os avós, utilizamos o maior número possível de parentes do investigado, como: um de seus pais (se existente), seus filhos legítimos e seus irmãos. Quando os filhos legítimos são analisados é importante o estudo da mãe dos mesmos e esposa do investigado. A participação da mãe do autor é sempre desejada (em qualquer perícia), embora possamos realizar a mesma sem sua presença. Os juízes devem solicitar a presença destas últimas, caso sejam vivas.

Dessa forma, quando a prova pericial não é conclusiva ou se for divorciada das demais provas, a cautela demonstra que se repita o exame, para que seja buscada a paternidade genética, já que a jurisprudência[216] vem-se orientando no sentido de que é do conjunto probatório que se extrai a verdade da filiação biológica.[217]

4. Peculiaridades da prova pericial

Algumas peculiaridades da prova genética foram noticiadas por Fernando Simas Filho,[218] nos seguintes temos: "De todos os exames científicos, os que gozam de maior credibilidade e em suas diversas espécies, por apresentarem resultados exatos, são os *exames feitos no sangue*. É evidente que, dentro da terminologia jurídica, os exames feitos no sangue não se confundem com os exames de sangue. Os exames feitos no sangue, que interessam ao Direito, máxime no âmbito da investigação de paternidade, referem-se à parte genética do tecido circulante e à sua transmissão hereditária, deixando para a Medicina os hemogramas, as dosagens de hemoglobina, a siclemia e o hematócrito".

Depois, o jurista informa que, certa feita, pediu a um biólogo que explicasse a impressão genética, a famosa espiral dupla que diferencia um ser de outro, recebendo como resposta: é a *Marca de Deus*, "porque nunca pode ser apagada" (Morris West – *O Milagre de Lázaro* – Círculo do Livro/92).

No entender do articulista, o exame genético em DNA é determinativo da identidade biológica, sendo mais do que uma impressão digital,

---
[216] Apelação Cível nº 10.025/5, Belo Horizonte, 30 de junho de 1994. (DJMG 10.03.95), JOSÉ LOYOLA – Relator.
[217] Acórdão da 8ª CCv. do TJRS, em 25.06.97, rel. Heitor Assis Remonti, RJTJRS 184/262.
[218] SIMAS FILHO, Fernando, op. cit., p. 78.

de um simples número, porque "permite classificar a pessoa, naquilo que ela tem de mais legítimo: *a sua existência natural*. Existe um único obstáculo, uma pequena exceção quanto à infalibilidade da determinação da identidade biológica[...]!: é no especialíssimo caso do investigado possuir um irmão gêmeo e, ainda, que esse irmão seja gêmeo univitelino (MZ). É que, nesse caso, *os dois terão o mesmo DNA!*". Contudo, conclui o autor, nas demais situações, o exame genético em DNA "é infalível, e não deixa margem a quaisquer dúvidas".

Dentro do genoma humano, pela leitura de Jorge Milton Neumann,[219] existem pequenas sequências de DNA, que são muito repetitivas e que não codificam produtos conhecidos. Diz ainda o autor que "o estudo simultâneo de pelo menos quatro destas regiões nos permite determinações de probabilidade positivas de paternidade de no mínimo 99,99%, com igual poder de exclusão de um indivíduo falsamente acusado".

Momento seguinte, esclarece os índices de paternidade e de maternidade, nos termos: "Abaixo de 40%: contra a paternidade; entre 40% e 60%: zona de indiferença (para o lado negativo); de 60% e 80%: zona de indiferença (para o lado positivo); de 80% e 90%: paternidade provável; de 90% e 95%: paternidade muito provável; acima de 95%: paternidade segura".

Nesse sentido, Francisco Salzano[220] torna público que o percentual de 95%, indicado como decisivo quanto à probabilidade de paternidade, relaciona-se a valores usualmente estabelecidos em estatística. A seguir, anota que, em paternidade, "existem dois tipos de probabilidade a considerar. Um, relaciona-se à probabilidade de *exclusão*, que é uma probabilidade *a priori* (depende da variabilidade populacional dos fatores dos sistemas genéticos empregados, e não das constituições genéticas individuais das pessoas consideradas). Neste caso, ou há exclusão ou não há; a classificação é qualitativa. Na probabilidade positiva, há toda uma gama a considerar (de 1% a 100%), e pode-se aplicar o mesmo conceito tanto em um extremo como no outro da distribuição (isto é, probabilidades positivas abaixo de 5% seriam consideradas como evidências significativas *contra* a paternidade)".

Por fim, lembra que, embora dependendo do sistema genético considerado, "o valor apresente uma tendência para 100%, ele nunca alcança este valor (naturalmente, a diferença entre uma probabilidade de 99,999999% e a de 100% é negligenciável)".

---

[219] NEUMANN, Jorge Milton. Ofício remetido ao Forum de Guarani das Missões-RS, em 25.08.97, juntado ao processo nº 2.543/214, acerca dos exames genéticos.
[220] SALZANO, Francisco. Ofício remetido, em 17.10.96.

A esse respeito, Luiz Fernando Jobim, Maria Fernanda Horta, Maria Del Carmen Mur e Maria Regina Jobim[221] historiam as três gerações de exames genéticos: Os testes de primeira geração foram os de grupos sanguíneos eritrocitários, como os sistemas ABO, Rh (CcDEe) e MNSs; os testes de segunda geração estudam o sistema HLA (antígenos leucocitários humanos); e os testes de terceira geração são os que permitem a análise do DNA por intermédio de várias metodologias. Advertem, por fim, que, "sempre que existir exclusão de paternidade, repete-se a análise com a amostra que tinha sido congelada. Dessa maneira, todas as exclusões são confirmadas, evitando-se possibilidades de troca de amostras durante o processamento dos exames".

5. Momento da produção da prova pericial

Ainda não foi lavrado acordo no seio doutrinário-jurisprudencial, acerca do momento da produção da prova pericial. Alguns[222] dizem que se não for requerida no momento processual adequado, ocorrerá "a preclusão do seu direito de postulá-la *a posteriori*, mormente em sede recursal. O protesto por prova ou o requerimento, genericamente formulado, não induz na sua determinação de ofício". Outros,[223] com razão, argumentam que, em se tratando de direito indisponível, a qualquer momento, inclusive em grau recursal, o processo deverá ser convertido em diligência, determinando-se a realização do exame genético, nos seguintes termos: "Necessidade de laudo pericial, confrontando as tipagens sanguíneas dos envolvidos, a modo de verificar a paternidade, frente aos resultados laboratoriais individuais já acostados. A perícia genética, em investigatória de paternidade, pode ser efetivada a qualquer momento processual, antes da sentença e, até, pelo grau recursal, antes do julgamento".

Concordo com o último entendimento, porquanto não se pode aplicar às demandas que envelopam direitos indisponíveis as mesmas regras processuais destinadas às demandas que discutem direitos meramente patrimoniais, devendo-se determinar, de ofício, a produção de todas as provas, documental, testemunhal, depoimento pessoal e pericial, especialmente o exame genético DNA, em qualquer momento processual, notadamente em grau recursal.

---

[221] JOBIM, Luiz Fernando, Horta, Maria Fernanda, Mur, Maria Del Carmen e Jobim, Maria Regina. Perícias médicas em investigação de paternidade pelos principais sistemas genéticos. Revista do HCPA, volume 16, de abril de 1996.

[222] RT 752/301.

[223] Agravo de Instrumento nº 594178490, 7ª Câmara Cível do TJRGS, Três de Maio, Rel. Waldemar Luiz de Freitas Filho, 19.04.95.

Nessa questão, Eduardo Sávio Busanello[224] leciona que, "no plano do direito processual civil dos nossos dias, o desejo humano é de fazer com o que a verdade formal esteja cada vez mais próxima da verdade material. Por isso, significativamente foram aumentando os poderes instrutórios do Juiz, que não pode mais permanecer inerte, mas, sim, deve estar sempre preocupado com o esclarecimento da verdade (material, real)".

Logo após, citando Hermann Homem de Carvalho Roenick,[225] tonifica que "há uma tendência, hoje, no processo moderno, de ampliar os poderes do Juiz, ou seja, de simples diretor ou condutor do processo (sistema dispositivo), assumir também um caráter investigatório e, com isso, partir para uma atuação mais firme e direta no que diz com o esclarecimento da verdade dos fatos controvertidos. O Juiz moderno, realmente, não pode ser inerte, o espectador, o Diretor, o ditador etc., mas, sim, o Magistrado preocupado com o esclarecimento dos fatos, atingindo, com isso, tanto quanto possível, a verdade real, mas sempre respeitando o direito de defesa das partes ou, em outras palavras, o devido processo legal".

Momento seguinte, citando Galeno Lacerda,[226] o autor entende que há necessidade de o julgador buscar a verdade biológica, já que, "em virtude desse enorme poder de ofício para a busca da verdade real, mesmo nos processos dispositivos, firmou-se na doutrina e na jurisprudência a tese de que, para o Juiz, não existe preclusão quanto à prova. Por isso, se a parte apresenta o rol de testemunhas fora do prazo, ou documentos a destempo, mesmo assim poderá o Juiz determinar, de ofício, a produção da respectiva prova, se entendê-la importante para firmar seu convencimento. Poderá, ainda, determinar a audiência, de ofício, de qualquer das partes ou de testemunhas referidas, ou a realização de perícias ou de inspeções, embora não requeridas pelas partes. Da mesma forma, em segundo grau, é comum os Tribunais ordenarem a realização de diligências de natureza probatória, para esclarecimento dos fatos".

Por derradeiro, na busca intransigente da produção das provas, inclusive de ofício, quando se tratar de direitos indisponíveis, o autor sentencia, ancorando-se em Helena Cunha Vieira:[227] "Admite-se a ampliação dos poderes do Juiz no processo, para investigação da verdade real, visto que a formal não mais satisfaz ao processualista atento aos fins sociais

---

[224] BUSANELLO, Eduardo Sávio. Decisão proferida no processo de investigação de paternidade nº 11.110, da Comarca de IJUÍ-RS, quando determinou, de ofício, a produção da prova pericial e testemunhal, mesmo quando já havia sido encerrada a instrução pelo anterior Juiz.

[225] Roenick, Hermann Homem de Carvalho. Algumas reflexões sobre a verdade e a certeza no campo probatório. *Revista da Ajuris* 68/55, de 11/96.

[226] LACERDA, Galeno. O juiz e a justiça no Brasil. *Revista da Ajuris* 53/58, de 11/91.

[227] VIEIRA, Helena Cunha. Poderes instrutórios do juiz no processo brasileiro. *Revista da Ajuris* 60/327, de 03/94.

de sua ciência. O interesse na solução é tanto do Juiz quanto das partes. E não se pode negar que, dos sujeitos do processo, apenas o Magistrado procura uma solução 'justa', visto que as partes visam a um resultado favorável aos seus interesses, não se importando com a adequação destes à ordem jurídica estabelecida, preocupação, sim, do Juiz/Estado".

Para o juiz não existe preclusão quanto à prova, já que o princípio da inércia, originário do Estado Absolutista, foi proscrito pelo texto constitucional de 1988, sendo, inclusive, um dos maiores preconceitos no direito de família. Dessa forma, mesmo apresentado a destempo o rol de testemunhas, documentos etc., o julgador tem o poder/dever de determinar a produção dessa prova, porquanto o intérprete/julgador deve formar a sua pré-compreensão com base na prova, na fusão de horizontes, do círculo hermenêutico, da suspensão dos pré-conceitos turvos e límpidos e da tradição da família, fundamentando/justificando/compreendendo a decisão, sendo "natural que se lhe dêem condições de trazer para o processo os elementos de prova de que ele necessite, mesmo que as partes não os tenham proposto".[228]

Não basta o autor historiar os fatos, havendo necessidade de que eles, em se tratando de direitos indisponíveis, sejam devidamente comprovados. E, para isso, descabe a revelia ou a confissão – para a procedência -, ou a insuficiência de prova – para a improcedência da demanda. É preciso que o Juiz, na busca incansável da filiação biológica, determine, de ofício, a realização de todas as provas necessárias para *provar* que o requerido é, ou não, o pai do investigante. O Magistrado, nas ações de direitos indisponíveis, não tem apenas o poder, mas, sim, o *poder-dever* de ordenar a produção de todas as provas, de acordo com o artigo 130 do CPC, sob pena de não atender ao devido processo legal, em ofensa ao artigo 5º, inciso LIV, da Constituição Federal, e à condição humana tridimensional, genética, afetiva e ontológica.

Em decorrência, a prova pericial, principalmente o exame genético DNA, não apenas pode, mas deve ser determinada, de ofício, considerando-se: a) a garantia de praticamente 100% de afirmação e de exclusão da paternidade; b) o envolvimento de direito fundamental à condição humana tridimensional, elevado à categoria de princípio da dignidade da pessoa humana, que é um dos fundamentos da República, conforme consta do artigo 1º, inciso III, da Magna Carta; c) somente com a produção de todas as provas permitidas em Direito é que se observará o princípio do devido processo legal.

---

[228] BAPTISTA DA SILVA, Ovídio Araújo. *Curso de Processo Civil*. Processo de conhecimento. 5.ed. São Paulo: Revista dos Tribunais, 2001. Volume I, p. 351.

6. Formatação de várias perícias

Considerando os diversos tipos de exames genéticos, com carga probatória diversa, e a eventual ocorrência de erros, há manifesta necessidade, quando devidamente fundamentado o pedido, de realização de mais de uma perícia. Com efeito, "pretendendo o investigado uma prova mais segura do que o resultado do exame hematológico pelo método GSE, deveria buscar forma pericial com maior percentual de certeza, como o DNA, e não a improcedência da ação por falta de elementos de convicção".[229]

O Tribunal de Justiça de Santa Catarina,[230] com âncora no magistério de Humberto Theodoro Júnior, disse que três ilações podem sintetizar, basicamente, os poderes do Juiz em face da instrução, ou seja: "a) o Juiz, na busca da verdade real que interessa ao processo, não fica manietado pela inércia da parte; b) pode determinar, *ex officio*, a realização da prova que julgar necessária para a melhor e mais justa decisão do litígio; c) essa iniciativa do Juiz não sofre os efeitos da preclusão, que só se refere, em matéria de prova, às faculdades processuais das partes. Ao Juiz é lícito determinar coleta de prova em qualquer fase do procedimento. Até mesmo depois de encerrada a audiência pode o Juiz converter o julgamento em diligência para complementação de prova".

Nas ações investigatórias de paternidade, continua o acórdão, o poder do Juiz é significativamente ampliado, "já que sobre o formalismo predomina o interesse do menor de ver a lide corretamente decidida. *In casu*, a realização de nova prova pericial pelo sistema ABO que, ressalte-se, não é isento de falhas e raramente exclui com absoluta certeza a possibilidade da paternidade almejada, é medida necessária à justa composição da lide. É admissível a realização de nova perícia para complementar ou esclarecer a já realizada, impondo-se ao Magistrado, que a defere, ou a determina de ofício, justificar, cabalmente, a sua realização, como indispensável, apontando os pontos omissos, o erro ou dolo do perito ou que está eivado de conclusões ilógicas, inverídicas ou inverossímeis".

Em consequência, o julgador tem o *poder-dever* de produzir todas as provas permitidas em direito, determinando tantas provas periciais quantas bastem para residir nos autos a paternidade biológica, porque "não se trata apenas de arranjar um arrimo econômico para a vida (o que por si só já é importante), mas, muito mais do que isto, trata-se da própria

---

[229] Ap. Cível n° 598047827, 7ª CCv. do TJRS, em 13.05.98. Relatora. Maria Berenice Dias, DOJ de 18.09.98, p. 28, n° 1.456.
[230] Acórdão da 1ª CCv. do TJSC, em 23.9.97. AI 96.008826-1. Relator. Carlos Prudêncio, citando Humberto Theodoro Júnior, em *Os poderes do Juiz em face da prova*, RF 263/44.

identidade biológica e pessoal – uma das expressões concretas do direito à verdade pessoal. Pelo mesmo fundamento, o investigado também tem o direito de humanidade que é o de não ser responsabilizado pela paternidade se de fato não for o pai".[231]

A jurisprudência sul-rio-grandense tem dito o seguinte: "Existindo razões para macular a higidez do exame de DNA já feito, pois desrespeitadas as normas técnicas, possível sua repetição pelo DMJ",[232] e porque na ação de investigação de paternidade "concentra enorme repercussão, não só no ponto de vista material, mas principalmente moral e psicológico", motivo pelo qual a "verdade biológica definitiva deve ser buscada à exaustão, não sendo de se desprezar qualquer meio de prova",[233] inclusive com exumação do cadáver.[234]

7. Possibilidade de ser indicado assistente técnico na elaboração da prova pericial

Segundo jurisprudência mineira, o exame genético em DNA, "por mínimo que seja, ainda traz risco de erro; não pode tal prova ser aceita se não estiver em consonância com as demais provas dos autos. E sendo o exame de DNA prova técnica, há necessidade de que seja possível a participação de assistentes técnicos indicados pelas partes, consoante determinação do art. 421, § 1°, do CPC, os quais teriam condição de acompanhar toda a perícia, que passaria, assim, pelo crivo do contraditório, quando, então fiscalizados seriam as técnicas e os materiais usados, a fim de que, com maior segurança, fosse aceita".[235]

Outra ala jurisprudencial sustenta que "é perfeita a perícia genética, uma vez que tal exame é feito por poucos laboratórios do Brasil, inviabilizando, assim, a indicação de assistente técnico pelas partes e a formulação de quesitos".[236]

---

[231] AC 110.067-1, Ac. de 02.11.89, RJTJSP 126/201.

[232] RIO GRANDE DO SUL. Tribunal de Justiça. Agravo de Instrumento n° 70013517388, Sétima Câmara Cível. Relator: Ricardo Raupp Ruschel, Julgado em 11/01/2006.

[233] RIO GRANDE DO SUL. Tribunal de Justiça. Apelação Cível 70002973139. Relator: José Ataídes Siqueira Trindade, em 23/08/2001.

[234] RIO GRANDE DO SUL. Tribunal de Justiça. AI 70001623099, em 09 de novembro de 2000. Relator: José Siqueira Trindade. Disponível em: www.tj.rs.gov.br. Acessado em 04 de junho de 2008.

[235] MINAS GERAIS. Tribunal de Justiça. AC 29.442/1 – 1ª C. – Rel: Antonio Hélio Silva – DJMG – 11.11.94.

[236] Acórdão da 5ª CCv. do TJMG, AC. 36.969/4. Relator: Des. Reney Oliveira, em 16.03.95, DJMG de 26.10.95, p. 02, com transcrição parcial na IOB 3/11430.

Alguns fatores podem influir no resultado do exame genético, sem contar com a singela circunstância de eventual falta de lisura de algum perito,[237] quais sejam: a) número deficiente de sondas; b) uso de dados estatísticos não adequados à realidade de nossa miscigenação racial, pois baseados em informações de outros países; c) ocorrência de transfusões de sangue; d) transplantes de medula; e) falta de cuidados na colheita do material; f) troca de tubos; g) contaminação da aparelhagem por células de outra pessoa.[238]

A indicação de possíveis erros na formatação da perícia devem ser devidamente comprovados, já que a presunção é da confiabilidade do perito, vez que o exame genético em DNA tem resolvido satisfatoriamente os problemas da paternidade, em percentual próximo a 100% (99,99999997%), que representa certeza científica. Não se nega que esse exame, como qualquer outra prova, corre o risco de ser produzido com erro, fraude, simulação etc., mas isso não é questão de direito material, mas, sim, de direito processual. Não se pode deixar de canonizar o exame genético em DNA pela possibilidade de ocorrência de eventual vício em sua realização. É de se indagar: qual prova pode ser contraposta ao DNA, que indica a certeza científica da paternidade em 99,99999997%? Respondo: nenhuma prova material (infalibilidade do exame), salvo questão de ordem processual, como a troca de sangue, a corrupção do médico, a adoção de método menos eficaz. Mas, aí, estar-se-á adentrando no terreno movediço do ônus da prova, já que o prejudicado deverá comprovar a suspeita de vício jurídico na perícia, o que significa reconhecer que o resultado do exame genético em DNA é infalível, embora falível possa ser o procedimento de realização dessa prova.[239]

---

[237] Acórdão da 8ª Ccv. do TRJRS, em 03.08.95, RJTJRS 175/599, relator Sérgio Gischkow Pereira.

[238] RASKIN, Salmo. *Investigação de Paternidade: manual prático do DNA*. 1. ed., 2. tir. Curitiba: Juruá, 1999, p. 67-68, os dados que obrigatoriamente devem estar presentes no laudo de teste de determinação de paternidade em DNA: "a) Nome dos pontos (*locos*) testados; b) Nome das enzimas de restrições utilizadas, menos se o método utilizado for a P.C.R., pois aí não são usadas enzimas de restrição; c) O tamanho dos fragmentos alélicos encontrados ou o número de repetições (quando utilizada a técnica de P.C.R.); d) A data da coleta das amostras; e) O número-código do caso, utilizado pelo laboratório; f) O nome de cada indivíduo testado e o parentesco com o filho; g) A origem étnica da mãe e do suposto pai; h) Os genótipos estabelecidos para cada indivíduo em cada um dos *locos* examinados. A descrição alélica dos padrões de P.C.R. devem ser baseados no número de unidades repetidas; i) Uma declaração clara se o suposto pai pode ou não ser excluído de ser o pai biológico; j) Em casos de inclusão, deve constar o Índice de Paternidade individual para cada sistema, o Índice de Paternidade combinado de todos os marcadores, a Probabilidade de Paternidade em porcentagem e a probabilidade *a priori* utilizada para calcular a probabilidade de paternidade. Os *casos-deficientes* devem apresentar a percentagem de compartilhamento de DNA entre os indivíduos analisados; k) A assinatura do responsável pelo laboratório".

[239] ARRUDA, José Acácio. PARREIRA, Kleber Simônio. *A Prova Judicial de ADN*. Belo Horizonte: Del Rey, 2000, p. 59, o trabalho desenvolvido por Sérgio Danilo Juno Pena e Ranajit Chakraborty, que afirmam "que há pouca justificativa teórica para a escolha desse índice *a priori* de 50%, mas, em função dos altos valores obtidos para os índices de paternidade pelos testes de ADN, a escolha da probabilidade *a priori* é praticamente irrelevante. Trata-se, na verdade, de um valor convencionado entre

Algumas respostas para corrigir eventuais distorções na formatação da perícia genética foram lançadas por Sérgio D. J. Pena, o qual concorda que os erros podem ocorrer devido aos métodos utilizados pelos laboratórios. Na determinação de paternidade pelo DNA, afirma o autor, podem ser utilizados diferentes testes em DNA, com sondas multilocais (impressões digitais de DNA), sondas unilocais e PCR. Com isso, acrescenta o escoliasta, alguns laboratórios podem optar por utilizar uma única metodologia, diminuindo a necessidade de desenvolvimento de uma metodologia de maior complexidade – como as impressões digitais de DNA pelas sondas multilocais – e minimizando os custos laboratoriais.

Prossegue o autor, colacionando algumas técnicas que podem ser empregadas para avaliar a confiabilidade de um serviço de determinação de paternidade pelo DNA, quais sejam: 01) O laboratório deve ser administrado por um médico, de preferência com o título de mestre ou doutor em genética, biologia molecular ou bioquímica; 02) Os exames genéticos devem ser realizados com duas sondas multilocais, ou então 6 sondas unilocais ou pelo menos 12 microssatélites estudados pela PCR; 03) O laboratório deve empregar a técnica de, pelo menos, duas das três metodologias existentes para testes de determinação de paternidade em DNA; 04) O laboratório deve acautelar-se para evitar a ocorrência de erros que passam despercebidos, como a troca de rótulos em tubos; 05) No caso de sondas unilocais ou estudo de microssatélites pela PCR, o laboratório deve construir um banco de dados das frequências populacionais dos sistemas genéticos, que deve estar disponível para consulta e, de preferência, com publicação; 06) Em casos de exclusão da paternidade, o laboratório deve garantir que a exclusão resultou do emprego de, pelo menos, dois tipos de exames genéticos diferentes, com o fornecimento dos índice de paternidade para cada sistema genético utilizado; 07) informar o índice de paternidade final e a probabilidade de paternidade.[240]

De acordo com Salmo Raskin, estão equivocados os que se opõem ao exame genético em DNA devido à eventual troca de amostras de sangue em laboratório, visto que, mesmo que isso ocorra, não seria possível criar a falsa inclusão, mas, sim, a falsa exclusão, "a não ser que o pai biológico estivesse realizando análises no mesmo laboratório, na mesma época e por descuido, o sangue do pai biológico fosse trocado com o suposto pai, hipótese esta extremamente improvável".[241]

---

os cientistas e adotado, por exemplo, pela Associação Americana de Bancos de Sangue. O segundo relatório do National Research Council, de 1996, concluiu que, devido aos altos índices de paternidade obtidos, a escolha de uma grande extensão de probabilidade *a priori* é largamente irrelevante, com o que a crítica quanto à escolha da probabilidade *a priori* pode ser considerada como ultrapassada".
[240] PENA, Sérgio D. J. *O DNA como (Única) Testemunha em Determinação de Paternidade*, site http://www.cfm.org.br/revista/bio2v5/odnacomounica.htm.
[241] RASKIN, Salmo. *op. cit.*, p. 40.

Entendo, assim, que há obrigatoriedade, e não apenas possibilidade, quando houver interesse da parte, em indicar assistente técnico, considerando os vários fatos que podem ocorrer na elaboração do exame genético. Quer dizer, as partes devem tomar o máximo cuidado com a perícia, desde o início, comparecendo às instalações, apresentando os quesitos, nomeando e dialogando com os assistentes no momento da coleta do material.[242]

8. Condução coercitiva do investigado na realização do exame genético em DNA

A recusa em submeter-se ao exame genético em DNA é um dos mais difíceis problemas a resolver no direito de família, porque parte dos tribunais admite a condução coercitiva do investigado,[243] mas, o Supremo Tribunal Federal nega essa conduta processual.

O Superior Tribunal de Justiça tem entendido que é obrigatória a produção dessa prova, o que se haure do seguinte julgado: "Na fase atual de evolução do direito de família, não se justifica, sobretudo quando custeada pela parte interessada, desprezar a produção da prova genética do DNA, que a ciência tem proclamado idônea e eficaz. No campo probatório, a grande evolução jurídica continua sendo, em termos processuais, a busca da verdade real".[244]

O Supremo Tribunal Federal, por maioria, decidiu não ser possível a condução coercitiva, nos seguintes termos: "Discrepa, a mais não poder, de garantias constitucionais implícitas e explícitas – preservação da dignidade humana, da intimidade, da intangibilidade do corpo humano, do império da lei e da inexecução específica e direta de obrigação de fazer –, provimento judicial que, em ação civil de investigação de paternidade, implique determinação no sentido de o réu ser conduzido ao laboratório, 'debaixo de vara', para coleta do material indispensável à feitura do exame DNA. A recusa resolve-se no plano jurídico-instrumental, consideradas a dogmática, a doutrina e a jurisprudência, do que voltada ao deslinde das questões ligadas à prova dos fatos".[245]

---

[242] SIMAS FILHO, Fernando, op. cit., p. 125 em diante.

[243] RIO GRANDE DO SUL. Tribunal de Justiça. Ap. cível nº 594101032. 8.Ccv. 27.10.94. Relator: Antonio Carlos Stangler Pereira. SANTA CATARINA. Tribunal de Justiça. Agravo de Instrumento nº 8.137. 2ª Ccv. 19.04.94. Relator: Napoleão Amarante.

[244] BRASIL. Superior Tribunal de Justiça. REspecial nº 215.247. 4ª Turma. Relator: Sálvio de Figueiredo Teixeira. 05.10.99. DJ de 06-12-99, RSTJ, a. 02, (13):260-303, Janeiro, CD-STJ 27, de 11.2000.

[245] BRASIL. Supremo Tribunal Federal. Hábeas-córpus nº 71373-4-RS. 10.11.94. Relator: Marco Aurélio. Boletim Informativo nº 31, de 11/96, da PGJ do RS.

Consequentemente, instalou-se um conflito jurisprudencial entre o Supremo Tribunal Federal e o Superior Tribunal de Justiça, porque, de um lado, o STF garantiu ao investigado o direito de recusa ao exame, mas, de outro, o STJ determinou a produção dessa prova, entendendo que o modo de ser-filho, de ser-em-família é "um direito elementar que tem a pessoa de conhecer sua origem genética, um direito de personalidade à descoberta de sua real identidade, e não mais apenas um vínculo presumido por disposição de lei".[246]

São invocados os seguintes fundamentos jurídicos para afastar a condução coercitiva do investigado na produção do exame genético em DNA:

a) a defesa dos direitos fundamentais à liberdade, à intimidade, à vida privada, à intangibilidade física[247] e da não obrigatoriedade de produção de provas contra si, garantindo os princípios da legalidade e da reserva da Constituição do Brasil,[248] porquanto qualquer parte do corpo, como um dedo, uma unha ou um fio de cabelo, é indissociável do corpo humano e da pessoa, não podendo "ser considerado como uma coisa à parte, de modo que não é possível querer tratar o corpo humano, ou um elemento dele, como uma coisa, um bem que possa ser disposto pela vontade de terceiro ou do Estado";[249]

b) no futuro, a legalização desse procedimento também permitirá a extração de sangue ou outro material biológico para outros propósitos, como na clonagem humana;[250]

c) somente seria possível produzir exame genético se existente lei prevendo essa situação;[251]

---

[246] ALMEIDA, Maria Christina de. *Investigação de Paternidade e DNA: aspectos polêmicos*. Porto Alegre: Livraria do Advogado, 2001, p. 48-49.

[247] CONDE, Enrique Álvarez. *Curso de Derecho Constitucional*. 3.ed. Madrid: Editorial Tecnos, 1999, p. 334. Volume I, "a integridade física significa no ser sometida contra su voluntad a tratamientos susceptibles de anular, modificar o herir su voluntad, ideas, pensamientos o sentimientos".

[248] MIRANDA, Jorge. *Manual de Direito Constitucional*. Coimbra, Portugal: Coimbra Editora, 1997, p. 194. Volume IV, "a reserva da Constituição pode, entretanto, assumir duas configurações. Umas vezes, consiste numa reserva de regulamentação, de tal jeito que são as normas constitucionais que fazem o travejamento da matéria e a recortam perante outras. Assim, as formas de exercício da soberania ou do poder político são as previstas na Constituição; o conteúdo essencial dos direitos, liberdades e garantias é o resultante dos preceitos constitucionais. Outras vezes, a reserva da Constituição traduz-se numa enumeração exaustiva, num numerus clausus. Entram aqui os pressupostos da declaração de estado de sítio e de estado de emergência", etc.

[249] ARRUDA, José Acácio; PARREIRA, Kleber Simônio. *A Prova Judicial de ADN*. Belo Horizonte: Del Rey, 2000, p. 140.

[250] MARTINS, José Renato Silva. ZAGANELLI, Margareth Vetis. Recusa à realização do exame de DNA na investigação de paternidade: direito à intimidade ou direito à identidade? In: *Grandes Temas da Atualidade, DNA como meio de prova da filiação*. Eduardo de Oliveira Leite (coord.). Rio de Janeiro: Forense, 2000, p. 154.

[251] LIMA NETO, Francisco Vieira. Obtenção de DNA para exame: direitos humanos "versus" exercício da jurisdição. In: *Grandes Temas da Atualidade, DNA como meio de prova da filiação*. Eduardo de

d) a condução coercitiva violaria a paz social;

e) o Código Civil prevê que, nos casos de negativa do investigado em se submeter ao exame genético em DNA, a recusa pode suprir a prova que se pretendia obter (artigo 231), presumindo-se a paternidade.

Na ação de investigação de paternidade genética está em conflito o princípio da dignidade da pessoa humana do investigado e do investigante, os quais têm o direito fundante de conviver e de compartilhar nos três mundos: genético, afetivo e ontológico.[252] Então, qual o sentido que, nesse caso particularmente, deve ser compreendido o texto constitucional: a) preservar o princípio da dignidade humana de quem confiscou o mesmo princípio do investigante, com a sua negativa em submeter-se a exame genético? b) ou a concessão do princípio da condição humana tridimensional ao investigante?

Alerta Sarlet que o pensamento, majoritário, opõe-se à harmonização do princípio da dignidade da pessoa humana. Assim, nem mesmo o interesse comunitário justificaria ofensa à dignidade pessoal, porque "cada restrição à dignidade (ainda que fundada na preservação de direitos fundamentais ou proteção da dignidade de terceiros) importa sua violação e, portanto, encontra-se vedada pelo ordenamento jurídico".[253]

Entendo constitucional a condução do investigado na feitura do exame genético em DNA, pelo seguinte:

a) para que haja harmonização e integridade entre os princípios constitucionais, é necessário manter incólume o princípio da igualdade entre investigante e investigado, que ostentam direitos fundamentais e o mesmo princípio da dignidade e da condição humana tridimensional. Sem esse requisito, estar-se-á denegando um direito fundamental, o que

---

Oliveira Leite (coord.). Rio de Janeiro: Forense, 2000, p. 123. MIRANDA, Jorge. *Manual de Direito Constitucional*. 3.ed. Coimbra, Portugal: Coimbra Editora, 2000, p. 241. Volume IV, "por certo, haverá que respeitar a liberdade de conformação do legislador. Mas esta, além de variável consoante as normas constitucionais a que se reporta, não pode sobrepor-se, em caso algum, aos princípios constitucionais materiais. Também pode haver desvio de poder legislativo por infracção do princípio da igualdade". LOCKE, John. *Dois Tratados Sobre o Governo*. Traduzido por Julio Fischer. São Paulo: Martins Fontes, 1998, p. 505, "o poder do legislativo, em seus limites extremos, limita-se ao bem público da sociedade. Trata-se de um poder desprovido de qualquer outro fim senão a preservação e, portanto, jamais pode conter algum direito de destruir, escravizar ou empobrecer deliberadamente os súditos".

[252] DOTTI, René Ariel. O exame de DNA e as garantias do acusado. In: *Grandes Temas da Atualidade, DNA como meio de prova da filiação*. Eduardo de Oliveira Leite (coord.). Rio de Janeiro: Forense, 2000, p. 277, "nas ações de investigação de paternidade, há uma forte tendência jurisprudencial no sentido de considerar a recusa em doar o material para exame como presuntiva da admissibilidade do fato alegado".

[253] SARLET, Ingo Wolfgang. *Dignidade da Pessoa Humana e Direitos Fundamentais na Constituição Federal de 1988*. Porto Alegre: Livraria do Advogado, 2001, p. 132-133.

seria francamente inconstitucional, porquanto, em nenhuma hipótese, se justifica esse confisco.[254]

Para manter intangível o princípio da dignidade humana do investigante e do investigado, devem ser invocados os princípios da igualdade, da cidadania, da liberdade, da razoabilidade, da proporcionalidade[255] e do conhecimento da tridimensionalidade humana, sacrificando o mínimo para preservar o máximo de direitos, porquanto, "em nenhuma circunstância, um direito constitucional deve suprimir, por inteiro, outro direito";[256]

b) em vista da condução coercitiva, não se está diante de um desses direitos que fazem parte tão só do mundo genético, "da própria identidade biológica e pessoal – uma das expressões concretas do direito à verdade pessoal",[257] mas, muito mais do que isso, cuida-se de direito humano à identidade genética, afetiva e ontológica, direitos fundamentais personalíssimos, intangíveis, imprescritíveis e indisponíveis, que fazem parte da condição e da dignidade humana tridimensional, elevados à categoria de fundamento da República Federativa do Brasil e pilares do Estado Democrático de Direito (artigo 1º, incisos II e III, da CF);

c) a certeza científica da paternidade em praticamente 100%, por meio do exame genético em DNA, faz com que haja uma garantia da paternidade ao investigante e investigado, já que unicamente o investigado pode excluir a paternidade mediante a efetivação voluntária do exame genético. Além disso, o aspecto da negativa ao exame "vai contra a intenção mesma do requerido, pois, ao contestar a ação, apela pela negativa, e essa mostra confere-lhe o ônus de provar que não é o genitor", pelo que se está diante de um paradoxo, uma vez que "se se pode determinar com certeza a paternidade e a não paternidade, através de exame pericial, isso de nada vale se o requerido se recusa a fazê-lo";[258]

d) no tablado jurídico brasileiro vigem, a contar da Carta Fundamental (artigos 226, §§ 4º e 7º, e 227, § 6º), apenas duas verdades da perfilhação: biológica e socioafetiva, as quais devem vir cumuladas ao ser humano, para que ele consiga conviver e compartilhar em seu mundo ontológico. Em tendo sido reconhecidas duas filiações no contexto jurídi-

---

[254] FREITAS, Juarez. Tendências Atuais e Perspectivas da Hermenêutica Constitucional. Porto Alegre: *Revista da Ajuris*, ano XXVI – nº 76 – dezembro de 1999, p. 400-401.

[255] MIRANDA, Jorge. *Manual de Direito Constitucional*. 3. ed. Coimbra, Portugal: Coimbra Editora, 2000, p. 205. Volume IV.

[256] FREITAS, Juarez. Tendências Atuais e Perspectivas da Hermenêutica Constitucional. Porto Alegre: *Revista da Ajuris*, Ano XXVI – nº 76 – dezembro de 1999, p. 400-401.

[257] SÃO PAULO. Tribunal de Justiça. Acórdão nº 110.067-1. 02.11.89. RJTJSP 126/201.

[258] SIMAS FILHO, Fernando. Investigação de paternidade: peculiaridades, panorama atual, futuro. In: Repensando o Direito de família. *Anais* do I Congresso Brasileiro de Direito de família. Rodrigo da Cunha Pereira (coord.). Belo Horizonte, IBDFAM, OAB-MG: Del Rey, 1999, p. 465.

co brasileiro (genética e afetiva), tornou-se inconstitucional a declaração da verdade formal, ficção jurídica, mera presunção jurídica, significando que é constitucional a declaração da filiação biológica e socioafetiva, sob pena de ser reconhecida a ficção do modo de ser-filho, um simulacro da condição humana tridimensional;

e) para a realização do exame em DNA pode ser colhido material genético pelo sangue, sêmen, raiz do cabelo, pele, placenta,[259] ossos,[260] saliva, urina,[261] dentes[262] ou músculos.[263] Dentre essas opções, "temos de fazer concordar os valores jurídicos e, quando um tiver que preponderar sobre o outro, mister salvaguardar, ao máximo, aquele que restou relativizado",[264] querendo-se dizer que, primeiramente, há de ser colhido do investigado a raiz do cabelo ou a saliva, que não representam sequer risível lesão corporal;

f) o interesse da origem biológica, da preservação da tridimensionalidade humana, diz respeito ao indivíduo, ao grupo familiar, à sociedade[265] e à humanidade, ainda mais na situação atual da ciência, em que há premência na descoberta da origem biológica, da preservação dos impedimentos matrimoniais/convivenciais e da "prevenção de doenças, tornando-a matéria de saúde pública, 'a fortiori' de interesse social".[266]

A preservação da dignidade e dos modos de ser-no-mundo-genético, de ser-no-mundo-(des)afetivo e de ser-no-mundo-ontológico do investigante preponderam sobre a negativa do investigado em cumprir um mero ato processual de realização de uma prova genética, porque, com uma conduta negativa, o investigado continua se relacionando em seus três mundos, ao passo que ao investigante é denegado esse direito, desalojado de sua própria condição humana;

---

[259] SANTOS, Maria Celeste Cordeiro Leite. Quem são os pais? O DNA e a filiação, proposta de solução ou início dos dilemas?. In: *Grandes Temas da Atualidade, DNA como meio de prova da filiação*. Eduardo de Oliveira Leite (coord.). Rio de Janeiro: Forense, 2000, p. 207.

[260] MORAES, Maria Celina Bodin de. O direito personalíssimo à filiação e a recusa ao exame de DNA: uma hipótese de colisão de direitos fundamentais. In: *Grandes Temas da Atualidade, DNA como meio de prova da filiação*. Eduardo de Oliveira Leite (coord.). Rio de Janeiro: Forense, 2000, p. 223.

[261] ALMEIDA, Maria Cristina de. *Investigação de Paternidade e DNA: aspectos polêmicos*. Porto Alegre: Livraria do Advogado, 2001, p. 67-68.

[262] VELOSO, Zeno. A Dessacralização do DNA. Direito de família: a família na travessia do milênio. *Anais do II Congresso Brasileiro de Direito de família*. Rodrigo da Cunha Pereira (coord.). Belo Horizonte: Del Rey, 2000, p. 196.

[263] RASKIN, Salmo. *Investigação de Paternidade: manual prático do DNA*. Curitiba: Juruá, 1999, p. 34.

[264] FREITAS, Juarez. Tendências Atuais e Perspectivas da Hermenêutica Constitucional. Porto Alegre: *Revista da Ajuris*, doutrina e jurisprudência, Ano XXVI – n° 76 – dezembro de 1999, p. 400-401.

[265] MORAES, Maria Celina Bodin de. Recusa à Realização do Exame de DNA na Investigação de Paternidade e Direitos de Personalidade. *A Nova Família: problemas e perspectivas*. Vicente Barreto, Jacques Comaille[...][et al.] (org.). Rio de Janeiro: Renovar, 1997, p. 189-190.

[266] LÔBO, Paulo Luiz Neto.O exame de DNA e o princípio da dignidade da pessoa humana. In: *Revista brasileira de direito de família* n° 01, de 06/99.

g) quem deu causa à exclusão do princípio da dignidade e da condição humana tridimensional do investigante foi o investigado, e não um terceiro ou a sociedade, ante sua recusa na submissão ao exame genético. assim, a conduta indigna do suposto pai (investigado) não importa perda, mas, sim, enfraquecimento (harmonização) de sua dignidade e condição humana;

h) as partes devem se encontrar no mesmo nível processual, em vista do princípio da igualdade que norteia o processo, que, em matéria de família, pende para o lado do investigante, parte mais fraca, em vista do teto constitucional da proteção integral e absoluta e a ausência de sua origem sanguínea;

i) o direito do filho genético e/ou afetivo de investigar a paternidade faz parte de sua condição humana tridimensional, pois:

i.1) vive no mundo dos seres vivos em geral, fazendo com que haja a continuação da linhagem, do ciclo de vida, transmitindo às gerações, por exemplo, a compleição física, os gestos, a voz, a escrita, a origem da humanidade, a imagem corporal, parecendo-se, muitas vezes, com seus pais, tendo a possibilidade de herdar as qualidades dos pais.[267] É o mundo da autorreprodução dos seres vivos, inclusive do ser humano, das necessidades, correspondendo ao modo de ser-no-mundo-genético, um complexo programa genético que influencia o ser humano em sua atividade, movimento ou comportamento,[268] pelo qual o ser humano permanece ligado a todos os demais seres vivos (mundo genético);

i.2) ele vive e se relaciona em família e em sociedade (mundo afetivo);

i.3) ele vive em seu próprio mundo, a conversação consigo mesmo, no qual nasce a necessidade psicológica de conhecer os mundos biológico e/ou afetivo (mundo ontológico). Por isso, o ser humano será cuidado e compreendido como humano se for concedido a ele o direito de conhecer a sua tridimensionalidade humana;

j) sob o ponto de vista emocional, a questão da origem da paternidade faz parte do mundo afetivo e ontológico, já que, "não raras vezes, manifesta-se em casos concretos muito mais confusional e comprometedor para a integração psíquica da pessoa o fato de não portar o sobrenome paterno (e/ou materno), do que o fato de não saber quem seja seu pai",[269] pelo

---

[267] ASIMOV, Isaac. *O Código Genético*. São Paulo: Cultrix, 1962, p. 16.

[268] VARELLA, Dráuzio. A imposição sexual. In: *Caderno Colunistas do jornal O SUL*. Em 04 de março de 2007, em que afirma que Ernst Mayr, um dos grandes biólogos do século passado, disse o seguinte: "Não existe atividade, movimento ou comportamento que não seja influenciado por um programa genético". Por isso, enfatiza Dráuzio, "considerar a orientação sexual mera questão de escolha do indivíduo é desconhecer a condição humana".

[269] CATTANI, Aloysio Raphael; PINTO, Ana Célia Roland Guedes; FRANCO, Beatriz Cardoso Esteves; MARRACCINI, Eliane Michelini; SALEH, Ligia Pimenta; HUNGRIA, Maria Cristina Leme;

que se tornou direito de todo ser humano poder conhecer a sua origem, sua identidade, sua família de sangue,[270] seu modo de ser-no-mundo-genético, de ser-no-mundo-(des)afetivo e de ser-no-mundo-ontológico. O conhecimento do DNA de alguém para determinar a filiação é direito constitucional, já que "a intimidade do pai não é mais forte que o direito do filho de ter assegurado, como consequência da atitude paterna menos digna, o seu direito à cidadania ampla e à própria dignidade pessoal decorrente do reconhecimento".[271]

k) o exame genético em DNA é o *único meio de prova* para descobrir a paternidade genética. Quer dizer, se no ordenamento jurídico houvesse alguma outra prova no sentido de dar garantia de 100% da paternidade biológica, a condução coercitiva do investigado seria inconstitucional;

l) no direito comparado admite-se a condução coercitiva do investigado na produção do exame genético em DNA. Com efeito, a França e a Alemanha produzem essa prova, "porque aquelas legislações disciplinam que a sujeição da integridade do indivíduo está num plano inferior a um interesse coletivo decorrente da ordem pública".[272] Desde os anos 50, na Alemanha é entendido que "não ofende à dignidade, vida e segurança da pessoa a coleta de pequena amostra de sangue. Foi, porém, a decisão de líder, de 31.01.1989, do Tribunal Constitucional Federal alemão, reconhecendo a existência de um 'direito da criança de saber sua origem'";[273]

m) a produção do exame genético em DNA não encontra respaldo na ideia de "não autoincriminação", à medida que estão em confronto dois direitos fundamentais da mesma hierarquia. Negando a certeza científica da paternidade, estar-se-á privando, para sempre, uma existência humana digna, já que afastada de sua condição humana tridimensional, ao passo que, na condução coercitiva, não ocorre esse aniquilamento da pessoa, porquanto não está em jogo a privação da liberdade, mas apenas

---

NASSOUR, Mariza Naldony; FERREIRA, Verônica A. M. Cesar. *O Nome e a Investigação de Paternidade: uma nova proposta interdisciplinar. Direito de família e Ciências Humanas*. Eliana Riberti Nazareth e Maria Antonieta Pisano Motta (coord.). Caderno de Estudos n° 2. São Paulo: Jurídica Brasileira, 1998, p. 22-23.

[270] MADALENO, Rolf. *Novas Perspectivas no Direito de família*. Porto Alegre: Livraria do Advogado, 2000, p. 40.

[271] MARTINS, Ives Gandra da Silva. O exame do DNA como meio de prova – aspectos constitucionais. In: *Grandes Temas da Atualidade, DNA como meio de prova da filiação*. Eduardo de Oliveira Leite (coord.). Rio de Janeiro: Forense, 2000, p. 128.

[272] MARTINS, José Renato Silva; ZAGANELLI, Margareth Vetis. Recusa à realização do exame de DNA na investigação de paternidade: direito à intimidade ou direito à identidade? In: *Grandes Temas da Atualidade, DNA como meio de prova da filiação*. Eduardo de Oliveira Leite (coord.). Rio de Janeiro: Forense, 2000, p. 160.

[273] MARQUES, Claudia Lima. Visões sobre o teste de paternidade através do exame do DNA em direito brasileiro – direito pós-moderno à descoberta da origem? In: *Grandes Temas da Atualidade, DNA como meio de prova da filiação*. Eduardo de Oliveira Leite (coord.). Rio de Janeiro: Forense, 2000, p. 43.

uma limitação temporária,[274] em decorrência do modo de ser-no-mundo do investigado, que se nega a realizar o exame genético;

n) quando da colisão de princípios, deve ser aplicado o princípio da concordância prática (ou da harmonização), com a finalidade de preservar a unidade constitucional,[275] uma vez que é justamente "dessa colisão de princípios que deve exsurgir a solução da querela jurídica", buscando-se "um razoável equilíbrio entre os princípios colidentes".[276]

No caso da condução coercitiva, pende de harmonização o princípio[277] da dignidade e da condição humana tridimensional do investigado e do investigante. Para que o investigado tenha o direito de exigir a sua dignidade perante o investigante, a sociedade, o Estado, a humanidade, que é a sua liberdade de não se submeter a exame, precisa respeitar a liberdade do investigante em conhecer os seus três mundos. É dizer, se o investigado quer garantir o seu direito à dignidade e à liberdade de não ser tocado em sua integridade física, deve respeitar a dignidade e a liberdade do investigante em conviver e compartilhar nos mundos genético, afetivo e ontológico. Não haverá harmonia, nem unidade ou integridade constitucional com a denegação do direito à dignidade e à condição humana tridimensional do investigante, em vista do comportamento omissivo do investigado;

o) nesse aspecto, com toda razão Lenio Luiz Streck,[278] ao pontificar o seguinte: "Saber o nome do pai é uma questão civilizatória; é o resgate da origem; do desvelamento de nosso ser; a angústia que persegue o homem desde a aurora da civilização, é saber quando e de que maneira algo é e

---

[274] BRAGA, Valeschka e Silva. *Princípios da proporcionalidade & da razoabilidade*. Curitiba: Juruá, 2004, p. 164, rodapé.

[275] STRECK, Lenio Luiz. In: *Parecer no HC 70.911.823.531*, 5ª Câmara Cível. TJ/RS, em 15/06/2005. Disponível em: www.leniostreck.com.br. Acesso em: 06/06/2006, em nota de rodapé, recomendando ver STRECK, Lenio Luiz. *Jurisdição Constitucional e Hermenêutica*. 2. ed. Rio de Janeiro: Forense, 2004 e SARLET, Ingo Wolfgang. *A eficácia dos direitos fundamentais*. 4. ed. Porto Alegre: Livraria do Advogado, 2004.

[276] Idem. In: Parecer no Habeas Corpus nº 70.011.823.531, da 5ª CCr. do Tribunal de Justiça do Rio Grande do Sul, em 15.06.2005. Disponível em: www.leniostreck.com.br. Acesso em 6/6/6.

[277] Idem, ibidem. O autor faz as seguintes considerações, com relação à colisão de princípios constitucionais em um caso de incitação ao crime: "O caso concreto evidencia um embate entre princípios de ordem constitucional – a manutenção da integridade, liberdade de consciência e de crença, liberdade de reunião e liberdade de associação -, previstos no artigo 5º da Constituição e outros princípios constitucionais, como a segurança, a incolumidade pública e a paz social. Colisão de direitos fundamentais. Paz pública (ordem pública) vs. direito de expressão (liberdade de crença, reunião e associação). Problema concernente à colisão de direitos fundamentais. Aplicação do princípio da concordância prática (ou da harmonização), com o fim de preservar a unidade constitucional. Com a concordância prática, os direitos fundamentais e valores constitucionais deverão ser harmonizados, no caso concreto, por meio de juízo de ponderação que objetive preservar (e concretizar) ao máximo os direitos e bens constitucionais protegidos".

[278] STRECK, Lenio Luiz. Respondendo a um e-mail, em 09.05.2007, de indagação que lhe fiz sobre a questão da entificação do ser do ser humano na investigação de paternidade.

pode ser. Portanto, proteger o nome do pai no anonimato é metafísica, é a negação da origem, do primeiro, da aurora das coisas. Enfim, negar o nome do pai é negar o princípio. Por último, ética é paridade axiológica entre o eu e o Outro".

Com esses fundamentos, justificações e modo de ser-no-mundo-hermenêutico, fica cristalino o direito de o ser humano conhecer e ser a sua tridimensionalidade genética, afetiva e ontológica, já que se cuida de uma questão da evolução civilizatória, do conhecimento da origem, do princípio, da observância da isonomia entre os seres humanos, da ética e da moral, cujos princípios autorizam a condução coercitiva do investigado na feitura do exame genético em DNA.

Capítulo IV

Paternidade socioafetiva

Os três mundos do ser humano, *Umwelt* (genético), *Mitwelt* (afetivo) e *Eigenwelt* (ontológico), lembra May,[279] estão sempre inter-relacionados, condicionando-se uns aos outros, e, embora diferentes, são modos simultâneos de ser-no-mundo tridimensional.

O mundo afetivo (*Mitwelt*), segundo o autor, "é o mundo dos inter-relacionamentos entre os seres humanos. Em *Mitwelt*, porém, as categorias de ajustamento e adaptação não são exatas; o termo *relacionamento* oferece a categoria certa. Se eu insisto para que outra pessoa ajuste-se a mim, não a estarei tomando como pessoa, como *Dasein*, mas como instrumento; e, mesmo que eu me ajuste a mim próprio, estarei usando a mim mesmo como objeto. O indivíduo não pode jamais falar com exatidão de seres humanos como 'objetos sexuais'; no momento em que a pessoa é um objeto sexual, você não estará mais falando de uma pessoa. A essência do relacionamento é que no contato ambas as pessoas apresentam uma mudança".

A sociedade patriarcal fez com que a família fosse ajustada, desde que há mundo humano, unicamente por parte do mundo genético, uma linguagem normatizada, objetificada, desumanizada, porque os seus membros estão unidos pela totalidade dos laços genéticos, afetivos e ontológicos. O (re)canto familiar é uma forma de proporcionar ao ser humano carinho e solidariedade que se dispersaram da vida em sociedade, superando a condição humana marcada pela realidade da competição e da desigualdade,[280] tendo em vista que ele está profundamente ligado às questões mais íntimas e fundamentais, como o amor, a afeição.[281]

---

[279] MAY, Rollo. *A Descoberta do Ser: estudos sobre a psicologia existencial*. Traduzido por Cláudio G. Somogyi. 4. ed. Rio de Janeiro: Rocco, 2000, p. 139 a 141.

[280] BRAUNER, Maria Claudia Crespo. Casamento Desfeito, Transitoriedade e Recomposição Familiar. In: *Casamento, uma escuta além do Judiciário*. Ivone M. C. Coelho de Souza (org.). Florianópolis: VoxLegem, 2006, p. 302.

[281] MAY, Rollo. *A descoberta do ser*. 4. ed. Traduzido por Cláudio G. Somogyi. Rio de Janeiro: Rocco, 2000, p. 10.

Não apenas no Direito, mas, em praticamente todas as áreas do relacionamento humano, há uma crescente compreensão acerca do acolhimento do afeto como linguagem integrante da tridimensionalidade humana.

Na área Educacional,[282] a afetividade possui ingerência constante no funcionamento da inteligência do ser humano, estimulando-o ou perturbando-o, acelerando-o ou retardando-o.[283] Com efeito, para Vygotsky, a linguagem afetiva atua na construção das relações do ser humano a partir de uma perspectiva pessoal, social e cultural.

Para Henri Wallon, a evolução da linguagem da afetividade "depende das construções realizadas no plano da inteligência, assim como a evolução da inteligência depende das construções afetivas".

Jean Piaget, por sua vez, historia que "a afetividade seria como a gasolina, que ativa o motor de um carro". Em outro momento, o autor[284] certifica que "a afetividade é a energética da ação e, de modo mais enfático, que a afetividade e a inteligência são, assim, indissociáveis, e constituem os dois aspectos complementares de toda conduta humana".

A afetividade também é defendida nos campos neurológico, psicológico,[285] psicanalítico,[286] pedagógico,[287] demonstrando que, em pleno século XXI, não é possível continuar compreendendo o ser humano pela teoria cartesiana,[288] porque a condição humana é um modo de ser-no-mundo-genético, de ser-no-mundo-(des)afetivo e de ser-no-mundo-ontológico. É por isso que se diz que o afeto é arte,[289] canto,[290] poesia, sabedoria, linguagem,[291] edu-

---

[282] SOUZA, Maria Thereza Costa Coelho de. O desenvolvimento afetivo segundo Piaget. In: *Afetividade na Escola*. Valéria Amorim Arantes (org.). São Paulo: Summus Editorial, 2003, p. 57. "Inteligência e afetividade são diferentes em natureza, mas indissociáveis na conduta concreta da criança, o que significa que não há conduta unicamente afetiva, bem como não existe conduta unicamente cognitiva".

[283] ARANTES, Valéria Amorim. *Afetividade e Cognição: rompendo a dicotomia na educação*. Disponível em: http://www.hottopos.com/videtur23/valeria.htm. Acesso em 26.10.2004.

[284] COSTA, Maria Luiza Andreozzi da. *Piaget e a intervenção psicopedagógica*. São Paulo: Olho d´Água, 1997, p. 12 e 15.

[285] ARANTES, Valéria Amorim. *Afetividade e Cognição: rompendo a dicotomia na educação*. Disponível em: http://www.hottopos.com/videtur23/valeria.htm. Acesso em 26.10.2004.

[286] FERREIRA, Patrícia Vasconcellos Pires. *Afetividade e cognição*. Disponível em: http://www.psicopedagogia.com.br/artigos/artigo.asp?entrID=404. Acesso em 29.10.2004.

[287] MONTEIRO, Denise Schulthais dos Anjos; PEREIRA, Luciana Fernandes; SARMENTO, Marilza Rodrigues Sarmento; e MERCIER, Tânia Maura de Aquino. *Resiliência e pedagogia na presença: intervenção sócio-pedagógica no contexto escolar*. Disponível em: http://www.pedagogiaemfoco.pro.br/fundam01.htm. Acesso em 29.10.2004.

[288] FERREIRA, Patrícia Vasconcellos Pires. *Afetividade e cognição*. Disponível em: http://www.psicopedagogia.com.br/artigos/artigo.asp?entrID=404. Acesso em 29.10.2004.

[289] FROMM, Erich. *A arte de amar*. Traduzido por Eduardo Brandão. São Paulo: Martins Fontes, 2000.

[290] CHASIN, Ibaney. *O canto dos afetos*. São Paulo: Perspectiva, 2004.

[291] MORIN, Edgar. *Amor, poesia, sabedoria*. 6. ed. Traduzido por Edgard de Assis Carvalho. Rio de Janeiro: Bertrand Brasil, 2003, p. 9, 53.

cação, conhecimento, inteligência,[292] saúde,[293] felicidade, liberdade, enfim, o afeto é enchente de vida e portal da existência, forjado na seiva que alimenta a cadência do sentido da vida, que se engendra e se identifica na tridimensionalidade humana.

Quando o ser humano está se relacionando com o mundo afetivo, acontece alguma coisa dentro dele "infinitamente mais complexa, sutil, rica e poderosa do que já tínhamos percebido",[294] porquanto é o afeto que auxilia o ser humano em seu relacionamento pessoal, familiar e social, mas é preciso aceitar a ideia de que, de um modo geral, esse mundo sempre foi muito castigado, mal-compreendido e mal-orientado.[295]

A afetividade não é só o direito de amar, de ser feliz, mas também o dever de compreender e estar com o Outro, porquanto "existir não é apenas estar-no-mundo, é também, inevitavelmente, estar-com-alguém",[296] estar-em-família, rompendo com a individualidade e com os conceitos prévios (pré-conceitos, pré-juízos). A diversidade humana é, simultaneamente, genética, afetiva e ontológica, e mediante o diálogo permanente será possível arrancar das profundezas da condição humana a individualidade e os preconceitos sobre o texto do direito de família.

A afetividade será examinada com base nos princípios constitucionais da dignidade da pessoa humana, da proteção absoluta e integral da criança, do adolescente e do idoso e da secularização, tendo em vista que são os princípios, e não as regras, que promovem o desvelamento da realidade pessoal, familiar, social e tridimensional.

1. Afetividade e dignidade da pessoa humana

É reconhecida a dignidade da pessoa humana, um dos princípios mais afetivos, quando da compreensão do texto do direito de família em sua linguagem tridimensional, cujo princípio é *holding* para qualquer pro-

---

[292] ARANTES, Valéria Amorim. *Afetividade e Cognição: rompendo a dicotomia na educação*. Disponível em: http://www.hottopos.com/videtur23/valeria.htm. Acesso em 26.10.2004. COSTA, Maria Luiza Andreozzi da. *Piaget e a intervenção psicopedagógica*. São Paulo: Olho d´Água, 1997.

[293] BALLONE, GJ. *Afetividade*. Disponível em: http://www.psiqweb.med.br/cursos/afet.html. Acesso em 26.10.2004.

[294] MAY, Rollo. *A descoberta do ser*. 4. ed. Traduzido por Cláudio G. Somogyi. Rio de Janeiro: Rocco, 2000, p. 25.

[295] BAQUERO, Victoriano. *Afetividade Integrada Libertadora*. 3. ed. Rio de Janeiro: Loyola, 1992, p. 5.

[296] HOTTOIS, Gilberto. *História da filosofia*. Traduzido por Maria Fernanda Oliveira. Lisboa, Portugal: Instituto Piaget, 2002, p. 327.

cesso de interpretação,[297] constituindo-se em um valor fundante da República, do Estado, da democracia e do Direito.[298]

Quer dizer, haverá dignidade humana com democracia,[299] com laicização e com o reconhecimento do ser humano pelos seus modos de ser-no-mundo-genético, de ser-no-mundo-(des)afetivo e de ser-no-mundo-ontológico, cuja linguagem é indisponível, intangível, intransferível, imprescritível, inegociável.

A comunidade jurídica não se cansa de esclarecer que, "enquanto houver uma pessoa que não veja reconhecida a sua dignidade, ninguém pode considerar-se satisfeito com a dignidade adquirida",[300] que tem relação umbilical com a superação da intolerância, da discriminação, da exclusão social, da violência, da liberdade e da incapacidade de aceitar o Outro.[301] Todos os princípios constitucionais, que precisam ser harmonizados, já que nenhum tem prevalência sobre o outro, estão consolidados como âncora, fonte e sentido a conferir validade a toda regra, que sempre é o produto da interpretação do texto, que é inseparável de seu sentido, cuja aplicação está limitada pela jurisdição constitucional.

É por isso que no direito de família deve ser aplicada a máxima kantiana, de que "as violações à pessoa humana não são mais, na atualidade, atos contra um único indivíduo, mas, sim, contra a espécie humana",[302] dizendo respeito às diversidades, aos modos de ser-no-mundo tridimensional.

Isso significa que se o afeto é um direito fundamental individual e social de afeiçoar-se ao outro ser humano (artigo 5°, § 2°, da Constituição do País), a dignidade humana é o critério "pelo qual a Constituição proporciona a proteção do afeto: estabelece a proporção entre os interesses individuais e os deveres sociais, categorias e difusos, no direito de família".[303] Afastar a linguagem do recanto familiar é confiscar a dignidade e a condição humana tridimensional, na medida em que o ser humano deixaria de ser humano, já

---

[297] STRECK, Lenio Luiz. In prefácio no livro de Belmiro Pedro Welter. *Igualdade entre as filiações biológica e socioafetiva*. São Paulo: Revista dos Tribunais, 2003.

[298] SILVA, José Afonso da. A dignidade da pessoa humana como valor supremo da democracia. *Revista de Direito Administrativo*. Rio de Janeiro: Renovar, n° 212, p. 92, abr./jun. 1998.

[299] WARAT, Luis Alberto. *Introdução Geral ao Direito, o Direito não estudado pela teoria jurídica moderna*. Porto Alegre: Sergio Antonio Fabris, 1997, p. 61, v. III.

[300] MIRANDA, Jorge. *Manual de Direito Constitucional: direitos fundamentais*. 3. ed. Portugal: Coimbra, 2000, p. 188, t. IV.

[301] BARROSO, Luís Roberto. *Interpretação e aplicação da Constituição*. 5. ed. São Paulo: Saraiva, 2003, p. 335.

[302] BRAGA, Renata. Por um estatuto jurídico do embrião humano. In: *Direitos de Família, uma abordagem interdisciplinar*. Reinaldo Pereira Silva e Jackson Chaves de Azevedo (coord.). São Paulo: LTr, 1999, p. 66.

[303] BARROS, Sérgio Resende. A Constituição e o afeto. In: *Boletim IBDFAM*, de novembro/dezembro de 2005.

que exclusivamente nos mundos afetivo e ontológico ele atinge a condição humana, porquanto, no mundo genético, ele é um mero ser vivo.

O reconhecimento dos direitos e das garantias fundamentais constitui um dos principais pilares da dignidade da pessoa humana,[304] mas esse princípio não é uma singela e formal declaração universal ou nacional de direitos e de garantias fundamentais, não sendo um atestado do que consta do texto infraconstitucional, mas, sim, uma compreensão tridimensional, composta pela corrente sanguínea (mundo genético), pelas relações em família e em sociedade (mundo des-afetivo) e pelo relacionamento consigo mesmo (mundo ontológico).

Conforme anota Canotilho, o princípio da dignidade da pessoa humana deve constar da Constituição para limitar qualquer legislador democrático, pelas seguintes razões: "Em primeiro lugar, porque, como limite ao próprio poder, deve estar na Constituição. Em segundo lugar, porque se trata de um imperativo categórico, que deve estar na Constituição, porque implica também uma proibição total da transformação de um sujeito (que é a pessoa) em objeto. Em terceiro lugar, porque ela própria é um índice de que vivemos em comunidades inclusivas, e a dignidade é uma questão de reconhecimento recíproco de uns em relação aos outros (só temos dignidade uns em relação aos outros)".[305]

O princípio da dignidade humana acolhe, ao mesmo tempo, a igualdade e a diversidade humana tridimensional, uma vez que exige que o humano seja cuidado como humano, e não mais por uma parcela normatizada do mundo genético, onde é transformado em objeto, em coisa, em moeda, em mercadoria.

2. Afetividade e proteção integral e absoluta da criança, do adolescente e do idoso

Não faz muito tempo que as crianças e os adolescentes eram subjugados pelos professores a severos castigos, como a colocação de chapéu de palhaço, permanecer de joelhos sobre grãos de milho, a palmatória, a vara, muitas vezes com espinho ou alfinete na ponta, permitindo furar a barriga da perna do aluno.[306]

---

[304] SARLET, Ingo Wolfgang (org.). As dimensões da dignidade da pessoa humana: construindo uma compreensão jurídico-constitucional necessária a possível. In: *Dimensões da Dignidade: ensaios da Filosofia do Direito e Direito Constitucional*. Porto Alegre: Livraria do Advogado, 2005, p. 22.

[305] CANOTILHO, J.J. Gomes. In: *Canotilho e a Constituição Dirigente*. 2. ed. Jacinto Nelson de Miranda Coutinho (org.). São Paulo: Renovar, 2005, p. 21.

[306] FREYRE, Gilberto. *Casa-Grande & Senzala*. 49. ed. São Paulo: Global, 2004, p. 507-8.

Essa tortura psicológica e corporal é fruto da tirania dos integrantes da família, da sociedade e do Estado, pelo fato de o ser humano ser compreendido apenas pela normatização do mundo genético, cujo modo de ser foi abolido pelo Pacto Social de 1988 (cabeço do artigo 227),[307] no qual foi engendrado o princípio da proteção integral e absoluta da infância e da juventude, para que a família seja compreendida em sua tridimensionalidade humana.

Acerca da proteção integral e absoluta da criança e do adolescente, Gadamer diz o seguinte:[308] "We cannot and should not lead young people to believe that they will inherit a future of satisfying comfort and increasing ease. Rather, we should convey to them a pleaure in collective responsability and in a genuinely shared existence both with and for one another. This is something which is missing both in our society and indeed in many others as well. Young people in particular are well aware of this. And here were are reminded of an ancient saying: youth is in the right".

O autor diz que os pais, a sociedade, o Estado não devem simular à criança e ao adolescente um futuro de esplêndido conforto e de crescente comodidade, e sim facultar-lhes a alegria na responsabilidade compartilhada, na convivência afetiva e na solidariedade dos humanos, cujo relacionamento está em falta na família e na sociedade.

No artigo 19 do Estatuto da Criança e do Adolescente, consta que "toda criança ou adolescente tem direito a ser criado e educado no seio da sua família e, excepcionalmente, em família substituta, assegurada a convivência familiar e comunitária". Esse artigo é preconceituoso, porque cuida da socioafetividade como *família substituta*, quando ela se encontra em igualdade de condições com a família biológica. Na visão tridimensional, para o ser humano não basta o laço sanguíneo, mas, também e necessariamente, o relacionamento afetivo e ontológico, que não estão subdivididos em titular e substituto, à medida que se cuida de um ser humano único.

A proteção integral e absoluta se inicia desde a concepção, principalmente no nascimento com vida, exigindo-se o afastamento dos pré-juízos, conceitos prévios da diversidade entre os filhos, em que a paternidade

---

[307] STRECK, Lenio Luiz. *Hermenêutica jurídica e(m) crise*. 2. ed. Porto Alegre: Livraria do Advogado, 2000, p. 287. FERRAJOLI, Luigi. *Derecho y razón. Teoria del garantismo penal*. 4. ed. Traduzido por Perfecto Andrés Ibañez et al. Editorial Trotta: Madrid, 2000, p. 860.

[308] GADAMER, Hans-Georg. *The enigma of health*. Traduzido por Jason Gaiger and Nicholas Walker. Stanford University Press: California, 1996, p. 82. Tradução do autor: "Não podemos nem devemos simular para a juventude um futuro de esplêndido conforto e de crescente comodidade, mas facultar-lhe a alegria na responsabilidade partilhada, na convivência afetiva e na solidariedade dos homens. É o que falta na nossa sociedade e na coabitação de muitos. A juventude, de modo particular, sente isso. Há um mote antiquíssimo: 'a juventude tem razão'".

responsável (artigo 226, § 7º, da Constituição do País) compreende o cumprimento das seguintes condições, por exemplo: o modo de ser-em-família, o jeito de ser-pai, de ser-mãe, de ser-filho, o ideal, a vontade, carinho, afeto, amor, desvelo, segurança, equilíbrio emocional dos pais, alimentação, abrigo, vestuário, habitação, escola, saúde corporal, bucal, psicológica, mental e emocional, o direito de ouvir e de ser ouvido e respeito à igualdade e aos modos de ser-no-mundo-genético, de ser-no-mundo--(des)afetivo e de ser-no-mundo-ontológico.

A linguagem constitucional, laica, hermenêutica, democrática foi elevada a direito e garantia fundamental, fazendo parte dos três mundos do ser humano, pelo que as disposições legais do ECA e do Código Civil, ao negarem a afetividade e a ontologia como valores jurídicos, são manifestamente inconstitucionais, preconceituosos, ao afrontar a sua base principiológica da igualdade entre a filiação, da convivência, da liberdade, da dignidade e da condição humana tridimensional.

O princípio constitucional da proteção integral e absoluta da criança e do adolescente aplica-se com a mesma intensidade e nos mesmos termos à pessoa idosa (igual ou maior de sessenta anos de idade), com âncora na Lei Federal nº 10.741, de 1º de outubro de 2003, ao determinar que "o idoso goza de todos os direitos fundamentais inerentes à pessoa humana, sem prejuízo da proteção integral de que trata esta Lei, assegurando-se-lhe, por lei ou por outros meios, todas as oportunidades e facilidades, para preservação de sua saúde física e mental e seu aperfeiçoamento moral, intelectual, espiritual e social, em condições de liberdade e dignidade".

Os jeitos de ser-em-família, preservando-se os vínculos familiares dos mundos genético, afetivo e ontológico, com a consequente desinstitucionalização da população infanto-juvenil e idosa, "fazem parte de um contexto maior de diretrizes a serem adotadas nas políticas públicas de proteção. Já é unânime a orientação no sentido de se incentivar a convivência familiar e comunitária".[309] Mas, o ser humano não convive e nem compartilha em família com base em orientação ou mesmo com regras constitucionais, sendo necessária materializar, substancializar, os direitos e as garantias fundamentais. Isso quer dizer que a institucionalização da criança, do adolescente e do idoso é prova da realidade da desconcertante ausência da linguagem humana na família, na sociedade e no Estado.

Na família constitucional, democrática, hermenêutica, filosófica e secularizada se impõe o cumprimento das necessidades pessoais, não sendo a pessoa que vive para a família, e sim esta é que deve servir como

---

[309] ZABAGLIA, Rosângela Alcântara; PEREIRA, Tânia da Silva. O Estatuto do Idoso e os desafios da modernidade. In: *A arte de envelhecer*. Maria Teresa Toríbio Brittes Lemos e Rosângela Alcântara Zabaglia (orgs.). Rio de Janeiro: Ideias & Letras, 2004, p. 179.

condição de possibilidade do desenvolvimento pessoal, na busca da felicidade.[310]

3. Afetividade e processo de secularização

São três sistemas de relacionamento entre a religião e o Estado: a) confusão, que é a mistura entre religião e Estado; b) união, que significa o vínculo entre religião e Estado; c) separação, que é a distinção absoluta entre religião e Estado, cujo princípio é mantido pelo Brasil (artigo 19, I, da Constituição).

O processo de secularização compreende vários sentidos, por exemplo: a) a separação entre o Estado e a Religião, em que se afasta o Direito Divino do Direito Estatal; b) a plena liberdade do comércio, das artes, da cultura, da religião, das comunicações, da economia, da política, do direito, da universalização de todos os setores da sociedade e do Estado-Nação; c) da plenarização da democracia universal, com a noção de *espaço público*.[311]

Noticia-se[312] que, com o desmembramento do Império Romano em Ocidente e Oriente, a contar do século V d.C., e com o decorrente desaparecimento de uma ordem secular estável, houve o deslocamento de autoridade e poder de Roma ao Chefe da Igreja Católica Romana, que desenvolveu o direito canônico, estruturado num conjunto normativo dualista – laico e religioso. Como consequência, na Idade Média, o Direito era ditado pela religião, cuja combinação dos poderes da Igreja e do Império denominou-se Sacro Império.[313]

Contudo, a partir do século XIV, as divergências entre Estado e Igreja tornaram-se cada vez mais acirradas e, paulatinamente, começaram a se firmar teorias contrárias aos interesses dos Papas (que alimentavam ao domínio mundial), pelo que Igreja e Império, "poderes universais, vão enfrentar uma limitação cada vez maior, e a tendência dominante da época vai ser a de uma gradativa secularização da mentalidade, com reflexos em todos os setores da atividade humana".[314]

---

[310] FACHIN, Luiz Edson. *Estabelecimento da Filiação e Paternidade Presumida*. Porto Alegre: Fabris, 1992, p. 25.

[311] PINHO, Rodrigo César Rebello. *Sinopses jurídicas. Teoria Geral da Constituição e Direitos Fundamentais*, nº 17. 5. ed. São Paulo: Saraiva, 2005, p. 91 e 92.

[312] PHILIPPI, Jeanine Nicolazzi. *A Lei: uma abordagem a partir da leitura cruzada entre Direito e Psicanálise*. Belo Horizonte: Del Rey, 2001, p. 89, 90,91, 99 e 101.

[313] SALDANHA, Nelson. *Secularização e Democracia*. Rio de Janeiro: Renovar, 2003, p. 66 a 68.

[314] SARLET, Ingo Wolfgang. *Maquiavel, "o príncipe" e a formação do Estado moderno*. In: CD juris plenum, edição 72, vol. 2, agosto de 2003.

A teologia continua influenciando a edição de leis, principalmente na área da família, mas o Estado Democrático de Direito não deve aceitar a canonização das relações políticas e jurídicas, não tendo o Estado o direito de editar normas canônicas, um Direito supostamente ditado por Deus.

No Brasil, a laicificação foi implantada com a Proclamação da República, na qual ficou proibida a intervenção da autoridade federal e dos Estados Federais em matéria religiosa (Decreto nº 119-A, de 07 de janeiro de 1890). Em outras partes do mundo, a laicização encontrava-se em andamento desde o século XIV, intensificando os conflitos entre Estado e Igreja, com a gradativa modificação da mentalidade em todos os setores da atividade humana (política, religião, regime de governo, família etc.), com a decrescente autoridade religiosa e, via de consequência, a crescente autoridade da ciência, da razão, do ser humano secular.[315]

A secularização é a ruptura entre a cultura eclesiástica e filosófica, especialmente entre a moral do clero, não sendo mais o Direito Estatal um mandato das alturas, e sim um poder profano. O Direito Canônico interferiu em praticamente todas as áreas da sociedade, como a política, que, antes do século XIV, era entendida como um poder que provinha de Deus, e o destino dos humanos era prescrito por Ele. Os valores espirituais eram considerados superiores aos valores humanos, e a prova disso é que "a Igreja não hesitava em intervir no mundo profano: sacralizava as relações políticas, tornando-se, assim, fator imprescindível de legitimidade, como no caso da sagração dos reis, ou da cavalaria, em que transformava uma categoria social numa espécie de ordem religiosa".[316]

Mais tarde, no século XVIII, o Estado tornou-se mais secularizado, surgindo o Estado Absolutista, com a paulatina retirada da influência divina no Estado, culminando com o advento dos Estados de Direito Liberal, Social e Democrático. No século XXI, o mundo ocidental está ou, pelo menos, deveria estar completamente secularizado, incorporando a complexidade da transnacionalização[317] dos direitos, dos deveres e das garantias fundamentais, como a liberdade,[318] a democracia, o pluralismo, a dignidade e a tridimensionalidade da pessoa humana, em que estão

---

[315] SARLET, Ingo Wolfgang. *Maquiavel, "o príncipe" e a formação do Estado moderno.* In: CD juris plenum, edição 72, vol. 2, agosto de 2003.

[316] KOSHIBA, Luiz. *História: origens, estruturas e processos.* São Paulo: Atual, 2000, p. 191.

[317] HABERMAS, Jurgen. *Direito e Democracia entre facticidade e validade.* Traduzido por Flávio Beno Siebeneichler. Rio de Janeiro: Tempo Brasileiro, 1997, p. 291 e 296. Volume II. MOREIRA, Vital. O Futuro da Constituição. In: *Direito Constitucional: estudos em homenagem a Paulo Bonavides.* Eros Roberto Grau e Willis Santiago Guerra Filho (org.). São Paulo: Malheiros, 2001, p. 322.

[318] STRECK, Danilo R. *Rousseau & a Educação.* Belo Horizonte: Autêntica, 2004, p. 32.

"compendiados o futuro da cidadania e o porvir da liberdade de todos os povos".[319]

A moral cristã era o pensamento "entre o bem e o mal, do justo e do injusto, que transcende e preexiste à autoridade do Estado". Maquiavel, embora não tenha invocado o princípio da separação entre Estado e Religião, percebeu que o poder político era tudo, menos divino. A liberdade também foi secularizada, com a libertação dos dogmas religiosos, refazendo-se a imagem do poder, antes emanado de Deus, mas, depois, fixado num ente artificial chamado Estado, em decorrência do liberalismo, que cunhou a liberdade como sua pedra angular. Na sociedade secularizada, a pessoa passa à condição de humana, ensejando a criação do Estado de Direito, sem qualquer ingerência divina, uma verdadeira revolução da intersubjetividade contra a dogmática da Religião, com a consequente negação das ambições da Igreja sobre o poder temporal.[320]

Assim, é irreversível a consolidação da tridimensionalidade do texto, da família, do ser humano, tendo em vista o lento e incessante processo de secularização, iniciado no século XIV. Um certeiro golpe foi lançado contra a Igreja Católica quando da promulgação da Constituição Europeia, em que não se invocou a proteção de Deus no Preâmbulo da Constituição. Essa decisão foi criticada pelo então Papa João Paulo II, que recebeu a seguinte resposta dos representantes de quase um bilhão de habitantes: *uma Constituição deve ser laica.*[321]

De acordo com Streck, a aplicação do princípio da secularização não significa cisão positivista entre moral e direito, pelo seguinte:

"Não se pode, a pretexto de uma pretensa secularização, efetuar uma separação entre moral e direito, como se o direito fosse 'bom' e a 'moral' fosse ruim (seria ruim porque geraria insegurança e irracionalidades no interior do conhecimento jurídico). Defender a secularização não significa isolar a moral como se fosse algo 'contagioso' para o direito. Até porque, e isso é preciso esclarecer, moral não é religião, nem desejo pessoal das pessoas sobre o que é bom ou ruim para a sociedade. Aliás, nesse caso, pode-se dizer o contrário, que a moral significaria o ideal de vida boa simplesmente e que o direito seria uma mera racionalidade instrumental. O que não pode ser deixado de lado é que direito e moral se

---

[319] BONAVIDES, Paulo. *Do País Constitucional ao País Neocolonial: a derrubada da Constituição e a recolonização pelo golpe de Estado institucional.* 2. ed. São Paulo: Malheiros Editores, 2001, rodapé, p. 38 e 174.

[320] SARLET, Ingo Wolfgang. *Maquiavel, "o príncipe" e a formação do Estado moderno.* In: CD Juris Plenum, edição 72, vol. 2, agosto de 2003.

[321] Informação fornecida por Fátima Bernardes, no Jornal Nacional da Rede Globo, em 19 de junho de 2004.

preocupam com questões idênticas: a ação e a legitimidade dos atos de poder desempenhados em sociedade".[322]

4. Afetividade e igualdade entre as filiações biológica e socioafetiva

Com o desfraldar da genética, do afeto e da ontologia a direitos fundamentais do ser humano, decorrente da compreensão do conjunto de toda principiologia constitucional, que dá sentido à condição humana tridimensional, resta enfraquecida a resistência à igualdade entre as filiações (biológica e socioafetiva), havendo necessidade de ser formatada uma parceria, um entrelaçamento, um relacionamento recíproco no direito de família.

São pelo menos quatro os modos de ser-no-mundo da filiação socioafetiva, por exemplo: a) adoção judicial; b) filho de criação; c) reconhecimento voluntário ou judicial da paternidade; d) adoção à brasileira. Todos são jeitos de ser do direito de família, fazendo com que o membro familiar possa assimilar o direito de conviver e compartilhar em sua tridimensionalidade humana. Analisarei, sumariamente, as quatro formas de perfilhação no direito brasileiro:

a) adoção judicial: Quando do surgimento da família primitiva, já se falava em adoção, que tinha a finalidade de eternizar o culto doméstico, direito concedido a quem não tivesse filho, para que não cessassem as cerimônias fúnebres. O novo vínculo do culto substituía o parentesco, mas o gesto de adotar não estava ligado à afetividade,[323] muito menos à ontologia. Historia-se[324] que, em Atenas, na Antiga Grécia, a adoção era ato solene, *exigindo a intervenção do magistrado*, portanto, como ainda hoje é efetivado, *mediante um processo*, isso devido ao preconceito impuro da discriminação entre os membros da família, que ainda vige em pleno terceiro milênio, embora na Constituição do Brasil esteja prevista a igualdade entre todos os integrantes da família.

A adoção era prevista nas Leis de Manu, entre um homem e um rapaz da mesma classe, e no Código de Hamurábi, 1.500 anos antes de Cristo, de forma irrevogável,[325] tendo sido acolhida no direito romano, mas,

---

[322] STRECK, Lenio Luiz. In: Prefácio no livro "Teoria Tridimensional do Direito de Família". Livraria do Advogado, 2009, de Belmiro Pedro Welter.

[323] COULANGES, Fustel de. *A cidade antiga*. São Paulo: Martins Fontes, 2000, p. 50-1.

[324] CHAVES, Antônio. *Adoção*. Belo Horizonte: Del Rey, 1995, p. 49.

[325] GRISARD FILHO, Waldyr. Será verdadeiramente plena a adoção unilateral? CD *Revista brasileira de Direito de família* nº 05, 2004. Porto Alegre: Síntese.

na Idade Média, o instituto caiu em desuso, chegando a desaparecer. O Direito Canônico não o recepcionou, constando, contudo, do *Code Civile* da França e das Ordenações do Reino de Portugal, estando inserido no ordenamento jurídico brasileiro, por exemplo, no Código Civil de 1916,[326] no Estatuto da Criança e do Adolescente (Lei nº 8.069/90) e no Código Civil de 2002.

b) filho de criação: A afetividade se corporifica naqueles casos em que, mesmo não havendo vínculo biológico, alguém educa um ser humano por mera opção, por um modo de ser-em-família, amor, afeto e solidariedade humana,[327] abrigando-o em seu lar, cumprindo com o princípio da convivência em família (artigo 227, cabeço, da Constituição do País). É dizer, quando uma pessoa cuida (re)publicamente de alguém, sem qualquer formalidade, num modo de ser-paterno/materno/filial, suprindo-lhe todas as necessidades, é formatado o autêntico reconhecimento da paternidade,[328] não apenas mediante um comportamento, um agir, um exercício das funções de pai e de mãe, mas, principalmente, pelo seus modos de ser-no-mundo-afetivo-ontológico;

c) reconhecimento voluntário ou judicial da paternidade: Quem comparece no Cartório de Registro Civil, de forma livre e espontânea, solicitando o registro de alguém como filho, não necessita de qualquer comprovação genética,[329] porque isso representa um modo de ser-em-família. Em outras palavras, "aquele que toma o lugar dos pais pratica, por assim dizer, uma 'adoção de fato'",[330] uma aceitação voluntária ou judicial da paternidade, em que é estabelecido o modo de ser-filho-afetivo, com a atribuição de todos os direitos e deveres.

Como exemplo desse jeito de ser-em-família, pode ser lembrado o caso da mãe solteira, que contrai casamento ou união estável, cujo cônjuge ou convivente reconhece, voluntariamente, a paternidade responsável do filho de sua consorte. Esse cônjuge ou companheiro pratica um ato humanitário, já que outorga a um ser humano o direito ao mundo afetivo, motivo pelo qual não só exerce a função de pai, como, principalmente, a circunstância, o jeito de ser-pai, transformando-se em tutor do mundo

---

[326] TAVARES, José de Farias. *Comentários ao estatuto da criança e do adolescente.* 4. ed. Rio de Janeiro: Forense, 2002, p. 45-46.

[327] PEREIRA, Lafayette Rodrigues. *Direitos de Família: anotações e adaptações ao Código Civil por José Bonifácio de Andrada e Silva.* 5. ed. Rio de Janeiro: Livraria Freitas Bastos, 1956, p. 266, a "posse de estado de filho induz virtualmente e, portanto, supre a prova do nascimento, a da paternidade e da maternidade".

[328] BEVILAQUA, Clovis. *Direito da Família.* 7. ed. Rio de Janeiro: Freitas Bastos, 1943, p. 346-7.

[329] VILLELA, João Baptista. O modelo constitucional da filiação: verdades & superstições. *Revista Brasileira de Direito de família*, nº 2, julho/agosto/setembro de 1999.

[330] FACHIN, Luiz Edson. *Da Paternidade: relação biológica e afetiva.* Belo Horizonte: Del Rey, 1996, p. 124.

afetivo de seu filho, cujo direito é irrevogável, irrenunciável, irretratável, indisponível, imprescritível, inegociável, intangível;

d) adoção à brasileira: A adoção à brasileira ocorre quando a criança, ao nascer, é registrada diretamente em nome dos pais afetivos, como se fossem pais biológicos. É o caso da gestante que entrega seu filho a alguém, *voluntariamente,* fazendo o registro de nascimento em seu nome, como se fosse pai/mãe genético.

Ostentar um modo de ser-filho é ser reconhecido e cuidado como filho, um jeito de ser-pai-mãe-filho-família. Sustenta-se[331] que a adoção à brasileira representa conduta delituosa, sendo, portanto, revogável. Há, contudo, equívoco nesse pensar, ao confundir adoção à brasileira – entrega *voluntária* de filho a terceiro e a condição de ser-em-família – com o cometimento de conduta criminosa, como sequestro, cárcere privado, sonegação ou subtração de incapaz (artigos 148, 248, III, e 249 do Código Penal). Essa linguagem ainda é fruto do pensamento unívoco da genética, esquecendo-se que o ser humano convive e compartilha na tridimensionalidade humana, um modo de ser-no-mundo-genético, de ser-no-mundo-(des)afetivo e de ser-no-mundo-ontológico, devendo-se lhe outorgar as duas paternidades, genética e socioafetiva.

De acordo com o Superior Tribunal de Justiça, a adoção à brasileira é irrevogável quando presente a paternidade socioafetiva, pelos seguintes termos:

> Quem adota à moda brasileira não labora em equívoco. Tem pleno conhecimento das circunstâncias que gravitam em torno de seu gesto e, ainda assim, ultima o ato. Nessas circunstâncias, nem mesmo o pai, por arrependimento posterior, pode valer-se de eventual ação anulatória, postulando desconstituir o registro. Da mesma forma, a reflexão sobre a possibilidade de o pai adotante pleitear a nulidade do registro de nascimento deve levar em conta esses dois valores em rota de colisão (ilegalidade da adoção à moda brasileira, de um lado, e, de outro, repercussão dessa prática na formação e desenvolvimento do adotado). Com essas ponderações, em se tratando de adoção à brasileira a melhor solução consiste em só permitir que o pai adotante busque a nulidade do registro de nascimento quando ainda não tiver sido constituído o vínculo de socioafetividade com o adotado. Após formado o liame socioafetivo, não poderá o pai adotante desconstituir a posse do estado de filho que já foi confirmada pelo véu da paternidade socioafetiva.
>
> Ressaltou o Min. Relator que tal entendimento, todavia, é válido apenas na hipótese de o pai adotante pretender a nulidade do registro. Não se estende, pois, ao filho adotado, a que, segundo entendimento deste Superior Tribunal, assiste o direito de, a qualquer tempo, vindicar judicialmente a nulidade do registro em vista da obtenção do estabelecimento da verdade real, ou seja, da paternidade biológica. Por fim, ressalvou o Min. Relator que a legitimidade *ad causam* da viúva do adotante para iniciar uma ação anulatória de registro de nascimento não é objeto

---

[331] FILIPPI, Rejane. Recasamentos. In: *Casamento, uma escuta além do Judiciário*. Ivone M. C. Coelho de Souza (org.). Florianópolis: VoxLegem, 2006, p. 453.

do presente recurso especial. Por isso, a questão está sendo apreciada em seu mérito, sem abordar a eventual natureza personalíssima da presente ação.[332]

O modo de ser-pai-mãe-filho torna irrevogável a paternidade, pelas seguintes razões, por exemplo:

a) o mundo afetivo do filho não poderá ser dissolvido pelos pais, negando-se-lhe a paternidade, sob o argumento de que não são pais biológicos, na medida em que a paternidade socioafetiva edificou-se no momento do modo de ser-pai, de ser-em-família, independentemente da origem da perfilhação e, inclusive, antes do registro do filho;

b) em sendo irrevogável a condição humana tridimensional, é impensável a revogação da paternidades genética e afetiva, salvo se for mediante conduta delituosa;

c) o ser humano tem o direito à condição humana tridimensional, genética, afetiva e ontológica;

d) o ser humano não é um objeto, para, em um momento, ser desejado, aceito como filho, mas, em outro, ser enjeitado como coisa;

e) não há necessidade do transcurso de lapso temporal para comprovar a paternidade, pois ela não é só um comportamento, um agir procedimental, mas também um modo de ser-no-mundo-afetivo. É dizer, a paternidade não é efetivada unicamente com o exercício das funções de pai, de mãe, de filho, mas quando os componentes da família passam a adotar um modo de ser-pai, um modo de ser-mãe, um jeito de ser-filho, enfim, uma circunstância de ser-em-família.

Por isso, não há como explicar os motivos que levaram os legisladores franceses, luxemburgueses e espanhóis a fixar, respectivamente, os prazos de duração mínima do jeito de ser-filho afetivo em dez, três e quatro anos, isso porque "o estabelecimento de um prazo, em matéria sem antecedentes legais, é com certeza um passo arbitrário",[333] considerando que, "diante do caso concreto, restará ao juiz o mister de julgar a ocorrência, ou não, de posse de estado, o que não retira desse conceito suas virtudes, embora exponha sua flexibilidade. E isso há de compreender-se: trata-se de um lado da existência, de um elemento de fato, e é tarefa difícil, senão impossível, enjaular em conceitos rígidos a realidade da vida em constante mutação".[334]

---

[332] REsp 1.088.157-PB, Rel. Min. Massami Uyeda, julgado em 23/6/2009. Informativo Superior Tribunal de Justiça nº 400, de 03 de julho de 2009. Precedente citado: REsp 833.712-RS, DJ 4/6/2007.

[333] OLIVEIRA, Guilherme de. *Critério Jurídico da Paternidade*. Coimbra: Livraria Almedina, 1998, p. 446-447.

[334] FACHIN, Luiz Edson. *Estabelecimento da filiação e paternidade presumida*. Porto Alegre: Sergio Antonio Fabris, 1992, p. 162.

A atribuição de sentido a ser realizada, quando da outorga da paternidade (biológica e sociológica), deve passar, necessariamente, por uma visão existencial do direito de família, pelo seu modo de ser-em-família, motivo por que é inviável, nos planos legislativo/judicial, o estabelecimento de prazo à efetivação do modo de ser-filho. É preciso examinar a singularidade e a historicidade do caso, uma vez que, como refere Streck, citando Heidegger,[335] "tomar aquilo que 'é' por uma presença constante e consistente, considerado em sua generalidade, é resvalar em direção à metafísica".

É dito que, na ação de investigação de paternidade afetiva, a prova do modo de ser-em-família poderá ser produzida por todos os meios em direito admitidos, como testemunhas, documentos, perícia e depoimento pessoal. Os vizinhos e as pessoas que convivem com o investigante poderão depor em juízo, mas deve ser "aquele conjunto de pessoas que, por serem da família, amigos ou vizinhos, constituem um círculo mais íntimo das relações pessoais do investigante, do pretenso filho e da mãe deste", não bastando a grande maioria desse público manifestar-se no sentido de indicar a paternidade, pois se a prova não for unânime significa que a reputação e o tratamento estão desviados.[336] Discordo, em parte, desse pensamento, porque, em se cuidando de matéria de prova testemunhal, não se devem trilhar os caminhos da dogmática jurídica, que geometriza o direito, pensando em obter minúcias,[337] depoimentos exatos, matemáticos. Por isso, o julgador deve examinar todos os argumentos da prova, sob os auspícios do modo de ser-no-mundo dos pais e filhos, para compreender o texto do direito de família pela linguagem, do geral ao particular, do coletivo ao singular, dentro de uma universalidade e de uma singularidade e pela tradição da família.

Para o juiz não existe preclusão quanto à prova, já que o princípio da inércia, originário do Estado Absolutista, foi proscrito pelo texto constitucional de 1988, sendo, inclusive, um dos maiores preconceitos no direito de família. Dessa forma, mesmo apresentado a destempo o rol de testemunhas, documentos etc., o julgador tem o poder/dever de determinar a produção dessa prova, porquanto o intérprete/julgador deve formar a sua pré-compreensão com base na prova, na fusão de horizontes, do círculo hermenêutico, da suspensão dos pré-conceitos turvos e límpidos e da tradição da família, fundamentando/justificando/compreendendo a decisão, sendo "natural que se lhe dêem condições de trazer para o pro-

---

[335] STRECK, Lenio Luiz. In: Manifestação no Processo-Crime nº 70001588300. 5ª Câmara Criminal do Tribunal de Justiça do Rio Grande do Sul. 01.11.2000. Relator: Amilton Bueno de Carvalho.

[336] SANTOS, Eduardo dos. *Direito da Família*. Coimbra, Portugal: Livraria Almedina, 1999, p. 459 a 462.

[337] MINAS GERAIS. Tribunal de Justiça. Acórdão nº 28.272. da 1ª CCv. Relator: Hélio Costa. 29.04.68. In: DELINSKI, Julie Cristine. *O novo direito da filiação*. São Paulo: Dialética, 1997, p. 145.

cesso os elementos de prova de que ele necessite, mesmo que as partes não os tenham proposto".[338]

Alguns dizem que o Código Civil de 1916 não agasalhou o modo de filho afetivo, devido ao fato de sua apuração ser exclusivamente testemunhal, pelo que o julgador deve "aferir efetivamente se se trata de autêntica posse de estado (modo de ser-em-família), ou se a conduta do investigado para com o investigante permaneceu em nível de solidariedade humana, piedade cristã ou sentimento de amizade, que inspiraram dispensar ao investigante carinhos, cuidados e proteção por motivos outros, que não a paternidade".[339]

Nos casos de adoção judicial, adoção "à brasileira" e reconhecimento judicial ou extrajudicial da paternidade, a prova documental da perfilhação é pré-constituída, mediante a certidão de nascimento. Assim, em tese, apenas o filho de criação não terá certidão de nascimento, podendo-se comprovar o modo de ser-filho, o modo de ser-em-família com os seguintes subsídios documentais, por exemplo:

a) certidão de batismo; b) plano de saúde; c) inscrição no Imposto de Renda; d) inscrição, como dependente, do filho afetivo em órgão previdenciário (INSS, IPÊ, UNIMED, SAS, DAS, Montepios); e) aplicações em caderneta de poupança; f) aplicações financeiras em geral; g) testamento em favor do filho; h) fotografias que revelam típica convivência familiar; i) escritura ou contrato de aquisição de imóvel ao filho ou em condomínio com os pais e filho; j) bilhetes, cartas ou cartões a indicar a filiação; k) seguro de vida beneficiando o filho; l) histórico escolar, em que conste o nome dos pais como responsáveis; m) documentos das despesas de instrução e/ou médico-hospitalares; n) remessa de correio eletrônico (e-mail), denotando o reconhecimento fático do jeito de ser-filho; o) pagamento de pensão alimentícia; p) inclusão em inventário como herdeiro ou legatário; q) autorização para compra de mercadorias em casa comercial, em que é certificado o modo de ser-em-família; r) o nome dos pais inscrito na roupa ou demais pertences do filho; s) depoimento pessoal em qualquer processo, reconhecendo a filiação; t) o nome do filho constando da certidão de óbito dos pais; u) o nome dos pais como responsáveis em consulta médica e/ou baixa hospitalar.

Na ação de investigação de paternidade socioafetiva deve ser produzida prova tão rigorosa quanto na biológica, inclusive de ofício, como testemunhal, pericial (assistente social, psicólogo etc.), depoimento pessoal e documental, para que seja declarada a paternidade sociológica, e não

---

[338] BAPTISTA DA SILVA, Ovídio Araújo. *Curso de Processo Civil*. Processo de conhecimento. 5. ed. São Paulo: Revista dos Tribunais, 2001, v. I, p. 351.
[339] PEREIRA, Caio Mário da Silva. *Instituições de Direito Civil*. Rio de Janeiro: Forense, 1994, p. 203, v. I.

apenas a mera ficção jurídica do modo de ser-pai-mãe-filho. Todas essas provas são necessárias, tendo em vista que a presunção[340] da paternidade biológica e afetiva pode assegurar uma dúvida insolúvel do filho, que reclama *o pai, e não um pai presumidamente biológico e afetivo*.

5. Desnecessidade de legislação infraconstitucional para acolhimento da tridimensionalidade humana

Na Constituição do País, no capítulo sobre a família, está acolhida a condição humana tridimensional, genética, afetiva e ontológica, tendo havido profunda modificação do conceito de unidade familiar, porquanto a filiação era composta por filhos genéticos do matrimônio, mas, desde o ano de 1988, residem no ordenamento jurídico diversas formas de família, como a conjugal, convivencial, monoparental, unipessoal, homoparental, socioafetiva, anaparental, reconstituída e demais modos de ser-em-família.

A paternidade é sempre genética, socioafetiva e ontológica, tenha ou não legislação a esse respeito, à medida que não é razoável um sistema jurídico, embora não o diga, negar o direito à tridimensionalidade humana. Não se cuida, com isso, de uma desbiologização da filiação, mas, sim, de um fortalecimento das duas perfilhações, por três razões; a primeira, porque, com a produção do exame genético em DNA, a paternidade é comprovada com certeza científica; a segunda, com o acolhimento da igualdade entre todos os membros da família, o afeto, a solidariedade, o amor, o desvelo, a felicidade, a convivência, os modos de ser-em-família foram acolhidos como direitos fundamentais da pessoa humana; a terceira, todo ser humano tem uma condição humana tridimensional, genética, afetiva e ontológica, convivendo, ao mesmo tempo, nesses três mundos.

O Código Civil de 1916 não albergava o modo de ser-filho-afetivo, muito menos o modo de ser-em-família-ontológico, que, no entanto, estão reconhecidos na Carta Magna de 1988. Tem-se[341] dito que aceitar a condição de ser-filho-afetivo sem legislação é outorgar poder legiferante ao juiz, tornando-se inviável reconhecer a paternidade. A realidade mutante

---
[340] Artigo 232 do Código Civil: "A recusa à perícia médica ordenada pelo juiz poderá suprir a prova que se pretendia obter com o exame". Súmula n° 301 – STJ – 18/10/2004 – DJ 22.11.2004. "Em ação investigatória, a recusa do suposto pai a submeter-se ao exame de DNA induz presunção 'juris tantum' de paternidade".

[341] PEREIRA, Caio Mário da Silva. *Reconhecimento de Paternidade e seus Efeitos*. 5. ed. Rio de Janeiro: Forense, 1996, p. 52-3 e 119.

dos valores cultuados nas relações familiares faz com que sejam acolhidos os mundos genético, afetivo e ontológico, nos seguintes termos:

a) o vazio legislativo não é impasse jurídico à perfilhação afetiva, à medida que, como refere Mauro Cappelletti, os juízes são chamados a esclarecer, integrar, plasmar, transformar e produzir o direito, o que não significa que sejam legisladores,[342] mas aplicadores da jurisdição constitucional, que compreende a tridimensionalidade humana, com base na principiologia constitucional;

b) o intérprete/julgador precisa adequar as regras jurídicas com vinculação social, defendendo os anseios da família e da sociedade, já que "o direito, nos quadros do Estado Democrático (e Social) de Direito, é sempre um instrumento de mudança social";[343]

c) o desacolhimento dos mundos afetivo e ontológico deixa uma lacuna no discurso da igualdade e da condição humana tridimensional entre todos os membros da família;

d) reconhecer as famílias genética, sociológica e ontológica é priorizar a dignidade e a condição humana como princípio fundamental da República;

e) o artigo 227, *caput*, e § 6º, da Constituição, assegura os direitos fundamentais à convivência em família e da igualdade da perfilhação (genética e afetiva);

f) o artigo 229 da Constituição impõe o dever/obrigação de os pais sustentarem seus filhos e estes, em contrapartida, a garantirem o sustento e a vida de seus pais, principalmente na carência e na enfermidade;

g) o artigo 1.511 do Código Civil afasta a ideia de que o casamento ou a união estável é um contrato ou uma instituição, visto que passou a ser uma comunhão plena de vida, genética, afetiva e ontológica;

h) o artigo 1.584, parágrafo único, do Código Civil, concede a guarda do filho, quando não aos pais, a terceiros, umbilicalmente ligados pelo afeto;

i) o artigo 1.593 do Código Civil declara que o parentesco é natural (genético) ou civil, conforme resulte de consanguinidade ou outra origem, que é a filiação afetiva;

j) o artigo 1.596 do Código Civil institui a igualdade das filiações (biológica e afetiva);

k) o artigo 1.597, inciso V, do Código Civil, presume a paternidade na inseminação artificial heteróloga, em que o material genético paterno

---

[342] CAPPELLETTI, Mauro. *Juízes legisladores?* Traduzido por Carlos Alberto Alvaro de Oliveira. Porto Alegre: Sergio Antonio Fabris, 1999, p. 73 e74.

[343] GRAU, Eros Roberto. *O direito posto e o direito pressuposto.* 5. ed. São Paulo: Malheiros, 2003, p. 59.

e/ou materno é de terceiro, assumindo o marido, convivente, o ser humano, a paternidade sem ser o pai genético, mas, sim, afetivo;

l) o artigo 1.603 do Código Civil reza que a filiação se prova pela certidão do termo de *nascimento* registrada no Registro Civil, cujo nascimento compreende o filho genético e afetivo;

m) o artigo 1.605 do Código Civil admite a constituição da filiação quando existirem veementes presunções resultantes de fatos já certos, que é o modo existencial de ser-no-mundo tridimensional;

n) o artigo 1.610 do Código Civil proíbe a revogação do testamento de admissão voluntária da paternidade biológica e socioafetiva;

o) o artigo 1.638 do Código Civil determina a suspensão do poder familiar quando a conduta dos pais (genéticos e afetivos) não atender ao princípio da proteção integral e absoluta dos filhos;

p) o artigo 226, § 4º, da Constituição do Brasil, engendrou a família monoparental, unilinear, nuclear, pós-nuclear, socioafetiva, eudemonista, genética, afetiva e ontológica, vivida no cumprimento das necessidades pessoais, sociais, com a comunhão da linguagem existencial, em que não é o indivíduo que existe para a família, e sim a entidade familiar é condição de possibilidade do desenvolvimento tridimensional de seus membros;

q) o pacto constitucional, nos artigos 1º, incisos II a IV, 3º, incisos I e IV, 4º, inciso II, 5º, cabeço, e 170, para citar alguns artigos, valorizaram os direitos humanos, engendrando uma sociedade, livre, justa, solidária, promovendo o bem de todos, sem preconceitos de origem, raça, sexo, cor, idade e quaisquer outras discriminações, assegurando, enfim, uma existência genética, afetiva e ontológica;

r) os artigos 226 a 230 revogaram os dispositivos do Código Civil de 1916 e demais leis esparsas que patrocinavam o patriarcalismo, a hierarquia e a desigualdade, em detrimento do bem-estar de pais e filhos, cujos comportamentos foram substituídos pelo jeito de ser-em-família, pelo modo de ser-democrático, de ser-dessacralizado, de ser-hermenêutico, refletindo o movimento básico da existência humana;

s) no conceito social primitivo de paternidade não se incluía, necessariamente, o elemento biológico, o que veio a ocorrer mais tarde, por dois motivos psicológicos: "a) o ciúme, passando-se a exigir a exclusividade; b) o narcisismo, para rever-se no produto, levando o homem a exigir, como condição para tornar-se pai social, a convicção da paternidade biológica".[344] Mas, com a tridimensionalidade no direito de família, o ser-pai, o ser-mãe,

---

[344] ALMEIDA JÚNIOR, A. *Paternidade: aspectos biopsicológico, jurídico e social*. São Paulo: Cia. Editora Nacional, 1940, p. 124.

o ser-filho, o ser-em-família, passou a ser um existencial, porque o afeto e o desafeto não são um estado interior, mas, sim, um modo existencial, um jeito de ser, significando que os modos de ser-no-mundo-genético, de ser-no-mundo-afetivo e de ser-no-mundo-ontológico são fenômenos, existenciais, momentos, eventos, instantes, fatos, acontecimentos, episódios que se mostram por si mesmos ao ser humano;

t) não há diferença de criação, educação, destinação de carinho e amor entre os filhos sociológicos e biológicos, não se podendo conferir efeitos jurídicos desiguais a quem vive a realidade da vida em igualdade de condições, sob pena de revisitar a odiosa discriminação, o que seria, sem dúvida, inconstitucional, à medida que toda filiação precisa ser não apenas adotiva,[345] mas genética, afetiva e ontológica.

6. Inconstitucionalidade da ação negatória de paternidade genética e socioafetiva

A psicologia[346] refere que a ausência do pai gera, na maioria das vezes, o aumento da delinquência infantil e juvenil, do consumo de drogas e do insucesso escolar. Esse abandono paterno é provocado por um problema cultural, o individualismo, tendo, como consequência, a rejeição das responsabilidades e dos compromissos, o que é mais visível no homem, que não tem uma genética tão íntima com o filho como a mãe. Quer dizer, a ausência da figura paterna pode acarretar ao filho tendência à delinquência,[347] porque faltará a imposição de limites no modo de ser-consigo--mesmo, no modo de ser-em-família e no modo de ser-em-sociedade.

Na seara do direito de família, o julgador deve apropriar-se dos conhecimentos da Psicanálise,[348] da História, da Filosofia, enfim, da intersubjetividade, da tradição histórica da família, porque as experiências da vida nos ensinam que o pai tem importância fundamental na educação dos filhos. A esse respeito, tem-se dito que, nas tribos primitivas, o pai era assassinado pelos próprios filhos para a refeição totêmica, tornando-se "mais poderoso do que jamais fora em sua vida, pois ele passa a ocupar

---

[345] BRAUNER, Maria Cláudia Crespo. Nascer com dignidade frente à crescente instrumentalização da reprodução humana In: *Revista do Direito do Programa de Pós-Graduação em Direito-Mestrado nº 14 (jul./dez.2000)*. Santa Cruz do Sul: Editora UNISC, 2000, p. 15.

[346] *Família: Paternidade em crise*, 19 de março de 2001, http:www.pratica.iol, em 15.08.2001.

[347] PEREIRA, Rodrigo da Cunha. A criança não existe. In: *Direito de família e Psicanálise*. Giselle Câmara Groeninga e Rodrigo da Cunha Pereira (coord.). Rio de Janeiro: Imago, 2003, p. 206.

[348] DIAS, Maria Berenice; SOUZA, Ivone M. C. Coelho de. Separação Litigiosa, na 'Esquina' do Direito com a Psicanálise. Porto Alegre: *Revista da Ajuris*, doutrina e jurisprudência, Ano XXVI – nº 76, 12/99, p. 237.

um lugar simbólico: passa a ser um significante". E isso ocorre porque o pai ocupa o lugar da lei, que "possibilita a passagem da natureza para a cultura, através de um interdito proibitório na relação mãe-filho".[349]

Quando nasce uma criança, o pai comparece e a registra em seu nome: "eis o nome do pai. Até então o pai é incerto. 'Pater sempre incertus est' dizem os comentadores da lei. O pai, nesse caso, é uma função, nada mais; esvazia-se assim a lenda e seu aparato que idealizava a figura do pai". A mãe fala no pai quando faz a habitual afirmação: "quando teu pai chegar, você vai ver!. A fala da mãe sobre o pai é decisiva; esta instaura o terceiro termo marcador de uma instância outra, estranha à fusão mãe/filho. A instância outra a que me refiro é de ordem simbólica".[350]

De acordo com a doutrina,[351] a carência do pai não está ligada a sua presença, porquanto ele pode estar presente mesmo na ausência e ausente na presença, pois quem já não passou pela experiência de perder o pai e, nem por isso, perder a sua palavra? Ou seja, "a carência se coloca aí, na dimensão simbólica, na insuficiência da sua palavra". O ser humano instala o pai no centro do complexo de Édipo, porque "ele é quem abre sua entrada para o sujeito e também quem tem a chave de saída. É com ele que o sujeito se identifica, é ele quem aponta a mãe como objeto de desejo e marca sua proibição. É ele quem garante o nome das coisas e a sua falta". O nome do pai "deve receber o tratamento de uma instituição; como Legendre dizia, instituir o nome do pai para o filho é uma função jurídica muito importante no processo de filiação, uma vez que 'instituir é fabricar o traçado escrito', é legitimar o nome do pai".

A psicanálise afirma que a família não é base natural, e sim cultural da sociedade, não se constituindo tão somente por um homem, mulher e filhos, mas, sim, de uma edificação psíquica, em que cada membro ocupa um lugar/função de pai, de mãe, de filho, sem que haja necessidade de vínculo biológico. Prova disso é o fato de que "o pai ou a mãe biológica podem ter dificuldade, ou até mesmo não ocupar o lugar de pai ou de mãe, tão necessários (essenciais) à nossa estruturação psíquica e formação como seres humanos".

Contudo, essa fundamental função paterna não precisa ser ministrada, necessariamente, pelo pai biológico, e sim por um pai, na medida em que

---

[349] PEREIRA, Rodrigo da Cunha. A desigualdade dos gêneros, o declínio do patriarcalismo e as discriminações positivas (coord.). In: Repensando o direito de família. *Anais* do I Congresso Brasileiro de Direito de família, IBDFAM, OAB-MG, Belo Horizonte: Del Rey, 1999, p. 168 e 171.

[350] GARCIA, Célio. Psicanálise: operadores do simbólico e clínica das transformações familiares. In: *Repensando o direito de família*. Anais do I Congresso Brasileiro de Direito de Família. Rodrigo da Cunha Pereira (coord.). IBDFAM, OAB-MG, Belo Horizonte: Del Rey, 1999, p. 298.

[351] BARROS, Fernanda Otoni de. Um Pai Digno de Ser Amado. Direito de família: a família na travessia do milênio. *Anais* do II Congresso Brasileiro de Direito de família. Rodrigo da Cunha Pereira (coord.), Belo Horizonte, IBDFAM, OAB – Minas Gerais: Del Rey, 2000, p. 239, 243 e 244.

"o pai pode ser uma série de pessoas ou personagens: o genitor, o marido da mãe, o amante oficial, o companheiro da mãe, o protetor da mulher durante a gravidez, o tio, o avô, aquele que cria a criança, aquele que dá o seu sobrenome, aquele que reconhece a criança legal ou ritualmente, aquele que fez a adoção, enfim, aquele que exerce uma função de pai".[352]

O novo milênio faz emergir a significação enigmática do "ser" pulsional e social (simbólico), porque a Psicanálise aposta na necessidade de edificação, "ainda que artificial (como tudo o que é da cultura), de uma vontade partilhada, que possibilite uma 'fraternidade discreta', ao redefinir, a partir do lugar e da função do sujeito, o estatuto da lei [...]".[353]

O criador do conceito psicanalítico "o nome-do-pai", Jacques Lacan,[354] enfatiza que um dos princípios fundamentais em psicanálise é de que "o pai é, em primeiro lugar, um nome – um significante – e apenas secundariamente uma pessoa (um homem, na maioria dos casos). Assim, o pai não pode ser encontrado na natureza, porque o animal que gerou outro é apenas um meio contingente para o nome que se dá a ele". Isso significa que a psicanálise, ao estudar as relações familiares, atesta que a família não se constitui só por um homem e/ou mulher e descendente, mas, sim, de uma edificação psíquica, em que cada membro ocupa um lugar/função de pai, de mãe, de filho, de irmão, sem que haja necessidade de vínculo biológico. É dizer, pai ou mãe é o ser humano genitor (mundo genético), aquele que cuida do filho com afetividade (mundo afetivo) e quem lhe garante o seu jeito pessoal de ser (mundo ontológico).

É preciso suspender o paradigma da biologia, tendo em vista que o filho tem necessidade de ser um ser humano tridimensional, para contribuir no desenvolvimento intrapsíquico, porque faz parte da condição humana o desejo de ser amado e protegido.[355] Não se está confinando o liame biológico da relação paterno-filial, mas, sim, buscando os critérios hermenêuticos da razoabilidade[356] na descoberta dos laços de sangue, de afeto e de

---

[352] PEREIRA, Rodrigo da Cunha. *Direito de família: uma abordagem psicanalítica*. 2. ed. Belo Horizonte: Del Rey, 1999, p. 36 e 148.

[353] PHILIPPI, Jeanine Nicolazzi. Direito e psicanálise: breves apontamentos acerca do estatuto da lei. In: Repensando o direito de família. *Anais* do I Congresso Brasileiro de Direito de família. Rodrigo da Cunha Pereira (coord.), IBDFAM, OAB-MG, Belo Horizonte: Del Rey, 1999, p. 257.

[354] LACAN, Jacques. *Para Ler o seminário 11 de Lacan*. Tradução: Dulce Duque Estrada. Richard Feldstein, Bruce Fink e Maire Jaanus (org). Rio de Janeiro: Jorge Zahar, 1997, p. 81.

[355] CATTANI, Aloysio Raphael et al. O Nome e a Investigação de Paternidade: uma nova proposta interdisciplinar. In: *Direito de família e Ciências Humanas*. Eliana Riberti Nazareth et al. (coord.). Caderno de Estudos, nº 2. São Paulo: Jurídica Brasileira, 1998, p. 30.

[356] BONAVIDES, Paulo. *Curso de Direito Constitucional*. 11.ed. São Paulo: Malheiros, 2001, p. 369. O princípio da proporcionalidade é proporção, razoabilidade, adequação, validade, validade de fim, exigibilidade, necessidade, menor interferência possível, mínimo de intervenção, meio mais suave, meio mais moderado, subsidiariedade, conformidade e proibição de excesso. Nesse sentido, STEINMETZ,

ontologia. Não haveria necessidade de lançar os fundamentos jurídicos para justificar que numa família se respiram os três modos de ser-no-mundo, já que elementos essenciais da existência e da condição humana.

A irrevogabilidade da filiação afetiva é proclamada pelos tribunais,[357] nos seguintes termos: "A declaração de vontade tendente ao reconhecimento voluntário da filiação, admitindo alguém ser o pai ou a mãe de outra pessoa, uma vez aperfeiçoada, torna-se irretratável. A exemplo do que ocorre com os demais atos jurídicos, a invalidação pode verificar-se em razão de erro, dolo, coação, simulação ou fraude".

Em outro julgamento, do Superior Tribunal de Justiça, decidiu-se que "a verdadeira paternidade não pode se circunscrever na busca de uma precisa informação biológica; mais do que isso, exige uma concreta relação paterno-filial, pai e filho que se tratam como tal, donde emerge a verdade socioafetiva. Balanceando a busca da base biológica da filiação com o sentido afetivo da paternidade, o legislador valeu-se da conhecida noção de posse de estado".[358] Consta nesse acórdão que a presunção legal "cede diante da realidade contrária", que é a edificação do modo de ser-filho-genético-afetivo-ontológico, na medida em que quando um pai educa uma pessoa como filho, mesmo que não biológico, ele deixa emergir o modo de ser-pai-filho-afetivo e os demais modos de ser-em-família.

Em julgamento ocorrido em setembro de 2007, a terceira Turma do Superior Tribunal de Justiça reconheceu que a paternidade reflete a existência duradoura do vínculo socioafetivo entre pais e filhos e que a ausência de vínculo biológico é fato que, por si só, não revela a falsidade da declaração de vontade consubstanciada no ato do reconhecimento, já que a relação socioafetiva não pode ser desconhecida pelo Direito. A relatora Nancy Andrighi detalhou o seguinte: "Se o afeto persiste de forma que pais e filhos constroem uma relação de mútuo auxílio, respeito e amparo, é acertado desconsiderar o vínculo meramente sanguíneo, para reconhecer a existência de filiação jurídica".[359]

Wilson Antônio. *Colisão de Direitos Fundamentais e princípio da proporcionalidade*. Porto Alegre: Livraria do Advogado, 2001, p. 147, o princípio da proporção "é um princípio universal no âmbito de vigência das constituições dos Estados Democráticos de Direito".

[357] MINAS GERAIS. Tribunal de Justiça. AC 117.577/7. 2ª C.Cív. Relator: Rubens Xavier Ferreira. J. 09.03.1999, citado por Zeno Veloso. Negatória de paternidade – vício de consentimento. In: *Revista Brasileira de Direito de família* nº 3, de out-nov-dez/99.

[358] BRASIL. Superior Tribunal de Justiça. REsp. 194.866-RS, 3. Turma. 20.04.99. Relator: Eduardo Ribeiro. In: DJ de 14-06-99. Jur. Sup. Trib. Just., Brasília, a. 01, (Rev. STJ-07): 239-313, julho 1999. Nesse acórdão foram citados Clóvis Beviláqua (CCv Comentado. vol. II. 12. ed. Francisco Alves, 1960, p.. 237) e Luiz Edson Faccin (*Da Paternidade – Relação Biológica e Afetiva*. Belo Horizonte: Del Rey, 1996, p. 61 e ss.).

[359] BRASÍLIA. Superior Tribunal de Justiça. Notícia disponível em www.stj.gov.br/portal. Acessado em 24.09.2007. Remetido pelo sistema push, em 19.09.07. Não foi informado o nº do processo, que tramitou na terceira Turma, relatora Nancy Andrighi.

Tendo em vista o momento histórico no direito de família, em que há necessidade de serem acolhidas, ao mesmo tempo, a genética, a afetividade e a ontologia como valores jurídicos, não se pode concordar com o acolhimento da ação negatória de paternidade, porque:

a) negar a paternidade socioafetiva é repisar o milenar pensamento da monetarização, da normatização, da sacralização, da unidimensionalidade do mundo genético, como se o ser humano pudesse ser cuidado como coisa, como um mero ser vivo, porquanto somente com o acolhimento dos mundos afetivo e ontológico é que o ser humano passará à condição de humano;

b) não é razoável revogar os mundos afetivo e ontológico, como se eles tivessem sido contratados, como ocorre com a revogação dos negócios jurídicos em geral, pois objetifica o ser humano;

c) compreender o ser humano apenas pelo mundo genético é típico do Estado Liberal de Direito, em que a propriedade, e não a afetividade e a ontologia, é a extensão do ser humano. O Brasil não mais se encontra na Era dos Estados Absolutista ou Liberal, e sim no Estado Republicano, Democrático, Laico, Social e de Direito, que alberga a dignidade e a condição humana tridimensional, e não unicamente a genética normatizada. Não se deve esquecer que o Estado Constitucional suplanta as noções dos Estados Absolutista, Liberal e Social, na medida em que transforma o modelo de produção capitalista e financeiro em uma organização de viés social, para dar passagem, por vias pacíficas e de liberdade formal e real, a uma sociedade onde se possam implantar superiores níveis reais de igualdades e liberdades;[360]

d) o direito a ser tutelado não é exclusividade do pai, na medida em que o Estado tem o poder/dever de se importar também com o direito do filho, que incorporou a afetividade paterna em seu modo de ser-em-família;

e) a única condição de possibilidade de monitorar a educação, a violência doméstica, familiar e social, a indisciplina, a apatia, a doença, a inteligência, a liberdade, a cidadania, a condição e a dignidade humana é mediante a afetividade,[361] porque o ser humano somente é humano quando se encontra em uma situação afetiva, sendo, no mundo genético, um mero ser vivo;

f) cada revogação da paternidade afetiva afasta os mundos afetivo e ontológico do ser humano, fomentando a violência na família e na sociedade, porque só o tempo, a linguagem, a compreensão, o diálogo, a hermenêutica, a inteligência, a genética, a afetividade e a ontologia são

---

[360] STRECK, Lenio Luiz. *Hermenêutica Jurídica e(m) Crise*. 5. ed. Porto Alegre: Livraria do Advogado, 2004, p. 38.
[361] GABRIEL CHALITA. *Educação: a solução está no afeto*. 8. ed. São Paulo: Gente, 2001, p. 264.

condições de possibilidade de velar e desvelar a condição humana tridimensional e a paz social;

g) a família, principalmente genética, é composta de afeto e de desafeto, em cujas dependências são cometidas as mais terríveis atrocidades contra a pessoa, inclusive com indiferença dos pais, que negam a paternidade das mais diferentes formas, como a ausência de afeto, de cuidado, de carinho e de sustento. Parte dos homens não quer ser pais genéticos, mas, mesmo assim, a lei presume a paternidade. É preciso, então, volver o olhar não apenas sob o enfoque dos pais, mas em favor dos filhos, tendo em vista que prepondera o princípio da proteção integral e absoluta, mesmo que em detrimento dos pais.

O reconhecimento da filiação não poderá ser revogado, por uma singela razão: os mundos afetivo e ontológico do filho não devem ser dissolvidos, muito menos pelos pais, ainda mais sob o argumento de que não teriam exercido a função paterna ou da ocorrência de algum vício de consentimento, tendo em vista que a convivência e o compartilhamento em família responsável se perfectibiliza no acontecer, no evento, na realidade existencial, na condição de ser-em-família, no modo de ser-no-mundo-genético, de ser-no-mundo-(des)afetivo e de ser-no-mundo-ontológico, *antes, portanto, de qualquer exercício das funções paterna/materna.*

A igualdade entre todos os membros da família, acolhendo a tridimensionalidade humana genética, afetiva e ontológica (artigo 227, § 6°, da Constituição do País), impede, salvo a presença de conduta delituosa, a ação negatória da paternidade. Isso decorre do direito do filho a esses três mundos, direitos e garantias fundamentais da condição humana como sujeito de direitos e de desejos.[362] É dizer, os pais, o legislador, a comunidade jurídica e a sociedade não têm legitimidade para expungir a tridimensionalidade humana, à medida que apagar a chama desses mundos é eliminar a própria vida, a existência, por se cuidar de direito indisponível, irrenunciável, imprescritível, intangível.

Quando Lacan refere que há necessidade do exercício da função de pai, ele não quer dizer que essa função é exercida após o reconhecimento da paternidade, mas, evidentemente, quando do modo de ser-em-família, que ocorre antes mesmo do registro da paternidade. Admitida a hipótese

---

[362] PEREIRA, Rodrigo da Cunha. Família, direitos humanos, psicanálise e inclusão social. In: *Direito de família e Psicanálise*. Giselle Câmara Groeninga e Rodrigo da Cunha Pereira (coord.). Rio de Janeiro: Imago, 2003, p. 160: "Sujeito de direito é também um 'sujeito de desejo' e, portanto, um sujeito-desejante. A fisiologia do desejo é estar sempre desejando algo a mais. Desejo é falta. É assim nossa estrutura psíquica. Somos sujeitos da falta". PEREIRA, Tânia da Silva. O princípio do 'melhor interesse da criança' no âmbito das relações familiares. In: *Direito de família e Psicanálise*. Giselle Câmara Groeninga e Rodrigo da Cunha Pereira (coord.). Rio de Janeiro: Imago, 2003, p. 210. "Sujeito de direitos, significa, para a população infanto-juvenil, deixar de ser tratada como objeto passivo, passando a ser, como os adultos, titular de direitos juridicamente protegidos".

da necessidade do exercício da função de pai ou acolhida a negatória de paternidade pelo vício de consentimento, estar-se-á, como sempre, objetificando o ser humano, porque, em um momento (no modo de ser-pai, de ser-em-família), ele será desejado como filho, mas, em outro (caso não exercida a função de pai por algum lapso temporal), será enjeitado como coisa, desalojado de sua condição humana tridimensional.

Não há, pois, necessidade do exercício da função de pai para averiguar se houve afetividade, na medida em que isso ocorre no momento em que o pai decide registrar alguém como filho, não importando se genético e/ou socioafetivo. Isso ocorre porque o jeito de ser-pai, de ser-mãe, de ser-em-família está delineado muito antes do registro de nascimento ou do exercício da função de pai, de mãe. Um exemplo pode ser extraído inclusive da normatização genética do ser humano, à medida que o artigo 1610 do Código Civil diz que "o reconhecimento não pode ser revogado, nem mesmo quando feito em testamento". Esse registro da paternidade não é, de modo algum, na qualidade de o filho ser genético, porque alguém pode, via testamento, admitir a paternidade de outrem sem se importar e nem comprovar que se cuida de filho biológico e/ou afetivo.

7. Teoria tridimensional do direito de família: concessão de todos os direitos das paternidades genética e socioafetiva

A compreensão do humano não é efetivada somente pelo comportamento com o mundo das coisas (mundo genético), como até agora tem sido sustentado na cultura jurídica do mundo ocidental, mas também pelo modo de ser-em-família e em sociedade (mundo des-afetivo) e pelo próprio modo de se relacionar consigo mesmo (mundo ontológico). Quer dizer que a compreensão em família é linguagem, diálogo, conversação infinita e modos de ser-no-mundo-genético, de ser-no-mundo-(des)afetivo e de ser-no-mundo-ontológico. O ser humano não existe só, porquanto, nas palavras heideggerianas,[363] "ele existe para si (Eigenwelt): consciência de si; ele existe para os outros (Mitwelt): consciência das consciências dos outros; ele existe para as entidades que rodeiam os indivíduos (Umwelt). Existência se dá no interjogo dessas existências. Mas o Ser deve cuidar-se para não ser tragado pelo mundo-dos-outros e isentar-se da responsabilidade individual de escolher seu existir".

---

[363] HEIDEGGER, Martin. *Matrizes pós-românticas. Fenomenologia e existencialismo.* Disponível em: http://www.ufrgs.br/museupsi/aula29.PPT#36. Acesso em 24.10.2005.

A hermenêutica filosófica acolhe os modos de ser-no-mundo-genético, de ser-no-mundo-(des)afetivo e de ser-no-mundo-ontológico,[364] porque a linguagem é a casa do ser,[365] que somente pode ser compreendido pela linguagem,[366] pelas seguintes razões:

1) o ser humano é biológico, fazendo com que haja a continuação da linhagem, do ciclo de vida, transmitindo às gerações, por exemplo, a compleição física, os gestos, a voz, a escrita, a origem da humanidade, a imagem corporal, parecendo-se, muitas vezes, com seus pais e tendo a possibilidade de herdar as suas qualidades e defeitos.[367] É o mundo da auto-reprodução dos seres vivos, inclusive do ser humano, das necessidades, correspondendo ao modo de ser-no-mundo-genético, um complexo programa genético que influencia o ser humano em sua atividade, movimento ou comportamento,[368] pelo qual o ser humano permanece ligado a todos os demais seres vivos, tendo o direito fundamental de conhecer a sua origem, sua identidade, sua família de sangue;[369]

2) o ser humano é afetivo e desafetivo, porque forjado pela dinâmica dos fatores pessoal, familiar, social e universal,[370] cuja linguagem não é algo dado, codificado, enclausurado, pré-ordenado, logicizado, de modo fixo, cópia de uma realidade social que é preestabelecida, e sim um existencial, um modo de ser-no-mundo-(des)afetivo, um construído, um (des)coberto, uma imagem, um especulativo de um sentido na singularidade do ser dentro da universalidade e faticidade das relações sociais, do mundo em família, porque o ser humano "não é coisa ou substância, mas uma actividade vivida de permanente autocriação e incessante renovação".[371]

---

[364] BUZZI, Arcângelo R. *Introdução ao pensar*. 31. ed. Rio de Janeiro: Vozes, 2004, p. 17 a 24. "Ontologia é a questão do ser! Sua tarefa consiste no esclarecimento do ser. A existência humana, em todos os aspectos, humildes e elevados, certos ou errados, está na questão do ser. O ser é simplesmente porque é, porque aparece e se presentifica. Ele aí está, na totalidade dos entes e na série de objetos que compõem o mundo. O ser é pensar, sentir, é compreensão".

[365] HEIDEGGER, Martin. *Ser e Tempo*. Rio de Janeiro: Vozes, 2005, v. I.

[366] GADAMER, Hans-Georg. *Verdade e Método*. 6. ed. Traduzido por Flávio Paulo Meurer. 2. ed. Rio de Janeiro: Vozes, 2004, v. I, II, traduzido por Enio Paulo Giachini.

[367] ASIMOV, Isaac. *O Código Genético*. São Paulo: Cultrix, 1962, p. 16.

[368] VARELLA, Dráuzio. A imposição sexual. In: *Caderno Colunistas do jornal O SUL*. Em 04 de março de 2007, em que afirma que Ernst Mayr, um dos grandes biólogos do século passado, disse o seguinte: "Não existe atividade, movimento ou comportamento que não seja influenciado por um programa genético". Por isso, enfatiza Dráuzio, "considerar a orientação sexual mera questão de escolha do indivíduo é desconhecer a condição humana".

[369] MADALENO, Rolf. *Novas Perspectivas no Direito de família*. Porto Alegre: Livraria do Advogado, 2000, p. 40.

[370] DOURADO, Ione Collado Pacheco. e PRANDINI, Regina Célia Almeida Rego. *Henri Wallon: psicologia e educação*. Disponível em: http://www.anped.org.br/24/T2071149960279.doc. Acesso em 26.10.2004.

[371] BLANC, Mafalda de Faria. *Introdução à Ontologia*. Coleção Pensamento e Filosofia. Lisboa: Instituto Piaget, 1990, p. 110.

O estado de humor, diz Heidegger,[372] em si mesmo, não é algo psíquico, um estado interior, mas, sim, um existencial, o que, em direito de família, quer dizer que o afeto e o desafeto (que são os estados de humor) são existenciais, momentos, eventos, instantes, fatos, acontecimentos, que se mostram por si mesmos.

A compreensão afetiva faz parte da condição humana, conforme informam Heidegger e seus seguidores, nos seguintes termos:

a) o ser humano, na qualidade de ser-no-mundo, é compreensão e afetividade;[373]

b) a afetividade atinge o ser humano em sua manifestação de linguagem;[374]

c) a compreensão afetiva "é necessária porque, quando falamos, comunicamos marcos afectivos particulares, seleccionamos e omitimos, falamos do que poderia ser";[375]

d) a palavra *afeto* é devastadora, fazendo "parte de meu relacionamento ek-stático, de meu ser-no-mundo";[376]

e) todos "os existenciais, não apenas a compreensão, por exemplo, também a afectividade, tiram o seu sentido do futuro originário";[377]

f) a experiência afetiva, "em que se lhe mostra o ser, ou melhor, em que nos sentimos no meio dele, é uma experiência indistinta de existência, e o seu nada é, paralelamente, um nada da existência finita";[378]

g) de acordo com Vattimo,[379] seguindo as pegadas de Heidegger, a afetividade é "o modo originário de se encontrar e de se sentir no mundo é uma espécie de primeira 'pressão' global do mundo que, de alguma maneira, funda a própria compreensão", e que "o próprio encontro com as coisas no plano da sensibilidade só é possível com base no facto de que o *Deisen* está sempre originariamente numa situação afetiva". Momento seguinte, o autor afirma que o ser humano pode confiar "a descoberta originária do mundo à simples tonalidade afectiva", querendo dizer que

---

[372] HEIDEGGER, Martin. *Ser e Tempo*. 14. ed. Traduzido por Márcia Sá Cavalcante Schuback. Petrópolis: Vozes, 2005, Parte I, p. 61 e 189.

[373] STRECK, Lenio Luiz. *Jurisdição constitucional e hermenêutica: uma nova visão crítica do direito*. 2. ed. Rio de Janeiro: Forense, 2004, p. 200.

[374] COBRA, Rubem Q. *Martin Heidegger*. Disponível em: http://www.cobra.pages.nom.br/fc-heidegger.html. Acesso em 20.12.2001.

[375] ROCHA, Acílio da Silva Estanqueiro. O Ideal da Europa. In: *Revista Portuguesa de Filosofia*. jul./dez. 2000, v. 56, fase 3-4, p. 327.

[376] HEIDEGGER, Martin. *Seminários de Zollikon*. Traduzido por Gabriela Arnhold e Maria de Fátima de Almeida Prado. Petrópolis: Vozes, 2001, p. 187.

[377] HAAR, Michel. *Heidegger e a essência do homem*. Lisboa: Instituto Piaget, 1990, p. 65.

[378] FRAGA, Gustavo de. *Sobre Heidegger*. Coimbra: Livraria Almedina, 1965, p. 35.

[379] VATTIMO, Gianni. *Introdução a Heidegger*. 10. ed. Portugal, Lisboa: Instituto Piaget, 1999, p. 38 a 40.

o "ser-no-mundo nunca é um sujeito puro porque nunca é um espectador desinteressado das coisas e dos significados".

O autor quer dizer que *o intérprete compreenderá o texto do direito de família tridimensional se ele se encontrar numa situação afetiva*, significando que *o ser humano não poderá ter uma pré-compreensão do mundo e do ser humano se ele estiver numa situação desafetiva;*

3) o ser humano é ontológico, porque se comporta e se relaciona no mundo, sem divisões, sem origens, sem teoria exclusiva (genética, *ou* afetiva *ou* ontológica, porquanto é um ser único, total, tridimensional). O humano é um ser com condição comum a todos os humanos, um acontecer, que convive e compartilha nos mundos da ancestralidade sanguínea, do relacionamento social/familiar e consigo mesmo.

Essas diferenças encontradas nos mundos genético, (des)afetivo e ontológico são denominadas na hermenêutica filosófica e na fenomenologia hermenêutica de diferença ontológica, a qual, segundo Ernildo Stein,[380] nasce da tentativa de resolver o problema epistemológico, porquanto "o ente é objeto do conhecimento científico e o ser, objeto da filosofia. A filosofia fundamenta a ciência. O conhecimento do ser é a condição de possibilidade do reconhecimento do real. Somente à medida que conheço o ser, conheço algo do real". Além disso, segundo o autor, "o sentido do ser seria a própria clareira, o mundo, o desvelamento. A fenomenologia se resumiria no papel de vigiar a diferença ontológica e, nela, o acontecer de velamento e desvelamento, que seriam as duas faces do ser". Conforme Gadamer,[381] a diferença ontológica "não é algo que se faça, mas algo que se apresenta aí, que se abre como um abismo. Algo se afasta. Um despontar tem lugar", não sendo essa diferença "algo feito por alguém, mas que somos colocados nessa diferenciação, nessa diferença".

Por isso, a importância no direito de família de desvelar, de descobrir, de abrir uma clareira hermenêutica, de examinar a realidade da vida, para que surja do ente humano o ser genético, o ser (des)afetivo e o ser ontológico, o que unicamente será possível mediante a compreensão do texto familiar pela fenomenologia, pelo acontecer da tridimensionalidade do ser humano, pelo surgimento das coisas mesmas, buscando a verdade nos dados originários de todos os episódios da experiência, da realidade da vida pessoal, familiar e social.

É preciso, assim, iniciar uma destruição do atual pensamento genético do direito de família, para voltar-se contra o encobrimento da vida

---

[380] STEIN, Ernildo. *Uma breve introdução à filosofia*. Ijuí: Unijuí, 2002, p. 81, 94 a 96.
[381] GADAMER, Hans-Georg. *Hermenêutica em retrospectiva. Heidegger em retrospectiva*. Rio de Janeiro: Vozes, 2007, p. 92 e 93.

humana, partindo-se para uma liberação, um aparecimento do ser do ser humano que está encoberto, que são os modos de ser-no-mundo-genético, de ser-no-mundo-(des)afetivo e de ser-no-mundo-ontológico.

O legislador e a comunidade jurídica do mundo ocidental têm causado muitos problemas sociais, com a compreensão do texto do direito de família apenas em parte do mundo genético, já que a normatização não alcança a realidade da vida, a existencialidade, os eventos, os episódios, os acontecimentos. E como a pessoa não é e nem pode ser compreendida como uma coisa,[382] ela está sendo transformanda em vítima de arrombamento, sem violência, de seus modos de ser-no-mundo-genético, de ser-no-mundo-(des)afetivo e de ser-no-mundo-ontológico.

7.1. Cumulação de todos os efeitos jurídicos da investigação de paternidade genética e afetiva

Ver-se-á que, com a compreensão tridimensional do direito de família, todos os eventos humanos precisam ser cumulados, porquanto a história de vida é o instrumento mais poderoso quando se fala em genética, em afetividade e em ontologia.

7.2. Efeitos jurídicos quanto aos impedimentos matrimoniais

O incesto é a base de todas as proibições, lembra Célio Garcia, sendo a primeira lei, "a lei fundante e estruturante do sujeito e, consequentemente, da sociedade e, obviamente, do ordenamento jurídico". Depois, citando Levi Strauss, articula que a proibição do incesto não é nem puramente de origem cultural e nem "uma dosagem de elementos variados tomados de empréstimo parcialmente à natureza e parcialmente à cultura. Constitui o passo fundamental, graças ao qual, mas, sobretudo, no qual se realiza a passagem da natureza para a cultura".[383]

Os interditos são de ordem sexual, sendo o principal deles a proibição do incesto, que, segundo a Psicanálise e a Antropologia, "diferencia as sociedades humanas do mundo animal. Contudo, o incesto não tem nada de natural ou de biológico, é só cultural e social; portanto, o que é visto

---

[382] OHLWEILER, Leonel. Administração Pública e Filosofia Política Contemporânea: algumas projeções do constitucionalismo comunitário. In: *Direito, Estado e Democracia: entre a (in)efetividade e o imaginário social*. Porto Alegre: Instituto de Hermenêutica Jurídica, v. 1, n. 4, p. 266, 2006. O autor lembra que Martin Heidegger "chamava de o fascínio pela técnica, querer dispor das coisas do mundo da vida por meio da técnica".

[383] GARCIA, Célio. Prefácio na obra de Pereira, Rodrigo da Cunha. *Direito de Família: uma abordagem psicanalítica*. 2. ed. Belo Horizonte: Del Rey, 1999, p. 12-13.

como incesto é incesto!".[384] A principal lei de qualquer organização social, lembra Rodrigo da Cunha Pereira, é a proibição do incesto, à medida que a contar desse interdito é que alguém pode tornar-se sujeito, pessoa, enfim, "é com esta interdição primeira que se faz possível a passagem do estado de natureza para a cultura e, consequentemente, estabelecem-se as relações sociais e os ordenamentos jurídicos".[385]

Embora a proibição social do incesto, Giselda Hironaka cita o caso de Zeus, que, disfarçado de serpente, manteve relação sexual com sua mãe Reia, ou de Cleópatra, que se casou com seu irmão Ptolomeu XII, ou de Abraão, que se casou com sua irmã Sara. Anota a autora, ainda, que, na verdade, sempre houve, há e haverá aversão ao incesto, podendo-se dizer que "a proibição do incesto é, hoje, daqueles freios inibitórios que se encontram incrustados no nosso ego, os quais automaticamente passamos à nossa descendência, mesmo sem a averiguação dos seus motivos e consequências".[386]

No mundo indígena, o incesto é mais grave do que matar alguém, "pois, por razões de tradição e magia, considera-se que o incesto pode trazer males a toda a comunidade. Muitas vezes a criança que nasce de um incesto é morta".[387]

Em sendo a proibição do incesto a primeira lei de qualquer organização social, a base de todas as proibições, que diferencia a sociedade humana dos demais seres vivos, e em habitando na sociedade a aversão ao incesto, deve ser assegurado o direito à investigação de paternidade biológica e afetiva, para que sejam preservados os impedimentos matrimoniais, entre todos os demais direitos das duas paternidades.

A prática do incesto é uma forma de perpetuação da coisificação, da objetificação, da monetarização do ser humano e da família, pois, nessa seara, o humano age unicamente dentro do mundo genético, dos seres vivos em geral, ja que o mundo é *um mundo humano tridimensional*, genético, afetivo e oncológico, e não apenas um mundo natural.

---

[384] RIBEIRO, Renato Janine. A Família na Travessia do Milênio. In: *Direito de Família: a família na travessia do milênio*. Anais do II Congresso Brasileiro de Direito de Família. Rodrigo da Cunha Pereira (coord.). Belo Horizonte: IBDFAM, OAB – MG, Del Rey, 2000, p. 20-1.

[385] PEREIRA, Rodrigo da Cunha (coord.). Direito, Amor e Sexualidade. In: *Direito de Família: a família na travessia do milênio*, Anais do II Congresso Brasileiro de Direito de Família. Belo Horizonte: IBDFAM, OAB – MG, Del Rey, 2000, p. 53.

[386] HIRONAKA, Giselda Maria Fernandes Novaes. Se eu soubesse que ele era meu pai.. In: *Direito de Família: a família na travessia do milênio*. Anais do II Congresso Brasileiro de Direito de Família. Rodrigo da Cunha Pereira (coord.). Belo Horizonte: IBDFAM, OAB – MG, Del Rey, 2000, p. 180-181.

[387] MINDLIN, Betty. Família Indígena, Poligamia e Mitos de Moqueca de Maridos. In: *Direito de Família: a família na travessia do milênio*. Anais do II Congresso Brasileiro de Direito de Família, Rodrigo da Cunha Pereira (coord.). Belo Horizonte: IBDFAM, OAB – MG, Del Rey, 2000, p. 414.

O ser humano convive, *ao mesmo tempo*, nesses três mundos, que se condicionam uns aos autros, porque: a) genético é o mundo dos objetos a nossa volta, o mundo natural dos vivos, abrangendo as necessidades biológicas, impulsos, instintos, das leis e dos ciclos naturais; b) afetivo é mundo dos inter-relacionamentos entre os humanos, principalmente em família, é o ser-com-os-outros, da linguagem, da compreensão, do diálogo, do entendimento, do (des)afeto, da solidariedade, em que a afetividade é uma condição de possibilidade de o ser humano ser humano e compreender o seu próprio mundo; c) ontológico é o mundo da percepção de si mesmo, do autorrelacionamento, do diálogo não somente em sociedade ou em família, e sim uma autoconversação, um vir-à-fala, uma compreesão de si mesmo.

O ser humano que comete incesto vive unicamente no mundo genético, um mundo natural, em que vivem todos os seres vivos, onde existem as relações sexuais, que não são afetivas, amorosas, e sim instintivas, uma vez que o amor, o afeto somente pode ser desenvolvido no mundo afetico. Portanto, quem pratica o incesto é um ser vivo, mas não um ser humano, pois o vínculo humano é aberto a partir da existência dos mundos efetivo e ontológico, pelo que o verdadeiro ser humano jamais se torna incestuoso.

A linguagem não é possível no mundo genético, onde habitam os seres vivos em geral, sendo por essa razão que o humano é diferente, porque ele tem outros dois mundos, que são *humanos* (afetivo e ontológico), tendo, assim, linguagem, humanidade e consciência de sua condição humana tridimensional. Aceitar o incesto é equiparar o ser humano aos seres vivos em geral, como, por exemplo, os animais, tendo em vista que a transformação do ser vivo para humano efetiva-se exclusivamente nos mundos afetivo e ontológico. O ser humano tem acesso ao mundo, que não é natural, e sim um mundo humano, porque forjado pelo humano, tornado-se, a partir do afeto e da ontologia, um ser desnaturalizado, um ser humano.

Destarte, é possível formatar as seguintes conclusões acerca da prática do incesto:

a) as relações sexuais incestuosas são realizadas unicamente dentro do mundo dos seres vivos, no mundo genético, pelo que a erotização humana não se dá nos mundos efetivo e ontológico, em que há respeito, amor e compreensão com o ser humano e a família;

b) o ser humano, embora seja um ser vivo, inserido no mundo genético, também é um ser afetivo e ontológico, em vista de sua condição humana tridimensional;

c) o ser humano só se torna humano nos mundos afetivo e ontológico, quando ele deixa de ser mero ser vivo;

d) o ser humano incestuoso age por instinto natural, como um mero ser vivo e como se estivesse exclusivamente no mundo genético, e não na condição de humano;

e) como o incesto é praticado no mundo natural, ele é um gesto instintivo, e não um ato de amor, de afeto, mas, pelo contrário, a prática do incesto é uma conduta de desafeto, de desamor, de ódio, de desprezo, de desculto contra o ser humano, a família o Estado e toda a humanidade, já que as violações à pessoa são contra a espécie humana.[388] É dizer, a compreensão da diferença entre um mero ser vivo e um ser humano corporifica-se *quando o ser humano se encontra em uma situação afetiva*, portanto quando ele se encontra nos mundos afetivo e ontológico, pelo que o ser humano afetuoso com o outro ser humano, com a família, nunca cometerá incesto;

f) o incesto é uma conduta desumana, praticada por um ser vivo, que, no momento, não se encontra em sua condição humana, pois quem também vive nos mundos afetivo e ontológico compreende o ser humano como humano, agindo sempre com afeto.

O artigo 41 do ECA diz que "a adoção atribui a condição de filho ao adotado, com os mesmos direitos e deveres, inclusive sucessórios, desligando-o de qualquer vínculo com pais e parentes, salvo os impedimentos matrimoniais". Significa que "não há adoção do ECA sem decisão judicial que implica o desligamento praticamente absoluto do adotado com a família de origem, exceto sob o aspecto dos impedimentos matrimoniais",[389] os quais "abrangem tanto os parentes da mãe ou do pai biológico, como daquele que deu o sêmen ou emprestou o útero, pois o sêmen utilizado liga o seu fornecedor ao filho daí resultante por laços de sangue".[390]

Em decisão do Superior Tribunal de Justiça, foi dito o seguinte, acerca da possibilidade de o filho adotivo/afetivo investigar a paternidade biológica: "Admitir-se o reconhecimento do vínculo biológico de paternidade não envolve qualquer desconsideração ao disposto no artigo 48 da Lei n° 8.069/90 (ECA). A adoção subsiste inalterada. A lei determina o desaparecimento dos vínculos jurídicos com pais e parentes, mas, evidentemente, persistem os naturais, daí a ressalva quanto aos impedimentos matrimoniais".[391]

---

[388] BRAGA, Renata. Por um estatuto jurídico do embrião humano. In: Direitos de Família, uma abordagem interdisciplinar. Reinaldo Pereira Silva e Jackson Chaves de Azevedo (coord.). São Paulo: LTr, 1999, p. 66.

[389] FACHIN, Luiz Edson. *Elementos Críticos do Direito de Família: curso de direito civil*. Rio de Janeiro: Renovar, 1999, p. 217.

[390] RIZZARDO, Arnaldo. *Direito de Família*. vol. I. Rio de Janeiro: Aide, 1994, p. 263.

[391] BRASÍLIA. Superior Tribunal de Justiça. REsp n° 127.541 (1997/0025451-8)-RS, 3ª Turma. Rel: Eduardo Ribeiro, DJU 28.08.2000. Revista brasileira de direito de família n° 07, de 10/2000, p. 67.

Concordo com esse julgado quanto ao acolhimento da obrigatoriedade da investigação de paternidade genética, inclusive quando se cuida de filho afetivo, para o fim de preservar os impedimentos matrimoniais e convivenciais e demais direitos da condição humana tridimensional. Porém, discordo desse aresto judicial quanto ao desaparecimento do vínculo jurídico com os pais de sangue quando da adoção, na destituição do poder familiar e nas demais formas de ser-filho-afetivo, porquanto o ser humano é, ao mesmo tempo, portador dos mundos existenciais genético, afetivo e ontológico, pelo que desligá-lo de qualquer desses mundos é causar ofensa à condição humana.

7.3. Efeitos jurídicos quanto à preservação da vida e da saúde do filho e dos pais genéticos

Na reprodução humana natural e medicamente assistida, além do direito de investigar a paternidade por necessidade psicológica e da manutenção dos impedimentos matrimoniais, deve ser mantido ao filho e seus pais biológicos o direito à vida e à saúde, em vista da possibilidade de a genética transmitir graves doenças. Deve ser aplicado, nesse caso, o princípio do direito fundamental à saúde e à vida do ser humano, não se discutindo, na ação de investigação da paternidade, sobre quem são os pais biológicos e nem da prevalência, ou não, do anonimato, ou da presença da filiação afetiva, já que é um direito da pessoa conhecer e ser a sua origem genética, afetiva e ontológica.

É sustentado[392] que não pode ser estabelecido qualquer vínculo de filiação entre quem doou o material genético e o filho na reprodução humana medicamente assistida, o que caracterizaria "uma exceção ao biologismo, aos vínculos de sangue, prevalecendo a filiação voluntária, a verdade sócio-afetiva". Porém, a concessão do direito de investigar a paternidade genética/afetiva não significa uma exceção ao biologismo e nem violação da filiação socioafetiva, porque ambas permanecerão intactas, de vez que edificadas com fundamento na Constituição do País e na condição humana tridimensional.

Quer dizer, "o sigilo quanto ao doador é um requisito positivo, mas entra em conflito com o direito de a criança saber quem é seu pai".[393] Nesse assunto, Regina dos Santos advoga a ideia de que se têm dois direitos: um, do doador de permanecer no anonimato, em vista do direito ao segredo, que faz parte da personalidade, "tendo por finalidade impedir que certas manifestações de uma pessoa sejam divulgadas ou conhecidas por

---

[392] VELOSO, Zeno. *Direito Brasileiro da filiação e paternidade*. São Paulo: Malheiros, 1997, p. 152.
[393] JUNGES, José Roque. *Bioética, perspectivas e desafios*. São Leopoldo: Editora Unisinos, 1999, p. 169.

outras"; outro, que é personalíssimo e faz parte da condição humana, é gerado do direito do filho ao conhecimento de sua origem biológica.

Não há normas legais a respeito do assunto, prossegue a articulista, mas, apenas, "critérios de deontologia médica, provenientes da Resolução n° 1.358/92, do Conselho Federal de Medicina, que diz: os doadores não devem conhecer a identidade dos receptores e vice-versa". Por fim, a autora afirma que "se o ser humano gerado nessas condições necessitar de informações sobre seus antecedentes genéticos paternos, para tratamento de saúde e consequente preservação de sua vida, caberá investigar a sua paternidade?" A escoliasta responde afirmativamente, com base no direito fundamental de informação (art. 5°, XIV, Constituição do Brasil), devendo, com isso, ser prestadas "pelo médico ou banco de sêmen as informações necessárias sobre o doador, mesmo que resguardado o sigilo da fonte, consoante dispõe aquele mesmo dispositivo da Constituição".[394]

7.4. Efeitos jurídicos quanto ao nome

A designação do nome começou com Adão e Eva, que tinham um só nome, tendo sido acrescentado, mais tarde, o nome do pai, como ocorreu entre os hebreus, os mouros, os romanos, os russos.[395]

A ostentação de um nome significa, do ponto de vista social, "o reconhecimento e a aceitação do indivíduo como integrante de um grupo familiar. Representa o aval para agir e interagir como parte significativa de uma família".[396]

Uma das consequências do reconhecimento da paternidade genética e socioafetiva é a concessão ao filho do nome de ambos os pais, genéticos e afetivos. Portanto, o filho afetivo, ao investigar a paternidade biológica, tem o direito de ostentar mais um nome, um tratamento e reputação de filho, concedido pelos pais sociológicos, pelo que é possível o ser humano ter, por exemplo, dois pais e duas mães, em atendimento à dignidade e à condição humana tridimensional, já que todos os eventos da existência – genética, afetiva e ontológica – precisam ser cumulados na trajetória da vida humana.

---

[394] SANTOS, Regina Beatriz Tavares da Silva Papa dos, op. cit., p. 81-2.

[395] MILHOMENS, Jônatas. e Alves, Geraldo Magela. *Manual Prático de Direito de Família*. 3. ed. Rio de Janeiro: Forense, 1995.

[396] CATTANI, Aloysio Raphael. PINTO, Ana Célia Roland Guedes. FRANCO, Beatriz Cardoso Esteves. MARRACCINI, Eliane Michelini. SALEH, Ligia Pimenta. HUNGRIA, Maria Cristina Leme. NASSOUR, Mariza Naldony. FERREIRA, Verônica A. M. Cesar. O Nome e a Investigação de Paternidade: uma nova proposta interdisciplinar. Direito de Família e Ciências Humanas. Eliana Riberti Nazareth, Maria Antonieta Pisano Motta (Coordenação geral). In: *Caderno de Estudos* n° 2, São Paulo: Jurídica Brasileira, 1998, p. 24.

7.5. Efeitos jurídicos quanto aos alimentos ao filho genético e afetivo e seus pais

Grassa divergência no seio doutrinário e jurisprudencial quanto ao direito do filho afetivo de postular alimentos aos pais biológicos.[397] O artigo 41, § 2º, da Lei nº 8.069/90 (ECA), diz que "é recíproco o direito sucessório entre o adotado, seus descendentes, o adotante, seus ascendentes, descendentes e colaterais até o 4º grau, observada a ordem de vocação hereditária".

É sustentado[398] que "não se pode excluir que se o pai – genitor legal – morrer, o doador – genitor genético – possa assumir algumas responsabilidades, mesmo de tipo educativo, em relação ao filho", isto é, "caberia essa investigação se fosse apenas para conceder alimentos a esse filho, que deles necessitar, a exemplo da legislação francesa de 1972, que criou um tipo de paternidade apenas alimentar, sem o exercício do pátrio poder".[399]

O dever/obrigação de alimentos reclama um modo de ser-em-família, sendo, por esse motivo, e particularmente por ser expressão do princípio da solidariedade familiar, que a verba alimentar tem o seu assento no Direito de Família, cuidando-se, portanto, "de uma obrigação não autônoma, cuja disciplina sofre influência de sua origem familiar",[400] que é genética e afetiva.

Em certo julgado, o Superior Tribunal de Justiça negou o direito de alimentos ao filho adotivo pelos pais biológicos, com âncora no artigo 41 do ECA,[401] em cuja ementa consta o seguinte: "Admitir-se o reconhecimento do vínculo biológico de paternidade não envolve qualquer desconsideração ao disposto no artigo 48 da Lei nº 8.069/90 (ECA). A adoção subsiste inalterada. A lei determina o desaparecimento dos vínculos jurídicos com pais e parentes, mas, evidentemente, persistem os naturais, daí a ressalva quanto aos impedimentos matrimoniais".[402]

---

[397] MADALENO, Rolf. O calvário da execução de alimentos. Porto Alegre: Síntese. In: *Revista Brasileira do Direito de Família* nº 01, 06/99, p. 32, explicando a dificuldade em se executar alimentos no sistema jurídico brasileiro.

[398] GAMA, Guilherme Calmon Nogueira da. Filiação e reprodução assistida: introdução ao tema sob a perspectiva do direito comparado. In: *Revista dos Tribunais* nº 776, ano 2000, p. 65.

[399] VERUCCI, Florisa. O direito de ter pai. In: *Grandes Temas da Atualidade, DNA como meio de prova da filiação*. Eduardo de Oliveira Leite (coord.). Rio de Janeiro: Forense, 2000, p. 98.

[400] OLIVEIRA, José Lamartine Corrêa de. e Muniz, Francisco José Ferreira. *Direito de Família*. Porto Alegre: Sergio Antonio Fabris Editor, 1990, p. 13.

[401] Artigo 41 do ECA: "A adoção (*rectius*, filiação socioafetiva) atribui a condição de filho ao adotado, com os mesmos direitos e deveres, inclusive sucessórios, desligando-o de qualquer vínculo com os pais e parentes, salvo os impedimentos matrimoniais".

[402] BRASÍLIA. Superior Tribunal de Justiça. REsp nº 127.541 (1997/0025451-8)-RS, 3.Turma. Rel: Eduardo Ribeiro, DJU 28.08.2000. Revista brasileira de direito de família nº 07, de 10/2000, p. 67.

No corpo do acórdão, pelo relator foi dito o seguinte: "Não me animaria, ademais, a excluir por completo a possibilidade de se pedir alimentos, não obstante os termos do mencionado artigo 41 (do ECA). Suponha-se a hipótese de criança de tenra idade, cujos pais adotivos viessem a falecer ou a cair em miséria. Parece-me que a ela, que não foi ouvida sobre a adoção, não se poderia impedir de pretender alimentos de seus pais biológicos. É o direito de vida que está aí envolvido".

A adoção, de acordo com o ECA e o Código Civil, rompe, *equivocadamente*, todos os direitos e deveres do mundo genético, na medida em que a condição humana tridimensional impede a destituição dos mundos genético, afetivo e ontológico. É evidente que o alimentando não tem o direito de receber alimentos, ao mesmo tempo, do parente afetivo e genético, mas se os pais ou parentes afetivos não puderem alimentá-lo, o encargo deverá ser suportado pelos pais e parentes genéticos, tudo dependendo da realidade da vida em que se encontrar o alimentando.

O ser humano é tridimensional, significando que se a família afetiva tiver dificuldades de sustentar seus parentes, o filho deverá ser alimentado pela família genética, mesmo que esse parentesco tenha sido destituído ou suspenso pela lei, visto que a condição humana tridimensional não permite a revogação/extinção, mas somente a suspensão, da realidade existencial, genética, afetiva e ontológica. É dizer, com a constituição do mundo afetivo, como na adoção, jamais deveria ser extinto o cordão umbilical genético, como o faz a lei, isso porque não é razoável admitir-se que um ser humano afetivo deixe de receber alimentos de sua origem biológica, quando necessitando, pois a sobrevivência humana (mundo genético) poderá estar sendo comprometida.

Como a trajetória da vida afastou do alimentando afetivo, por meio de lei, o mundo biológico, isso não quer dizer que foram afastados de sua existência os mundos genético e ontológico. Por isso, quando a família afetiva estiver impossibilitada de manter a tridimensionalidade humana, o alimentando afetivo poderá volver-se contra os parentes sanguíneos, uma vez que a suspensão/revogação de qualquer direito humano não implica o fim do mundo genético.

7.6. Cumulação de todos os eventos jurídicos na tridimensionalidade humana

O ser humano é um todo tridimensional e, ao mesmo tempo, uma parte genética, afetiva e ontológica, tendo à sua disposição todos os direitos e desejos desses três mundos, uma vez que a existência é uma formação contínua de eventos, pelo que devem ser acrescidos todos os direitos das paternidades genética *e* socioafetiva, como: alimentos, herança, poder/dever familiar, parentesco, guarda compartilhada, nome, visitas, ação de investigação de paternidade genética e afetiva e demais direitos existenciais.

No decorrer da trajetória da vida, o ser humano vai adquirindo direitos, que vão moldando os seus modos de ser-no-mundo, encontrando-se em formação contínua da vida, motivo pelo qual nenhum desses episódios poderá ser renunciado, sob pena de renunciar à carga, à história, à experiência de vida, à evolução da civilização, à linguagem humana e à toda temporalidade, que não pode ser negada como se ela não tivesse ocorrido e nem conduzido o modo de ser-em-família, de ser-em-sociedade e de ser-no-mundo-tridimensional.

A proibição da renúncia a todos os momentos da estrada da vida[403] decorre da manutenção da trindade dos modos de ser-no-mundo, porque os eventos da existencialidade não são apenas os que foram vividos, mas, também, "que o seu ser-vivenciado teve um efeito especial, que lhe empresta um significado permanente".[404] A vivência se encontra "numa relação direta com o todo, com a totalidade da vida", pelo que o todo da vida se integra na vivência e a vivência no todo da vida, a qual não se desliga da existência concreta, nem das cargas pré-genética, pré-afetiva e pré-ontológica. Essas cargas existenciais vêm sempre antecipadas, significando que o ser humano sempre traz consigo as cargas históricas de seu mundo tridimensional.

Pela linguagem gadameriana,[405] isso quer dizer que o mundo da vida é sempre e ao mesmo tempo "um mundo comunitário que contém a co-presença de outros", pelo que toda a experiência familiar, social e pessoal é um confronto, porque ela opõe o novo ao antigo. Isso faz com que as experiências adquiridas pela história da vida, embora possam representar um confronto, não podem ser esquecidas, apagadas do mundo da vida do vivente, porque fazem parte da evolução da humanidade e da essência histórica do ser humano.

Essa compreensão da família faz com que o legislador/intérprete/julgador passe a estranhar o que lhe era mais familiar (a exclusividade de direitos do mundo biológico normatizado) e, ao mesmo tempo, o convoca

---

[403] RIO GRANDE DO SUL. Tribunal de Justiça. Apelação Cível nº 70010871598. 8ª CCv. Relator: Alfredo Guilherme Englert, em 25.08.2005. Disponível em: www.tj.rs.gov.br. Acesso em 07.12.2006. "Inexiste qualquer vedação legal para que a viúva busque excluir o patronímico do marido, em face de seu falecimento. Aliás, tal possibilidade atende a uma interpretação sistemática, pois, na separação, é facultado à mulher abandonar o seu nome e na conversão da separação em divórcio é impositiva a volta ao nome de solteira. Assim, de todo descabido impor que continue com o nome de casada se o casamento findou em decorrência da morte do cônjuge".

[404] GADAMER, Hans-Georg. Verdade e Método I. 6. ed. Traduzido por Flávio Paulo Meurer. Rio de Janeiro: Vozes, 2004, p. 106, 115 e 116.

[405] Idem, ibidem, p.. 332, 345 e 465.

a tornar conhecido o que lhe surge como estranho (os mundos afetivo e ontológico), para que não mais se compreenda o ser humano, a família, pela unidimensionalidade do mundo genético, mas, sim, pela tridimensionalidade dos mundos genético, afetivo e ontológico, somando-se todos os direitos decorrentes dessa condição humana.

A linguagem familiar, no sentido de vislumbrar a presença de direitos unicamente na genética normativa, pode ser o teto que impede o ser humano de suspender os seus conceitos prévios. Mas, por meio da linguagem não familiar (da afetividade e da ontologia), ainda não compreendidos no meio social, esses preconceitos poderão ser descobertos, suscitados, suspensos, para que o ser humano possa derrubar esse teto preconceituoso genético que o encobre.

Portanto, é imperiosa a desmitificação da ideia de que na família é compreendida somente a linguagem da genética legalizada, porque ela encobre os mundos existenciais do afeto e da ontologia, pelo que o texto do direito de família não significa normatização genética, mas, sim, existência humana, genética, afetiva e ontológica. A partir desse contexto, o intérprete estará em condições de compreender a linguagem familiar e a condição humana, significando que todos os efeitos jurídicos das paternidades genética e afetiva deverão ser somados na vida do ser humano, ao mesmo tempo.

Capítulo V

Conclusões sobre coisa julgada na investigação de paternidade

Em 1998, na primeira edição desta obra, defendi o direito a uma nova ação de investigação de paternidade se na anterior não foram produzidas *todas as provas admitidas em direito, como documental, testemunhal, depoimento pessoal e, especialmente, o exame genético em DNA.*

Na segunda edição, além de confirmar a tese anterior, sustentei que, uma vez presente a filiação socioafetiva, que pode ter sido edificada, inclusive, pela sentença anterior da ação de investigação de paternidade, não será mais possível afastar essa perfilhação, já que faz parte do mundo afetivo do ser humano.

Agora, na terceira edição, concluo a tese sobre coisa julgada na investigação de paternidade, ratificando as duas manifestações anteriores, acrescentando que, como o ser humano é um ser tridimensional, genético, afetivo e ontológico, devem ser reconhecidas, *ao mesmo tempo,* as paternidades genética E socioafetiva, com a outorga de *todos* os efeitos jurídicos dessas *duas paternidades,* como: alimentos, herança, poder/dever familiar, parentesco, guarda compartilhada, nome, visitas, ação de investigação de paternidade genética e afetiva e demais direitos existenciais.

Isso porque, na Era do constitucionalismo, é preciso compreender a principiologia constitucional de forma harmonizada, não afastando a incidência de nenhum princípio, pelo que a coisa julgada não pode se sobrepor ao princípio da condição humana tridimensional, genética, afetiva e ontológica, inserido no artigo 1º, III, da Constituição do País, que assegura a dignidade da pessoa humana, na qual estão assentados a República e o Estado Democrático de Direito.

Por isso, algumas questões precisam ser esclarecidas:

1. A coisa julgada na ação de alimentos não impede a ação de investigação de paternidade

Parte da doutrina[406] propugna a possibilidade de a paternidade ser reconhecida judicialmente, "mediante sentença com trânsito em julgado, nos termos do § 2º do artigo 1º da Lei nº 883/49" (Lei de alimentos).

Discordo desse entendimento, pois, se a Constituição Federal de 1988 canonizou as filiações biológica e sociológica, desdenhando a paternidade meramente formal, denominada ficção jurídica, não se pode conceber que, em uma demanda alimentícia, que não se identifica com a ação de perfilhação, possa ser reconhecida a condição humana tridimensional. Isso porque nessa demanda busca-se, apenas, o direito aos alimentos, ao passo que, na investigatória, o objetivo é declarar a origem da pessoa, sendo os alimentos, a sucessão, o nome, a relação de parentesco, o poder/dever familiar apêndices da ação de estado.

Tudo isso porque os artigos 227, § 6º, da Constituição Federal de 1988, e 27 do ECA introduziram no mundo jurídico brasileiro a obrigatoriedade de ser descoberta a genética e a socioafetividade da filiação, não podendo a paternidade ser reconhecida na ação de alimentos prevista na Lei nº 883/49, conforme reconhecido pela jurisprudência, nos termos: "Não se identifica com a ação de investigação de paternidade. Naquela, investiga-se a paternidade, tendo por objetivo a condenação no pagamento da pensão alimentícia; nesta, a investigação de paternidade, objetiva-se o reconhecimento da filiação. São, pois, diversos os respectivos objetos, razão pela qual, qualquer que seja a decisão proferida na ação de alimentos, ela não produz efeitos de coisa julgada em relação ao pedido de reconhecimento de filiação".[407]

Destarte, a "improcedência da anterior ação de alimentos, em que a paternidade era questão incidental, não produz coisa julgada com relação a ação de investigação de paternidade posteriormente intentada, já que inexiste a tríplice identidade"[408] e, principalmente, porque a investigação de paternidade diz respeito ao estado da pessoa, à sua condição humana genética, afetiva e ontológica.

---

[406] SIMAS FILHO, Fernando. *A prova na investigação de paternidade*. 5. ed. Curitiba: Juruá, 1996, p. 22.
[407] Acórdão da 8ª CCv. do TJRS, em 25.06.97. Relator: Heitor Assis Remonti, RJTJRS 184/262.
[408] AI nº 596036046, 8ª Câmara Cível do TJRS. Rel: Eliseu Gomes Torres, j. 25.04.96, un.

2. A coisa julgada na ação de anulação de registro civil não impede a ação de investigação de paternidade

Em decisão do Tribunal de Justiça gaúcho, acerca da ocorrência de coisa julgada entre ação de anulação de registro civil e investigação de paternidade, foi dito o seguinte: "Embora imprescritível a pretensão investigatória, havendo anterior decisão trânsita, julgando improcedente a desconstituição do registro de nascimento, descabem as ações acumuladas, frente à coisa julgada, que inibe a projeção de efeitos no pleito de reconhecimento da paternidade, restando o pedido como impossível".[409]

Não concordo com essa jurisprudência, visto que a anterior ação de anulação de registro civil não faz coisa julgada material, a impedir o aforamento de ação investigatória de paternidade, pois, como leciona Caio Mário da Silva Pereira,[410] essa demanda visa "ao acertamento do estado da pessoa, seja para afirmá-lo, quando ele não lhe está na posse, seja para contestá-lo, quando um terceiro quer privá-la das vantagens de um estado em que se acha, sem a ele ter direito e, particularmente, as que têm por objeto a fixação da relação jurídica da paternidade, distinguindo-se entre positivas, ou ações de vindicação de estado, e negativas, ou de contestação de estado".

A única maneira de ser admitida judicialmente a filiação é mediante ação de investigação de paternidade, mas não em ação de anulação de registro civil, pedido de guarda, retificação de registro civil ou qualquer outro pedido, até porque não há necessidade de ser cumulada a investigatória com a anulação do registro de nascimento, visto que os efeitos desta demanda são consequência da sentença declaratória da ação de estado, como o direito aos alimentos, nome, herança etc.

Para que seja declarada a condição humana tridimensional, genética, afetiva e ontológica, há necessidade de ser proposta ação investigatória de paternidade, pois se trata de ação de estado, direito indisponível, descabendo a revelia ou a confissão – para a procedência -, ou a insuficiência de prova – para a improcedência da demanda. É preciso que o Juiz, na busca intransigente da paternidade genética, determine, de ofício, a realização de todas as provas, documental, testemunhal, depoimento pessoal e pericial, especialmente o exame genético em DNA, para provar que o requerido é, ou não, *o pai*, e não *um pai* do investigante. O Magistrado, nas ações que envelopam direitos indisponíveis, como as ações de estado, não tem apenas o poder, mas, sim, o poder-dever de ordenar a produção

---

[409] AI nº 599104841, nº 599131091, 7ª Câmara Cível do TJRS. Rel: José Carlos Teixeira Giorgis. j. 31.03.99, DJ 09.07.99, p. 07.
[410] PEREIRA, Caio Mário da Silva. *op. cit.*, p. 52-3.

de todas as provas, de acordo com os artigos 130 do CPC, 27 do ECA e 227 da Magna Carta, como decorrência do princípio do devido processo legal.

Portanto, desde o advento da Constituição Federal de 1988, o único processo em que pode ser reconhecida a filiação biológica é a ação de investigação de paternidade, devendo-se produzir todas as provas, documental, testemunhal e pericial, especialmente o exame genético DNA, e depoimento pessoal, isso porque o reconhecimento judicial da paternidade em outro processo, que não na ação de estado, é mera paternidade formal, desdenhada desde o dia 05.10.1988, pela Carta Magna, formatando grave ofensa ao artigo 227 da Constituição Federal e negando vigência ao artigo 27 do ECA, que introduziram no mundo jurídico pátrio a genética, a socioafetividade e a ontologia na perfilhação.

3. Não há coisa julgada material contra pais e filhos quando a ação de investigação de paternidade é proposta pelo Ministério Público

Parte da doutrina afirma que a improcedência da ação de investigação de paternidade, proposta pelo Ministério Público, faz coisa julgada para o investigante.[411]

Porém, doutrina e jurisprudência gaúcha manifestam-se contrariamente a esse entendimento, e com absoluta razão, já que na ação investigatória de paternidade, proposta pelo Ministério Público, o filho e seus pais não serão atingidos pela coisa julgada material, o que se haure da seguinte ementa:[412] "Na ação de investigação de paternidade, regulada pela Lei nº 8.560/92, o Ministério Público age de ofício, pois o registro público deve espelhar a verdade, e a questão registral é de ordem pública. O ajuizamento da ação independe do juízo de conveniência, oportunidade e interesse da parte, que poderá, a qualquer tempo, intentar a investigação. O infante não foi citado e não integra a relação processual, não sendo atingido pela coisa julgada. Inteligência do artigo 2º, § 5º, da Lei nº 8.560/92, e artigo 472 do Código de Processo Civil".

No corpo do acórdão, ficou assentado o seguinte: "O Ministério Público é, na verdade, o próprio autor da demanda. Parece-me bastante

---

[411] OLIVEIRA, J. M. Leoni Lopes de. *A nova lei de investigação de paternidade*, 2. ed. Rio de Janeiro: Lumen Juris, 1994, p. 184.

[412] Ac. 598.293.876, da 7ª Ccv. do TJRS, em 25.11.98. Rel: Sérgio Fernando Vasconcellos Chaves, transcrito na Revista brasileira do direito de família nº 04, jan./fev./mar. de 2000, Porto Alegre, Síntese, 2000, p. 107.

claro que a Lei nº 8.560/92 trata a questão da paternidade sob o prisma registral e, portanto, a legitimação do Ministério Público dá-se na defesa do interesse público, e não do interesse privado do infante. É possível afirmar, pois, que, nas ações investigatórias, o Ministério Público age em nome próprio na defesa da ordem jurídica, porquanto é de ordem pública a questão relativa à filiação.

A precitada Lei nº 8.560/92 estabelece que é feita de ofício a averiguação oficiosa e que 'o juiz, sempre que possível, ouvirá a mãe sobre a paternidade alegada', devendo 'notificar o suposto pai' e, depois, 'remeterá os autos ao representante do Ministério Público, para que intente, havendo elementos suficientes, a ação de investigação de paternidade' (art. 2º, §§ 1º e 4º). Aliás, esse procedimento do juiz corresponde, precisamente, ao que dispõe, também, o artigo 7º da Lei nº 7.347/85, que trata da ação civil pública. Como se vê, as providências da averiguação oficiosa e ajuizamento da ação independem da vontade, conveniência ou interesse da parte, isto é, do infante ou de sua mãe. O interesse é eminentemente público.

Vista assim a atuação ministerial, a ação investigatória de paternidade ajuizada pelo Ministério Público é, com todas as cores, uma ação civil pública, estando sujeita, portanto, aos princípios que regram a matéria, inclusive quanto aos efeitos da coisa julgada. Não é por outra razão que o artigo 2º, § 5º, da Lei nº 8.560/92, estabelece, com hialina clareza, que 'a iniciativa conferida ao Ministério Público não impede a quem tenha legítimo interesse de intentar a investigação, visando a obter o pretendido reconhecimento da paternidade'.

Penso que são três as hipóteses possíveis em que a ação pode ser ajuizada: a) quando o Ministério Público não propuser a ação, por inércia ou ausência de elementos; b) quando aforar a ação e esta for julgada improcedente; ou c) extinta sem julgamento do mérito. É preciso que fique bem claro: como o Ministério Público não age em nome da parte, mas em nome próprio, de ofício, a improcedência não pode impedir que a parte interessada, com os elementos de prova que dispuser, reclame o reconhecimento de seu direito à filiação.

Nesse passo, convém lembrar que também a Lei nº 7.347/85, que regula a ação civil pública, aborda a questão da coisa julgada (material) e dá, no seu artigo 16, a interpretação cabível ao artigo 5º da Lei nº 8.560/92, dispondo que, 'se o pedido for julgado improcedente, por insuficiência de provas, hipótese em que qualquer legitimado poderá intentar outra ação com idêntico fundamento, valendo-se de nova prova'. Essa interpretação mostra-se lógica e abrangente, estando em consonância com o que dispõe o próprio artigo 472 do Código de Processo Civil, quando estabelece que, 'nas causas relativas ao estado de pessoa, se houverem sido citadas no processo, em litisconsórcio necessário, todos os interessados, a sentença produz coisa julgada em relação a terceiros'.

Para que a ação produzisse o efeito de coisa julgada material contra o investigante, deveria ele ter sido citado para integrar o processo, como litisconsorte necessário, fato que não ocorreu. Portanto, o investigante e sua mãe não são atingidos pela coisa julgada, podendo intentar a ação investigatória quando melhor lhes aprouver".

4. Não ocorre a coisa julgada material ao pai registral não citado na ação investigatória ou negatória de paternidade

Tendo em vista que o *pai registral pode ser o pai afetivo,* cuja filiação é tão irrevogável quanto a biológica, há necessidade dele ser citado para a ação de investigação ou negação de paternidade, para que exerça seu direito fundamental ao devido processo legal.

A doutrina concorda com esse entendimento, devido a presença do instituto do litisconsórcio unitário necessário, pelo que "a participação do pai registral é indispensável tanto na ação investigatória de paternidade intentada pelo filho como na ação promovida pelo pai biológico que busca ser reconhecido pai de quem foi registrado por outrem. Omitindo o autor o pedido de citação, deverá o magistrado determiná-la de ofício. A omissão pode ser suprida inclusive no segundo grau, sem necessidade de ser anulado o processo. O processo só será anulado se o citado assim o requerer".[413]

A jurisprudência tem sufragado o mesmo pensamento, o que se infere dos seguintes julgados: "A ação declaratória de paternidade, cuja consequência lógica é a alteração do assento de nascimento do investigando, constitui ação de estado, devendo obedecer a forma prescrita em lei". Logo a seguir, o acórdão gaúcho, para fundamentar sua decisão, invoca dois precedentes do Superior Tribunal de Justiça, nos termos: a) "Direito civil e processual civil. Recurso especial. Ação de investigação de paternidade c/c petição de herança e anulação de partilha. Decadência. Prescrição. Anulação da paternidade constante do registro civil. Decorrência lógica e jurídica da eventual procedência do pedido de reconhecimento da nova paternidade. Citação do pai registral. Litisconsórcio passivo necessário. Não se extingue o direito ao reconhecimento do estado de filiação exercido com fundamento em falso registro. [...] Não se pode prescindir da

---

[413] DIAS, Maria Berenice. *Manual de Direito das Famílias.* São Paulo: Revista dos Tribunais, 2009, p. 370.

citação daquele que figura como pai na certidão de nascimento do investigante para integrar a relação processual na condição de litisconsórcio passivo necessário"; b) "É litisconsorte passivo necessário o pai registral, cuja citação é de ser efetivada como interessado no desfecho da lide".[414]

5. Não faz coisa julgada a homologação do acordo de reconhecimento da paternidade na pendência da ação, sem que tenha sido oportunizada a produção de todas as provas, principalmente o exame genético em DNA

No reconhecimento voluntário ou judicial da paternidade é estabelecido o estado de filho afetivo, não importando se biológico, ou não, o que "atribui direitos que provocam efeitos, sobretudo morais (estado de filiação, direito ao nome, relações de parentesco) e patrimoniais (direito à prestação alimentar, direito à sucessão etc.)".[415]

No acordo firmado em juízo, o investigado reconhece voluntariamente a mera presunção da paternidade biológica, sem a produção de *todas* as provas, documental, testemunhal, depoimento pessoal e pericial, especialmente o exame genético DNA, na medida em que "a matéria probatória, nas ações de investigação de paternidade, em face do avanço científico representado pelo DNA, tem causado verdadeira revolução no Direito Processual e no Direito de Família. Consequentemente, em linha de princípio, à evidência que se deve ensejar, sempre que possível, a realização de tal exame para a busca da certeza quanto à paternidade".[416]

Dessa forma, é recomendável que o Magistrado, no procedimento de averiguação ou na ação de investigação de paternidade, determine a produção do exame genético em DNA, para que seja firmada a paternidade genética, evitando-se o ajuizamento de eventual ação negatória. Quer dizer, o acordo *formal* acerca da paternidade não produz coisa julgada da paternidade biológica, na medida em que não foram produzidas todas as provas admitidas em direito, especialmente o exame genético em DNA, para afirmar-se, com certeza científica, a paternidade biológica.

---

[414] RIO GRANDE DO SUL. Tribunal de Justiça. Ap. 70019130848, 8. CCv., em 10 de maio de 2007. Relator: Luiz Ari Azambuja Ramos. Disponível em: www.tj.rs.gov.br. Acessado em 04 de junho de 2008. Citando os seguintes julgados do STJ: (REsp nº 693.230/MG, Rel. Min. Nancy Andrighi, 3ª Turma, j. 11.04.2006, DJ 02.05.2006, p. 307); (REsp nº 402.859/SP, Rel. Min. Barros Monteiro, 4ª Turma, j. 22.02.2005, DJ 28.03.2005, p. 260).

[415] LEITE, Eduardo de Oliveira. *Temas de Direito de Família*, São Paulo, Revista dos Tribunais, 1994, p. 115.

[416] RT 703/204.

6. Não faz coisa julgada a sentença de reconhecimento da prescrição da ação de investigação de paternidade

É meramente terminativa, e não definitiva, a sentença que decreta a prescrição da ação investigatória de paternidade, por não examinar o *mérito*, pelo que não ocorre a coisa julgada material.

Como na ação de investigação de paternidade devem ser produzidas, sempre que possível, todas as provas, documental, testemunhal, depoimento pessoal e pericial (exame genético DNA), canonizando-se a verdade genética da perfilhação, não se aplica o instituto da prescrição nas demandas que envelopam a condição humana tridimensional, genética, afetiva e ontológica, já que direito fundamental imprescritível e indisponível, pelo que é juridicamente possível o ajuizamento, a qualquer tempo, de nova demanda, porquanto "se o estado é imprescritível, imprescritível obviamente será o direito de ação visando a declará-lo, pois que a ação de reconhecimento compulsório é uma ação declaratória".[417]

Com a Constituição do País de 1988, tornou-se ampla e irrestrita a possibilidade investigatória da paternidade biológica, que prevalece sobre a ficção jurídica, não havendo mais sentido falar-se em prescrição da condição humana. Nesse sentido, o ensinamento de Arnaldo Rizzardo,[418] ao tratar da anulação do registro de nascimento e negatória de paternidade: "Como a ação de investigação de paternidade é imprescritível, da mesma forma o é a negatória de paternidade, podendo ser promovida durante toda a existência. O estado da pessoa constitui emanação da personalidade, sendo indisponível".

Por isso, em se cuidando de investigação de paternidade, o reconhecimento da prescrição não é sentença de mérito (definitiva), mas, sim, terminativa, porque: a) não examinou o mérito da perfilhação biológica (a ação é imprescritível); b) pode ter sido declarada falsa paternidade genética; c) é inequívoco ser uma das características da condição humana tridimensional a imprescritibilidade das ações que lhe concernem; d) a prescrição não tem acento constitucional, como ocorre com o direito fundamental à condição humana (artigo 1º, III, da CF).

---

[417] PEREIRA, Caio Mário da Silva. *Reconhecimento de paternidade e seus efeitos*, 5. ed., Rio de Janeiro: Forense, 1996, p. 91.
[418] RIZZARDO, Arnaldo. *Direito de Família*, vol. II, Rio de Janeiro, Aide, 1994, p. 662.

7. Não faz coisa julgada a sentença de improcedência da ação de investigação de paternidade por insuficiência de provas da paternidade biológica

Não deveria haver preclusão para o julgador e nem às partes, enquanto não verificada a paternidade genética, tendo em vista que se cuida de direito fundamental à condição humana tridimensional digna, genética, afetiva e ontológica, fundamento da República Federativa do Brasil (artigo 1º, inciso III).

Conforme leciona Helena Cunha Vieira,[419] "se se trata de direitos indisponíveis, deverá o Juiz orientar-se no sentido de encontrar a verdade real, determinando a produção das provas que entender necessárias".

Com a nova ordem jurídica, implantada pelo artigo 227 da Constituição Federal de 05.10.88, artigo 27 do Estatuto da Criança e do Adolescente e 1.596 do Código Civil, edificou-se a igualdade entre os filhos, que, independentemente de sua origem, são todos legítimos. Com isso, foi afastado do mundo jurídico a filiação formal, denominada ficção jurídica, determinando ao Magistrado a produção de todas as provas na ação de investigação de paternidade biológica, quando deverá ser esclarecido se o investigado é, ou não, o pai biológico, pois, como refere Fernando Simas Filho,[420] "se é desumano não ter o filho direito à paternidade, injusto também é a declaração de uma filiação inexistente".

Segundo Gaspar Rubik,[421] a lei outorga ao Juiz não somente a autoridade para dirigir o processo, "mas também o poder para, de ofício ou a requerimento da parte, determinar, a qualquer momento, antes da sentença final, a realização das provas que entender necessárias para a prolação da mais justa decisão. Esse direito/dever deve ser exercitado com maior insistência nas ações de investigação de paternidade, principalmente por estar em jogo interesse do menor e mesmo público de ver apurado e resguardado o sagrado direito que todo cidadão tem à sua personalidade civil".[422]

Nos autos da ação de investigação de paternidade deve habitar a verdade genética, na medida em que, conforme disse o Ministro Luiz Fernando Cernichiaro, "o Poder Judiciário só se justifica se visar à verdade real, corolário do princípio moderno do acesso ao Judiciário, qualquer meio de prova é útil, salvo se receber o repúdio do Direito",[423] pelo que a sentença de improcedência por insuficiência de provas da paternidade

---
[419] VIEIRA, Helena Cunha. Revista AJURIS 60/327.
[420] SIMAS FILHO, Fernando. *A prova na investigação de paternidade*, 5. ed. Curitiba: Juruá, 1996, p. 56.
[421] GASPAR, Rubik. AI nº 10.256, publicado no DJE de 29.10.96.
[422] Acórdão da 1ª CCv. do TJSC, em 23.9.97, AI 96.008826-1, rel. Carlos Prudêncio.
[423] (REsp. n. 55.438-1, DJU n. 64, de 3.4.95, p. 8158).

biológica não exauriu a prestação jurisdicional, não adentrou no mérito do pedido, sendo a sentença meramente terminativa, por ausência de pressupostos de constituição e desenvolvimento válido e regular do processo (artigo 267, inciso IV, do Código de Processo Civil).

De acordo com escólio de Humberto Theodoro Júnior,[424] "a coisa julgada existe como criação necessária à segurança prática das relações jurídicas e as dificuldades que se opõem à sua ruptura se explicam pela mesmíssima razão". Não se pode olvidar, todavia, que "numa sociedade de homens livres, a justiça tem de estar acima da segurança, porque sem justiça não há liberdade".

Depois, o autor salienta que "deixar o juiz de usar a prova pericial de determinação científica da paternidade biológica pelos recursos da pesquisa genética DNA, cujo percentual de certeza atinge a 99,99999%, equivale a desprezar o princípio da verdade real tão caro ao regime atual de tutela à filiação. Por que se contentar em julgar, nas ações relativas à paternidade, à luz de precários e vetustos meios indiciários de prova, quase sempre pouco concludentes, embora a verdade real, em sua substância absoluta, seja um ideal inatingível pelo conhecimento limitado do homem, o compromisso com sua ampla busca é o farol que, no processo, estimula a superação das deficiências do sistema procedimental. É com o espírito de servir à causa da verdade que o juiz contemporâneo assumiu o comando oficial do processo integrado nas garantias fundamentais do Estado Democrático e Social de Direito".

A canonização do instituto da coisa julgada milita contra a paz social, já que a paternidade biológica não é interesse apenas do investigante ou do investigado, mas de toda a sociedade, não havendo paz social com a imutabilidade da mentira, do engodo, da falsidade do registro público e da negação da condição humana tridimensional, na medida em que a paternidade biológica é direito constitucional, irrenunciável, imprescritível, indisponível, inegociável, impenhorável, personalíssimo, indeclinável, absoluto, vitalício, indispensável, oponível contra todos, intransmissível, constituído de manifesto interesse público e essencial ao ser humano, genuíno princípio da dignidade humana, elevado à categoria de fundamento da República Federativa do Brasil.

Na primeira edição desta obra, em 1998,[425] sustentei que a sentença de improcedência, por insuficiência de provas, principalmente com a não

---

[424] Theodoro Júnior, Humberto. Prova. Princípio da verdade real. Poderes do juiz. Ônus da prova e sua eventual inversão. Provas ilícitas. Prova e coisa julgada nas ações relativas à paternidade (DNA), in *Revista Brasileira de Direito de Família* n° 03, de out./nov./dez./99, Porto Alegre, Síntese, 1999, p. 23, citando Costa, Moacir Lobo da. Rescisória por descoberta de documento novo. In: *Homenagens – estudos do direito processual*. São Paulo, 1999, p. 64.

[425] WELTER, Belmiro Pedro. *Coisa julgada na investigação de paternidade*. Porto Alegre: Síntese, 1998.

realização do exame genético em DNA, não tem o condão de julgar o mérito da ação de investigação de paternidade, tornando-se possível o ajuizamento de outra demanda.

Na segunda edição, além de manter esse pensamento, foi complementada a ideia anterior, para que fosse mantida perfilhação afetiva, abrigando, assim, as duas filiações do texto constitucional: biológica e sociológica, cujos direitos devem ser outorgados simultaneamente.

Não se alega que a ação de investigação de paternidade sempre deverá ser julgada procedente, mas, sim, que nessa demanda seja declarada, ou não, a paternidade genética, com a produção, inclusive de ofício, de todas as provas, documental, testemunhal, depoimento pessoal e pericial, especialmente o exame genético DNA, evitando-se as sentenças de improcedência por insuficiência de provas.

Concorda com a inocorrência de coisa julgada material, nas ações de investigação de paternidade, Maria Berenice Dias,[426] uma vez que "a ausência de prova, que no juízo criminal enseja a absolvição, ainda que não tenha correspondência na esfera cível, não pode levar a um juízo de improcedência, mediante sentença definitiva". Momento seguinte, a autora atesta: "ainda que ditas disposições sejam tidas como verdadeira excrescência ao princípio da estabilidade jurídica, não se pode deixar de invocar como precedentes a autorizarem o afastamento dos efeitos da coisa julgada quando a ação diz com o estado da pessoa".

Concluindo seu pensamento, a articulista lembra que é chegado o momento de "repensar a solução que vem sendo adotada ante a ausência de probação nas ações de investigação de paternidade. O que se verificou foi a falta de pressuposto ao eficaz desenvolvimento da demanda, a impossibilidade de formação de um juízo de certeza".

No mesmo sentido manifesta-se Rolf Madaleno,[427] asseverando que "a questão da investigação de paternidade (...) é direito de mão dupla, porque seria injusto abortar sua revisão tanto quando persegue os interesses do suposto pai como quando persegue os interesses do suposto filho, sentenciando Belmiro Pedro Welter que: 'cada pessoa, cada membro da família tem a sua própria personalidade, que é direito constitucional à dignidade humana, indisponível, inegociável, imprescritível, impenhorável, indeclinável, absoluto, vitalício, indispensável, oponível contra todos, intransmissível, constituído de manifesto interesse público e essencial ao

---

[426] DIAS, Maria Berenice. Investigação de paternidade, prova e ausência de coisa julgada material. In: *Revista brasileira de direito de família* nº 01, de abril/maio/jun./99. Porto Alegre: Síntese, 1999, p. 18.

[427] MADALENO, Rolf. A coisa julgada na investigação de paternidade. In: *Grandes Temas da Atualidade, DNA como meio de prova da filiação*. Eduardo de Oliveira Leite (coord.). Rio de Janeiro: Forense, 2000, p. 307.

ser humano' e por todos estes seus predicados, é que a verdade científica e absoluta não pode ser barrada pela coisa julgada".

A seguir, o autor acrescenta que a engenharia genética descodificou os segredos da origem do homem, sendo "preciso reconhecer que se fiscalizados seus processos e processadores, será impossível ignorar o valor e a certeza de seus resultados processuais, apenas por amor à velha norma jurídica que teima em eternizar no tempo esta absoluta paixão pela coisa julgada".

Em acórdão do Tribunal de Justiça do Paraná foi agasalhada essa ideia, lançando-se os seguintes argumentos: "Antes de ter-se por singelamente caracterizada a coisa julgada material apenas pela ocorrência da tríplice identidade (partes, causa e pedido), cumpre seja detectado o verdadeiro conteúdo da decisão anterior. Se esta concluiu apenas que inexistiu, naquele processo, prova suficiente para a declaração da paternidade, óbice não há para a propositura de outra demanda". Por isso, "deve ser perquirido o conteúdo dessa afirmada coisa julgada material, para, então, poder ser concluído, com segurança, se uma demanda, de caráter profundamente relevante para um ser humano, como é a investigação de paternidade, deverá ser repelida abruptamente sem resposta jurisdicional".[428]

No Tribunal de Justiça do Acre, foi defendida a mesma causa, nos termos: "Decisão monocrática que não decreta ser ou não o investigante filho do investigado, ou seja, não aprecia o mérito. Fato que não impede que a lide volte a ser posta em juízo em nova relação processual – Inexistência de afronta à coisa julgada material".[429]

No Tribunal de Justiça da Capital Federal houve pronunciamento a esse respeito, nos termos: "A busca da verdade há de se confundir com a busca da evolução humana, sem pejo e sem preconceitos. Nesse descortino, a evolução dos recursos científicos colocados à disposição justifica a possibilidade de se rediscutir a paternidade, pois ilógica toda uma sequência de parentesco e sucessão com origem sujeita a questionamentos. A 'coisa julgada' não pode servir para coroar o engodo e a mentira. O caráter de imprescritibilidade e de indisponibilidade da investigatória revela-se incompatível com qualquer restrição decorrente da coisa julgada".[430]

O Tribunal de Justiça de Goiás apresenta julgado, edificado em 27.04.99, que vem ao encontro desse pensamento, nos termos:[431] "À época

---

[428] PARANÁ. Tribunal de Justiça. AI nº 75.570.8 (Ac.16.581), 1ª Ccv., em 11.05.99. Relator: Pacheco Rocha. *Revista brasileira do direito de família* nº 04, de jan./fev./mar./2000, Porto Alegre, Síntese, p. 116.

[429] ACRE. Tribunal de Justiça. *Revista dos Tribunais* nº 12.

[430] DISTRITO FEDERAL. Tribunal de Justiça. AC 46.400 – (Reg. Ac. 103.959) – 1ª T – Rel: Valter Xavier – DJU 22.04.98.

[431] GOIÁS. Tribunal de Justiça. Ac. nº 48.900-6/188, da 3ª CCv., em 27.11.99. Rel: Felipe Batista Cordeiro. Revista Jurídica nº 261, de 07/99, p. 84-5.

da ação investigatória foi declarada apenas a paternidade presumida, e que, com o passar dos anos, ficaram evidenciadas as diferenças fisionômicas e a dúvida ficou cada vez mais forte em seu íntimo, por não ter uma certeza de tal paternidade; pelo contrário, a certeza mais forte é da 'não paternidade' e de injustiça".

No Superior Tribunal de Justiça,[432] houve modificação da jurisprudência, quando, em memorável acórdão, tive a honra de ser citado duas vezes, nos seguintes termos:

"Nesse particular, Belmiro Pedro Welter, em artigo intitulado 'Coisa Julgada na Investigação de Paternidade', assinala: 'Dessa forma, de nada adianta canonizar-se o instituto da coisa julgada em detrimento da paz social, já que a paternidade biológica não é interesse apenas do investigante ou investigado, mas de toda a sociedade, e não existe tranquilidade social com a imutabilidade da coisa julgada da mentira, do engodo, da falsidade do registro público, na medida em que a paternidade biológica é direito natural, constitucional, irrenunciável, imprescritível, indisponível, inegociável, impenhorável, personalíssimo, indeclinável, absoluto, vitalício, indispensável, oponível contra todos, intransmissível, constituído de manifesto interesse público e essencial ao ser humano, genuíno princípio da dignidade humana, elevado à categoria de fundamento da República Federativa do Brasil (artigo 1º, II)".

"Esse direito natural e constitucional de personalidade (prossegue o autor), não pode ser afastado nem pelo Poder Judiciário, nem pela sociedade e nem pelo Estado, porque, parafraseando Humberto Teodoro Júnior, se queremos uma sociedade de pessoas livres, não se pode colocar a segurança da coisa julgada acima da justiça e da liberdade, porque um povo sem liberdade e sem justiça é um povo escravo. Deve ser entendido que 'mudou a época, mudaram os costumes, transforma-se o tempo, redefinindo valores e conceituando o contexto familiar de forma mais ampla que, com clarividência, pôs o constituinte de modo o mais abrangente, no texto da nova Carta. E esse novo tempo não deve o Poder Judiciário, ao qual incumbe a composição dos litígios com olhos na realização da justiça, limitar-se à aceitação de conceitos pretéritos que não se ajustem à modernidade'".

Por fim, no julgamento constou o seguinte: "Em sua obra Investigação de Paternidade, Belmiro Pedro Welter anota que 'somente haverá coisa julgada material quando na ação de investigação de paternidade forem produzidas todas as provas permitidas em Direito, tendo em vista que, conforme leciona Helena Cunha Vieira, 'se se trata de direitos indisponí-

---

[432] BRASÍLIA. Superior Tribunal de Justiça. Resp. nº 226436-PR, julgado em 28.06.2001, publicado em 04.02.2002, 4ª Turma, Relator: Sálvio de Figueiredo Teixeira.

veis, deverá o juiz orientar-se no sentido de encontrar a verdade real, determinando a produção das provas que entender necessárias'. É do citado jurista ainda a observação de que 'não faz coisa julgada a sentença de improcedência da ação de investigação de paternidade por falta de provas, pois, conforme acima dito, nas demandas sobre direitos indisponíveis devem ser produzidas todas as provas admitidas em Direito, acima citadas, devendo habitar nos autos a verdade biológica da filiação'".

8. A teoria tridimensional do direito de família e a coisa julgada na investigação de paternidade

No ano de 2007, na tese de doutorado em Direito, já publicada,[433] foi fundada a *Teoria Tridimensional do Direito de Família*, que defende o direito fundamental à condição humana tridimensional, genética, afetiva e ontológica, que faz parte do princípio da dignidade da pessoa humana, que deve ser cotejada com os princípios da segurança jurídica e da coisa julgada na investigação de paternidade.

O texto do direito de família não deve ser compreendido exclusivamente pela normatização genética, mas também pelos mundos afetivo e ontológico. A genética, a afetividade e a ontologia são imprescindíveis à saúde física, mental, à inteligência, à educação, à estabilidade econômica, social, material e cultural do ser humano, à dignidade e à condição humana, não bastando só a procriação, a origem genética, como também a ancestralidade afetiva, a recreação, a paz, a felicidade, a solidariedade familiar e o respeito ao modo de ser de cada ser humano.

É preciso compreender que a paternidade socioafetiva é tão irrevogável quanto a biológica, as quais devem ser reconhecidas, ao mesmo tempo, com o acréscimo de todos os direitos, já que fazem parte da trajetória da vida, dos modos de ser-no-mundo-genético, de ser-no-mundo-(des)afetivo e de ser-no-mundo-ontológico do ser humano. Não reconhecer as paternidades *genética e socioafetiva, com a concessão de TODOS os efeitos jurídicos*, é negar a existência tridimensional do ser humano, que é reflexo da condição e da dignidade humana.

Com o advento da teoria tridimensional do direito de família, que sustenta a possibilidade de o ser humano ter direito, ao mesmo tempo, aos três mundos, genético, afetivo e ontológico, o Direito de Família deve ser repensado, nas seguintes questões, por exemplo:

---

[433] WELTER, Belmiro Pedro. *Teoria Tridimensional do Direito de Família*. Porto Alegre: Livraria do Advogado, 2009.

a) quando da sentença na ação de adoção, não será mais possível o rompimento dos vínculos genéticos, visto que o ser humano tem o direito à condição humana tridimensional. Poder-se-á suspender, mas não destituir os pais dos direitos genéticos da perfilhação, mas somente enquanto perdurar a conduta desafetiva;

b) deve ser afastado do ordenamento jurídico a ação de destituição do poder familiar, mantendo-se apenas a ação de *suspensão*, enquanto existir a desafetividade dos pais contra o filho;

c) o filho terá direito a postular alimentos contra os pais genéticos e socioafetivos;

d) o filho terá direito à herança dos pais genéticos e afetivos;

e) o filho terá direito ao nome dos pais genéticos e afetivos;

f) o filho terá direito ao parentesco dos pais genéticos e afetivos;

g) o filho terá o direito a autoridade parental dos pais genéticos e afetivos;

h) o filho terá direito à guarda compartilhada das duas paternidades;

i) o filho terá o direito à visita dos pais/parentes genéticos e afetivos;

j) deverão ser observados os impedimentos matrimoniais e convivenciais dos parentes genéticos e afetivos;

k) o filho poderá propor ação de investigação de paternidade *genética e socioafetiva*, obtendo todos os direitos decorrentes de ambas as paternidades;

l) visto o direito de família pelo prisma da condição humana tridimensional, a coisa julgada não poderá afastar o direito fundamental de investigar as paternidades biológica *e* socioafetiva, já que direito fundamental à dignidade humana, principal princípio da República, do Estado e do Direito.

Em decorrência da tese da teoria tridimensional no direito de família, a doutrina e a jurisprudência devem afastar do paradigma unicamente genético da paternidade, não admitindo apenas a existência do mundo genético OU do mundo afetivo, mas, sim, conceder ao ser humano o direito ao mundo biológico E ao mundo afetivo E ao mundo ontológico, porque ele tem o direito: a) à sua singularidade, ao seu mundo real, em sua perspectiva verdadeira, a base sobre a qual ele se relaciona consigo mesmo (mundo ontológico); b) ao relacionamento com a família e a sociedade (mundo afetivo); c) na transmissão às gerações, por exemplo, de sua compleição física, dos gestos, da voz, da escrita, da origem da humanidade, da imagem corporal e, principalmente, de todas as partículas de seu

DNA (mundo genético), para que haja a pacificação familiar e social, um dos maiores fundamentos do Estado Constitucional.

A teoria tridimensional do direito de família foi acolhida pelo Tribunal de Justiça do Rio Grande do Sul, em 07.05.2009, pela 8ª Câmara Cível, nos termos:

> Dentro dessa ótica e com a certeza de que a menor tem o direito de saber a sua origem genética, bem como ter preservada a sua paternidade socioafetiva, tenho que a questão toda se resolve com a aplicação da teoria tridimensional, que justamente reconhece os direitos das filiações genética e socioafetiva.
>
> Para isso trago à colação a doutrina de[434] Belmiro Pedro Welter. Em sua doutrina, afirma que no mundo ocidental "continua a se pensar tão somente no reconhecimento de uma das paternidades, excluindo-se, necessariamente a outra". Para ele, todos os efeitos jurídicos das duas paternidades devem ser outorgadas ao ser humano, na medida em que a condição humana é tridimensional, genética, afetiva e ontológica. Vejamos:
>
> b) Compreensão tridimensional sobre paternidade biológica e socioafetiva.
>
> A compreensão do ser humano não é efetivada somente pelo comportamento com o mundo das coisas (mundo genético), como até agora tem sido sustentado na cultura jurídica do mundo ocidental, mas também pelo modo de ser-em-família e em sociedade (mundo afetivo) e pelo próprio modo de se relacionar consigo mesmo (mundo ontológico).
>
> No século XXI é preciso reconhecer que a família não é formada como outrora, com a finalidade de procriação, mas, essencialmente, com a liberdade de constituição democrática, afastando-se os conceitos prévios, principalmente religiosos, na medida em que família é linguagem, diálogo, conversação infinita e modos de ser-no-mundo genético, de ser-no-mundo-afetivo e de ser-no-mundo-ontológico.
>
> "O ser humano não existe só, porquanto, nas palavras heideggerianas",[435] "ele existe para si (*Eigenwelt*): consciência de si; ele existe para os outros (*Mitwelt*): consciência das consciências dos outros; ele existe para as entidades que rodeiam os indivíduos (*Umwelt*). Existência se dá no interjogo dessas existências. Mas o Ser deve cuidar-se para não ser tragado pelo mundo-dos-outros e isentar-se da responsabilidade individual de escolher seu existir", pelo seguinte:
>
> 1) o ser humano é biológico, para que haja a continuação da linhagem, do ciclo de vida, transmitindo às gerações, por exemplo, a compleição física, os gestos, a voz, a escrita, a origem da humanidade, a imagem corporal, parecendo-se, muitas vezes, com seus pais, tendo a possibilidade de herdar as qualidades dos pais.[436] "É o mundo da autorreprodução dos seres vivos, inclusive do ser humano, das necessidades, correspondendo ao modo de ser-no-mundo-genético, um complexo programa genético que influencia o ser humano em sua atividade, movimento ou comportamento",[437] pelo qual o ser humano permanece ligado

---

[434] WELTER, Belmiro Pedro: Teoria Tridimensional no Direito de Família: Reconhecimento de Todos os Direitos das Filiações Genética e Socioafetiva. In: *Revista Brasileira de Direito das Famílias e Sucessões*, nº 08, Magister.

[435] HEIDEGGER, Martin. *Matrizes pós-românticas:* fenomenologia e existencialismo. Disponível em: http://www.ufrgs.br/museupsi/aula29.PPT#36>. Acesso em: 24 out. 2005.

[436] ASIMOV, Isaac. O código genético. São Paulo: Cultrix, 1962, p. 16.

[437] VARELLA, Dráuzio. A imposição sexual. Jornal O Sul – Caderno Colunistas. Em 4 de março de 2007, em que afirma que Ernst Mayr, um dos grandes biólogos do século passado, disse o seguinte: "Não

a todos os demais seres vivos, tendo o direito de conhecer a sua origem, sua família de sangue;[438]

2) o ser humano é afetivo e desafetivo, porque forjado pela dinâmica dos fatores pessoal, familiar, social e universal,[439] cuja linguagem não é algo dado, codificado, enclausurado, pré-ordenado, logicizado, de modo fixo, cópia de uma realidade social que é pré-estabelecida, e sim um existencial, um modo de ser-no-mundo-(des)afetivo, um construído, um (des)coberto, uma imagem, um especulativo de um sentido na singularidade do ser dentro da universalidade e faticidade das relações sociais, do mundo em família, porque o ser humano "não é coisa ou substância, mas uma atividade vivida de permanente autocriação e incessante renovação";[440]

3) o ser humano é ontológico, porque se comporta e se relaciona no mundo, sem divisões, sem origens, sem teoria exclusiva (genética, ou afetiva ou ontológica, porquanto é um ser único, total, tridimensional). O humano é um ser com condição comum a todos os humanos, um acontecer, que convive e compartilha nos mundos da ancestralidade sanguínea, do relacionamento social/familiar e consigo mesmo.

O ser humano é um todo tridimensional e, ao mesmo tempo, uma parte genética, afetiva e ontológica, tendo à sua disposição todos os direitos e desejos desses três mundos, uma vez que a existência é uma formação contínua de eventos, pelo que, nas ações de investigações de paternidade/maternidade genética e afetiva, devem ser acrescidos todos os direitos daí decorrentes, como alimentos, herança, poder/dever familiar, parentesco, guarda compartilhada, nome, visitas, paternidade/maternidade genética e afetiva e demais direitos existenciais.

No decorrer da trajetória da vida, o ser humano vai adquirindo direitos, que vão moldando os seus modos de ser-no-mundo, encontrando-se em formação contínua da vida, motivo pelo qual nenhum desses episódios poderá ser renunciado, sob pena de renunciar à carga, à história, à experiência de vida, à evolução da civilização, à linguagem humana e a toda temporalidade, que não pode ser negada como se ela não tivesse ocorrido e nem conduzido o modo de ser-em-família, de ser-em-sociedade e de ser-no-mundo-tridimensional.

A proibição da renúncia a todos os momentos da estrada da vida decorre da manutenção da trilogia dos modos de ser-no-mundo, porque os eventos da existencialidade não são somente os que foram vivenciados, mas, também, "que o seu ser-vivenciado teve um efeito especial, que lhe empresta um significado permanente".[441]

c) Conclusão:

Não reconhecer as paternidades genética e socioafetiva, ao mesmo tempo, com a concessão de "todos" os efeitos jurídicos, é negar a existência tridimensional do ser humano, que é reflexo

---

existe atividade, movimento ou comportamento que não seja influenciado por um programa genético". Por isso, enfatiza Dráuzio, "considerar a orientação sexual mera questão de escolha do indivíduo é desconhecer a condição humana".

[438] MADALENO, Rolf. *Novas perspectivas no direito de família*. Porto Alegre: Livraria do Advogado, 2000, p. 40.

[439] DOURADO, Ione Collado Pacheco; PRANDINI, Regina Célia Almeida Rego. *Henri Wallon*: psicologia e educação. Disponível em: <http://www.anped.org.br/24ff2071149960279.doc>. Acesso em: 26 out. 2004.

[440] BLANC, Mafalda de Faria. *Introdução à ontologia*. Coleção Pensamento e Filosofia. Lisboa: Instituto Piaget, 1990, p. 110.

[441] GADAMER, Hans-Georg. Verdade e método I. 6. ed. Tradução de Flávio Paulo Meurer. Rio de Janeiro. Vozes, 2004, p. 106, 115 e 116.

da condição e da dignidade humana, na medida em que a filiação socioafetiva é tão irrevogável quanto a biológica, pelo que se devem manter incólumes as duas paternidades, com o acréscimo de todos os direitos, já que ambas fazem parte da trajetória da vida humana.

Polêmica, a meu ver, reside na questão registral da dupla paternidade/maternidade (biológica e afetiva), porquanto se o filho já tem um registro de nascimento socioafetivo, como na adoção judicial, na adoção à brasileira ou no reconhecimento voluntário da paternidade, qual seria o nome (sobrenome) que ele adotaria com o acolhimento da paternidade biológica? Qual o sobrenome que ele adotaria no acolhimento da paternidade socioafetiva, quando já registrado pelos pais genéticos? Ele manteria no registro de nascimento o nome dos pais genéticos e dos pais afetivos, ou dos pais genéticos e do pai ou da mãe afetivo(a)?

Entendo que, quando se cuida de ação de estado, de direito da personalidade, indisponível, imprescritível, intangível, fundamental à existência humana, como é o reconhecimento das paternidades genética e socioafetiva, não se deve buscar compreender o ser humano com base no direito registral, que prevê a existência de um pai e uma mãe, e sim na realidade da vida de quem tem, por exemplo, quatro pais (dois genéticos e dois afetivos), atendendo sempre aos princípios fundamentais da cidadania, da afetividade, da convivência em família genética e afetiva e da dignidade humana, que estão compreendidos na condição humana tridimensional.

Por isso, penso não ser correto afirmar, como o faz a atual doutrina e jurisprudência do mundo ocidental, que "a paternidade socioafetiva se sobrepõe à paternidade biológica", ou que "a paternidade biológica se sobrepõe à paternidade socioafetiva", isso porque ambas as paternidades são iguais, não havendo prevalência de nenhuma delas, exatamente porque fazem parte da condição humana tridimensional, que é genética, afetiva e ontológica.[442]

Esse inédito julgamento para o mundo ocidental relativizou a unidimensionalidade genética e a bidimensionalidade genética e afetiva, incorporando no ordenamento jurídico pátrio, pela primeira vez, a *teoria tridimensional do direito de família*, compreendendo o texto, o ser humano, a família por uma teoria filosófica no direito, cuja decisão terá reflexo em todas as questões do direito de família, que não mais poderá ser pensado só pelo mundo genético, nem apenas genético e afetivo, mas, sim, pelos mundos genético, afetivo e ontológico.

Mesmo que haja sentença trânsita em julgado, o ser humano tem o direito fundamental à condição humana tridimensional, genética, afetiva e ontológica, podendo, por isso, investigar, a qualquer tempo, as paternidades genética e socioafetiva. É dizer, em vista da necessidade de o ser humano conhecer os seus modos de ser-no-mundo-genético, de ser-no--mundo-afetivo e de ser-no-mundo-ontológico, não será mais possível a negação desses três mundos, porquanto a condição humana tridimensional é irrevogável, indisponível, imprescritível, intangível, direito fundamental pétreo, cujo direito fundamental à dignidade humana não poderá ser afastado pela coisa julgada, na medida em que, em um Estado Cons-

---

[442] Tribunal de Justiça do Rio Grande do Sul. Apelação Cível nº 70029363918, 8ª Câmara Cível, em 07.05.2009. Relator: Desembargador Claudir Fidélis Faccenda, com a participação dos Desembargadores José Ataídes Siqueira Trindade e Alzir Felippe Schmitz.

titucional, deve ser mantida a harmonia e a integridade da Constituição, principalmente de *todos* os princípios constitucionais.

Na ação de investigação de paternidade, não vejo divergência no seio doutrinário-jurisprudencial quanto a obrigatoriedade da formatação de todas as provas em direito admitido, como documental, testemunhal, depoimento pessoal e pericial, especialmente o exame genético em DNA.

A resistência ainda é notada, quanto a ocorrência, ou não, da coisa julgada, com relação as ações julgadas ANTES da Era do exame genético em DNA, já que, se o ser humano é tridimensional, genético, afetivo e ontológico, a ele não deve ser imposta uma paternidade meramente *registral, formal, presumida,* mas, sim, uma paternidade *genética e socioafetiva,* reconhecendo-se, *a qualquer tempo da vida,* essa dignidade da condição humana.

Nesse sentido, convém citar um julgamento, no Superior Tribunal de Justiça,[443] em que, por decisão da maioria (5x4), foi dito que "não é possível o afastamento da coisa julgada na investigação de paternidade quando, *na época da ação,* foram produzidas todas as provas *disponíveis",* como o exame de sangue, sistemas Kell, ABO, MN e Rh.

Na ementa desse acórdão consta o seguinte: "Investigação de paternidade. Coisa julgada decorrente de ação anterior, ajuizada mais de trinta anos antes da nova ação, esta reclamando a utilização de meios modernos de prova (*exame de DNA*) para apurar a paternidade alegada. Preservação da coisa julgada. Recurso especial conhecido e provido".

O Ministro Humberto Gomes Barros decidiu o seguinte (voto vencedor): "O acórdão recorrido afastou a alegação de coisa julgada material com os seguintes fundamentos: 'A declaração de improcedência não se assentou em falta de provas. Pelo contrário, o Tribunal, examinando as provas, declarou a impossibilidade de o réu ser o pai dos autores. Em rigor, no antigo processo, o réu provou a impossibilidade de ser pai dos réus. Isso é diferente da improcedência da ação em razão da ausência de prova. No entendimento dos julgadores, prova produzida na ação de 1969 afastou categoricamente a paternidade do réu-recorrente. Isso porque a prova do sistema MN, embora não sirva para afirmar paternidade, permite excluí-la com absoluta segurança. Foi o que ocorreu na ação anterior. O perito, em seu laudo, afirmou que o autor não era filho do réu, não deixando margem à dúvida. A sentença de improcedência efetuou declaração negativa de paternidade, considerando provada que o réu não é pai do autor. Tal declaração somente poderia ser enfrentada em ação rescisória'".

---

[443] Recurso Especial nº 706.987-SP, segunda secção. Relator para o acórdão: Ministro Ari Pargendler. Julgamento em 14.05.2008, data de publicação do acórdão em 10.10.2008.

O Ministro Cesar Asfor Rocha disse o seguinte (voto vencedor): "O que há aqui, de novo e seguramente, é o fundamento do pedido, que um instrumento técnico novo, o exame de DNA, poderia aferir com maior grau de certeza a existência ou não da paternidade. E o conhecimento da origem de uma pessoa, evidentemente, importa um direito fundamental, que deve ser protegido, mas se confronta com um outro princípio, que é o princípio da coisa julgada. Na verdade, se formos admitir que, a cada momento em que houver, em qualquer ramo da atividade humana, um avanço tecnológico que se possa aferir o que estava sendo perquirido em uma determinada demanda que não se tenha obtido sucesso, estaríamos fragilizando esse princípio da coisa julgada, que tem por finalidade estabelecer a segurança jurídica e pacificar as relações sociais. Ademais, também penso que não podemos exagerar na crença desses métodos científicos que são anunciados como verdades absolutas, porque, muitas vezes, depois são descredenciados por outros avanços científicos. E é muito bom que seja assim, porque é exatamente por sua insatisfação para com as conquistas tecnológicas alcançadas que o homem se volta a novos avanços".

O Ministro Ari Pargendler asseverou o seguinte (voto vencedor): "Em hipótese alguma admito que a coisa julgada possa ser desconstituída, a não ser pela ação rescisória. Este é um exemplo muito eloquente. A ação é de 1969. Admitamos que o investigado já tivesse falecido e que os bens tivessem sido distribuídos entre os herdeiros. Quais seriam as conseqüências se esse recurso especial fosse denegado? Instaurar-se-ia insegurança jurídica. Imaginem revirar um, dois, três inventários, perseguir direitos que já estão nas mãos de terceiros".

O Ministro Carlos Alberto Menezes Direito verberou o seguinte (voto vencedor): "Está havendo um gravíssimo equívoco com esse adiantamento de que se vai flexibilizar a coisa julgada, o que quer dizer que se vai tirar a segurança jurídica, que opera diante da Constituição e das leis e, por isso, no Brasil, é matéria constitucional. Se a prova foi esgotada e a ação foi julgada improcedente em função da prova realizada, evidentemente não há como se admitir uma nova ação para refazer uma mesma prova por métodos diferentes, sendo o fundamento jurídico da ação exatamente o mesmo, acrescido, ainda, de um outro aspecto, talvez mais relevante: essa criação esbarra na realidade, que é a falibilidade do exame de DNA. A técnica do DNA é uma coisa, a realização do exame outra completamente diferente. A técnica pode ser perfeita, mas a realização do exame não; se fosse, não teríamos tantos equívocos e tantas ações indenizatórias em decorrência de exames que apresentam resultados que não estão compatíveis com a realidade".

O Ministro Jorge Scartezzini tornou público o seguinte (voto vencido):

1) "Infere-se da doutrina pátria que duas são as vertentes aos que buscam diminuir o alcance da coisa julgada material, possibilitando a reapreciação da *quaestio* trazida a Juízo: a) a negativa da existência da própria *res iudicata*, não obstante a preclusão das vias procedimentais passíveis de manejo para reexame da matéria no mesmo processo; b) a admissibilidade de que a coisa julgada, a par de existir, comporta desconsideração, ou seja, a negativa da imutabilidade do *decisum* meritório, conquanto reconhecida a existência da coisa julgada material, em virtude da gravidade do vício que a macula";

2) "Os adeptos de ambas, porém, em linhas gerais, e em menor ou maior grau, utilizam-se dos seguintes argumentos, com vistas à possibilidade de reexame, *in concreto*, de matéria acobertada pela coisa julgada, quais sejam:

2.1) O fato de que, conquanto consubstanciado o respeito à imutabilidade dos efeitos de decisões judiciais de mérito como direito individual fundamental (art. 5º, XXXVI, da CF/88), o próprio ordenamento jurídico pátrio o previu como garantia relativa, permitindo excepcioná-la, *v. g.*, em casos de ação rescisória (art. 485 do CPC), de revisão criminal (art. 621 do CPP) e, recentemente, em se cuidando de execução contra a Fazenda Pública (art. 741, II, e parágrafo único, do CPC, com a redação da Lei nº 11.232/2005). Argumenta-se quanto ao embate entre um direito individual fundamental (art. 5º, XXXVI, da CF/88) e um direito da personalidade, "irrenunciável, imprescritível, indisponível, inegociável, impenhorável, personalíssimo, indeclinável, absoluto, vitalício, indispensável, oponível contra todos, intransmissível, constituído de manifesto interesse público e essencial ao ser humano, genuíno princípio da dignidade da pessoa humana, elevado à categoria de fundamento da República Federativa do Brasil (artigo 1º, III, da CF/88)" (*Belmiro Pedro Welter, Coisa Julgada na Investigação de Paternidade*).

2.2) Aduz-se necessária a exegese legal teleológica (art. 5º da LICC: "Na aplicação da lei, o juiz atenderá aos fins sociais a que ela se dirige e às exigências do bem comum".), com vistas à harmonização do Direito, ciência essencialmente dinâmica, com as inovações socioculturais, científicas e tecnológicas, alcançando-se, enfim, a última *ratio* do próprio processo, é dizer, o escopo de pacificação social. *A regra da coisa julgada, válida para o tempo em que não se conhecia prova segura da filiação, e por isso dependente de ficções, não pode ser mantida contra a evidência da verdade que se extrai do exame de DNA, pois a ninguém interessa – nem aos filhos, nem aos pais, nem à sociedade – que o registro seja a negação da realidade.* REsp nº 196.966/DF, Rel. Min. *RUY ROSADO DE AGUIAR*, DJU 28.02.2000. Não excluída expressamente a paternidade do investigado na primitiva ação de investigação de paternidade, diante da precariedade da prova e da ausência de indícios suficientes a caracterizar tanto a paternidade como a sua negativa, e considerando que, quando do ajuizamento da primeira ação, o exame pelo DNA ainda não era disponível e nem havia notoriedade a seu respeito, admite-se o ajuizamento de ação investigatória, ainda que tenha sido aforada uma anterior com sentença julgando improcedente o pedido".

"3) Todo o progresso da ciência jurídica, em matéria de prova, está na substituição da verdade ficta pela verdade real. A coisa julgada, portanto, em se tratando de ações de estado, como no caso de investigação de paternidade, deve ser interpretada 'modus in rebus'. Nesse particular, Belmiro Pedro Welter, em artigo intitulado 'Coisa Julgada na Investigação de Paternidade', assinala: "Dessa forma, de nada adianta canonizar-se o instituto da coisa julgada em detrimento da paz social, já que a paternidade biológica não é interesse apenas do investigante ou investigado, mas de toda a sociedade, e não existe tranquilidade social com a imutabilidade da coisa julgada da mentira, do engodo, da falsidade do registro público, na medida em que a paternidade biológica é direito natural, constitucional, irrenunciável, imprescritível, indisponível, inegociável, impenhorável, personalíssimo, indeclinável, absoluto, vitalício, indispensável, oponível contra todos, intransmissível, constituído de manifesto interesse público e essencial ao ser humano, genuíno princípio da dignidade da pessoa humana, elevado à categoria de fundamento da República Federativa do Brasil (artigo 1º, III). E esse direito natural e constitucional de personalidade não pode ser afastado nem pelo Poder Judiciário, nem pela sociedade e nem pelo Estado, porque, parafraseando Humberto Theodoro Júnior, se queremos uma sociedade de pessoas livres, não se pode colocar a segurança da coisa julgada acima da justiça e da liberdade, porque um povo sem liberdade e sem justiça é um povo escravo".

"4) Não se pode deixar de registrar ainda os vários precedentes desta Quarta Turma na direção de uma jurisprudência que mais atenda aos fins sociais do processo contemporâneo na verdadeira realização da Justiça, também se aproximando do caso em tela, sob esse prisma, 'mutatis mutandis', o decidido nesta Turma, por unanimidade, no REsp nº 112.101/RS (DJU 18.09.2000), de que foi Relator o Ministro Cesar Asfor Rocha". (REsp nº 226.436/PR, Rel. Min. Sálvio De Figueiredo Teixeira, DJU 04.02.2002)".

A Ministra Nancy Andrighi ponderou o seguinte (voto vencido):

1) "O direito fundamental à segurança jurídica decorrente da coisa julgada não é absoluto, porquanto pode ser relativizado quando se chocar com outros direitos ou princípios fundamentais de igual ou superior importância hierárquica. Com efeito, somente na hipótese de colisão entre direitos ou princípios fundamentais é que se deve admitir, pelo menos

em tese, a chamada 'relativização da coisa julgada', fazendo-se uma ponderação dos bens envolvidos, com vistas a resolver o conflito e buscar a prevalência daquele direito que represente a proteção a um bem jurídico maior.

2) Somente nessas situações é que seria cabível reabrir a discussão da questão coberta pelo manto da coisa julgada, a fim de que outro direito ou princípio fundamental em jogo, que represente a proteção a um bem jurídico maior do que aquele da segurança jurídica decorrente da coisa julgada, prevaleça. Uma dessas hipóteses é justamente quando está em jogo o princípio essencial da dignidade da pessoa humana (CF, art. 1.º, III) que, consoante o posicionamento do STF, *'sempre será preponderante, dada a sua condição de princípio fundamental da República'*. (HC n° 83.358/SP, Rel. Min. Carlos Britto, DJ 04/06/2004, p. 47, EMENTA 2154-02/312). Isso porque, ao apontar como princípio fundamental do Estado brasileiro a dignidade da pessoa humana, a Constituição Federal fixou o princípio hierarquizador e harmonizador de todo o sistema jurídico, pelo qual havendo 'conflito entre princípios de igual importância hierárquica, o fiel da balança, a medida de ponderação, o objetivo a ser alcançado, já está determinado, *a priori*, em favor do princípio, em absoluto, da dignidade humana. Somente os corolários, ou subprincípios em relação ao maior deles, podem ser relativizados, ponderados, estimados. A dignidade, assim como a justiça, vem à tona no caso concreto, se feita aquela ponderação' (cfr. Maria Celina Bodin de Moraes, *Danos à Pessoa Humana, uma leitura civil-constitucional dos Danos Morais*, Rio de Janeiro: Renovar, 2003, p. 85).

3) Para assegurar o direito à dignidade da pessoa humana, pressupõe-se reconhecer a essa pessoa o seu legítimo direito de saber a verdade sobre sua paternidade (nesse sentido, STF, RE n° 248.869/SP, Rel. Min. Maurício Corrêa, DJ 12/03/2004, p. 38, EMENT 02143-04/773). Acresça-se a esses elementos, que uma das expressões concretas do princípio fundamental da dignidade da pessoa humana é justamente ter *direito ao nome* (cfr. STF, RE n° 248.869/SP, Rel. Min. Maurício Corrêa, DJ 12/03/2004, p. 38, EMENT 02143-04/773), 'nele compreendido o prenome e o nome patronímico'. E 'A hipótese mais nítida [desse direito] se manifesta na ação de investigação de paternidade, em que um dos efeitos da vitória é o de atribuir ao investigante o nome do investigado, que até então lhe fora negado e que com a sentença lhe é deferido'. (cfr. Sílvio Rodrigues, *Direito Civil, Parte Geral*, vol. I, 32. ed., de acordo com o novo Código Civil, São Paulo: Saraiva, 2002, p. 72/73).

4) O direito de descobrir a verdadeira paternidade (e consequentemente identidade) e o de ter averbado o *patronímico* do verdadeiro pai no assento de nascimento não podem ser barrados pelo direito à garantia da coisa julgada. Nessas condições, mesmo quando existir coisa julga-

da, a respeito do reconhecimento da paternidade, é possível reabrir tal discussão, diante dos avanços da ciência na área da pesquisa genética e do aumento da certeza dos métodos de determinação da paternidade biológica, porque há uma colisão entre o direito fundamental à segurança jurídica, decorrente da coisa julgada (art. 5º, XXXVI), e o princípio essencial da dignidade da pessoa humana (CF, art. 1º, III), que deve prevalecer sempre. Entendimento contrário seria francamente inconstitucional, em face da prevalência do princípio fundamental da dignidade da pessoa humana.

5) É dever do Poder Judiciário promover a valorização da dignidade da pessoa humana, em respeito à Constituição Federal, sendo fundamental para o atingimento deste objetivo deixar de lado arcaicas soluções jurídicas amparadas estritamente na técnica processual de óbices formais, em detrimento das provas disponíveis com o avanço da ciência, reveladoras que são da tão aspirada verdade real".

O Ministro Castro Filho esclareceu o seguinte (voto vencido):

1) "O tema aqui tratado é *filiação*, direito indisponível e imprescritível, nos termos do que dispõe o artigo 27 do Estatuto da Criança e do Adolescente, configurando-se, entre os direitos da personalidade, o de maior relevância. Daí o manifesto interesse público na matéria. Nesses casos, acertadamente, doutrina e jurisprudência têm entendido que a ciência jurídica deve acompanhar o desenvolvimento social, sob pena de ver-se estagnada em modelos formais, que não respondem aos anseios da sociedade, nem atendem às exigências da modernidade.

2) A esse respeito, por oportuno, destaco as considerações do eminente Ministro Sálvio de Figueiredo Teixeira, no julgamento do REsp 226.436/PR, DJ 04/02/02, onde ficou assentado que não faz coisa julgada material a sentença de improcedência da ação de investigação de paternidade por insuficiência de provas da paternidade biológica: '[...] todo o progresso da ciência jurídica, em matéria de prova, está na substituição da verdade ficta pela verdade real. A coisa julgada, portanto, em se tratando de ações de estado, como no caso de investigação de paternidade, deve ser interpretada *modus in rebus*'.

3) Na oportunidade, sua excelência trouxe à baila o escólio de Belmiro Pedro Welter (*Coisa julgada na investigação de paternidade*. Porto Alegre: Síntese, 2000, p. 123/124), onde se assinala:

'Dessa forma, de nada adianta canonizar-se o instituto da coisa julgada em detrimento da paz social, já que a paternidade biológica não é interesse apenas do investigante ou investigado, mas de toda a sociedade, e não existe tranquilidade social com a imutabilidade da coisa julgada da mentira, do engodo, da falsidade do registro público, na medida em que a paternidade biológica é direito natural, constitucional, irrenunciável, imprescritível, indisponível, inegociável, impenhorável, personalíssimo, indeclinável, absoluto, vitalício, indispensável, oponível contra todos, intransmissível, constituído de manifesto interesse público e essencial ao ser humano, genuíno princípio da dignidade humana, elevado à categoria de fundamento da República Federativa do Brasil (artigo 1°, II). E esse direito natural e constitucional de personalidade não pode ser afastado nem pelo Poder Judiciário, nem pela sociedade e nem pelo Estado, porque, parafraseando Humberto Theodoro Júnior, se queremos uma sociedade de pessoas livres, não se pode colocar a segurança da coisa julgada acima da justiça e da liberdade, porque um povo sem liberdade e sem justiça é um povo escravo, devendo ser entendido que 'mudou a época, mudaram os costumes, transformou-se o tempo, redefinindo valores e conceituando o contexto familiar de forma mais ampla que, com clarividência, pôs o constituinte de modo o mais abrangente, no texto da nova Carta. E nesse novo tempo não deve o Poder Judiciário, ao qual incumbe a composição dos litígios com olhos na realização da justiça, limitar-se à aceitação de conceitos pretéritos que não se ajustem à modernidade'.

4) Devo confessar que me inscrevo entre aqueles que defendem a intangibilidade da coisa julgada. Mas o Direito, mesmo sendo ramo das ciências, para que possa continuar como regulador eficiente dos fatos que geram os bens da vida, há de ceder espaço a outras ciências que, mesmo sendo mais exatas, estão sujeitas às mutações impostas pelo progresso".

O Ministro Massami Uyeda narrou o seguinte (voto vencido): "Quanto à alegada violação dos artigos 5°, XXXVI, da Constituição Federal, e 6° da LICC, veja-se que este egrégio Superior Tribunal de Justiça não se presta à análise de matéria constitucional, cabendo-lhe, somente, a infraconstitucional, já que o artigo 105, III, da Constituição Federal, prevê o cabimento do especial apenas quando a decisão recorrida contrariar tratado ou lei federal, ou negar-lhes vigência. No tocante ao instituto da coisa julgada, é certo que figura-se como fenômeno necessário à estabilidade das relações sociais pela necessidade da segurança das decisões judiciais.

2) Entretanto, como bem ressaltado pelo eminente Ministro Castro Filho, em seu voto-vista, o direito de personalidade figura-se, na espécie, como de maior relevância dentre todos. *Inclusive, o entendimento quanto ao tema consubstanciado no julgamento do REsp 226.436/SP, Relator Ministro Sálvio de Figueiredo Teixeira, DJ de 6/2/2002, reflete o posicionamento majoritário desta Corte no sentido da possibilidade de relativização da coisa julgada em caso de investigação de paternidade*" (assinalei).

Diante do empate na decisão do Superior Tribunal de Justiça, o Ministro Aldir Passarinho Júnior decidiu que *não é possível relativizar a coisa julgada na investigação de paternidade quando foram produzidas todas as provas existentes na época*, nos termos:

1) "Trata-se de recurso especial, em que se discute o afastamento ou não da coisa julgada, para que seja renovada investigação de paternidade, ao fundamento de que com o advento do exame de DNA, seria, agora, adequadamente verificada a vinculação entre os autores e o réu;

2) Em essência, a controvérsia gira em torno de dois primados constitucionais. O primeiro deles, o da dignidade da pessoa humana (art. 1º, III, da Carta Política vigente), no qual se insere o direito de conhecer a sua origem, com os consequentes reflexos a sua pessoa no mais profundo âmago, a sua vida pessoal e patrimonial. O segundo, o primado da coisa julgada, da segurança e estabilidade da ordem jurídica (art. 5º, inciso XXXVI), protegida, inclusive, de leis ulteriores;

3) Diferentemente do doutrinador, cuja liberdade de reflexão é abstrata, compete ao julgador fazer sua escolha para solucionar um caso concreto. Mas, inevitavelmente, ao assim fazê-lo firma um precedente, para o qual deve atentar, pela magnitude do reflexo que tem sobre outras situações semelhantes, que ocorrem nesta Corte e, sobremaneira, nos demais juízos e tribunais do País. Daí porque, rogando a máxima vênia à divergência, não me filio à tese por ela sufragada, que importa, em essência, e sem subterfúgios semânticos, na relativização da coisa julgada;

4) Na hipótese presente, a prestação jurisdicional já fora dada aos autores, de forma absolutamente regular, pelos meios usuais, mediante uma ação de investigação de paternidade proposta no longínquo ano de 1969, julgada improcedente em 11.05.1970, sentença confirmada pelo TJSP em 27.08.1970. Nela foram coligidos os dados fáticos disponíveis e realizada prova pericial, com as técnicas de então. Passam-se os anos, muitos por sinal, até que com o advento da técnica do exame de DNA, nova ação é proposta, contendo o mesmo pedido, mesmo fundamento, apenas que se acenando com a possibilidade de realização de um novo meio de prova;

5) De um lado, extrai-se que não houve subtração aos autores do direito de defesa quando do primeiro julgamento, na formação da coisa julgada. Não. Tudo transcorreu dentro do que os órgãos julgadores consideraram aceitável e regular, feitas as provas admitidas no curso da lide. Formou-se a coisa julgada. Não houve a sua desconstituição, mediante ação rescisória, no prazo legal. Tornou-se imutável. A partir de então, consolidaram-se as situações, do ponto de vista pessoal, familiar, social e econômico. Instaurou-se uma ordem jurídica definitiva, reguladora dessas relações, sem vícios ou fraudes, e isonomicamente a ambas

as partes. Fez-se a justiça, dentro da mais absoluta constitucionalidade e legalidade.

6) É certo que pode haver falhas. A prestação jurisdicional não está a tanto infensa. Mas o que se pretende não é a correção de uma falha, é a rediscussão de um direito que já foi apreciado e afastado, como tantos outros casos em que isso ocorreu, ao longo de todo o período em que não se fazia o exame de DNA. O essencial é que tenha havido a prestação jurisdicional regular, que é um direito inalienável do cidadão. E isso aconteceu. Não pode haver uma eterna pendência.

7) Como ressaltaram os doutos Ministros que acolheram o recurso especial, a adotar-se o contrário, a cada nova técnica, nova descoberta científica, ter-se-á de rever tudo o que já restou decidido, com reflexos amplos sobre pessoas que há muito seguiram suas vidas – investigantes, investigado, descendentes, parentes, cônjuges etc. –, considerando uma ordem jurídica estabilizada pela coisa julgada, garantida pela Constituição da República e leis do País. Impossível, pois, afastar-se o próprio interesse público na segurança jurídica em detrimento do particular, ainda que este seja inegavelmente relevante. Relevante, tenho eu, porém não preponderante".

Discordo do pensamento da maioria dos eminentes Ministros do Superior Tribunal de Justiça, na medida em que, em tempos de constitucionalismo, os princípios da coisa julgada e da segurança jurídica não são preponderantes, não podendo, portanto, afastar a aplicação de todos os demais princípios constitucionais, muito menos da condição humana tridimensional, genética, afetiva e ontológica, pilar da República e do Estado Democrático de Direito.

No terceiro milênio, deve-se ter cautela ao falar em segurança jurídica, visto que a racionalidade jurídica foi gerada num contexto em que as relações sociais "se inscrevem nos acanhados limites duma técnica ainda primitiva", com o que, ao pretender a segurança jurídica e a certeza absoluta e única da lei, torna-se incompatível com o Estado Democrático de Direito,[444] que se encontra inserido em uma Era de alta dinâmica social. Aplica-se, nesse contexto, o libelo de Streck, de que a pretensiosa segurança jurídica não representa mais do que uma forma acabada de discricionariedade judicial, visto que "não há pura interpretação; não há hermenêutica 'pura'. Hermenêutica é faticidade; é vida; é existência, é realidade. É condição de ser no mundo".[445]

---

[444] AGRA, Walber de Moura. *Republicanismo*. Porto Alegre: Livraria do Advogado, 2005, p. 104.
[445] STRECK, Lenio Luiz. A hermenêutica filosófica e as possibilidades de superação do positivismo pelo (neo)constitucionalismo. In: *Constituição, sistemas sociais e hermenêutica: Anuário do Programa de Pós-Graduação em Direito da UNISINOS*: Porto Alegre: Livraria do Advogado, 2005, p. 160 a 162.

Além disso, a humanidade tornou-se líquida,[446] significando que toda solidez é desmanchada no ar, e tudo o que for sagrado, torna-se profanado,[447] pelo que a segurança jurídica está na iminência de desmanchar-se no ar, porque seu método é limitado, individualista e antidemocrático, não acompanhando a evolução social, em que a modernidade sólida (pesada) transformou-se em modernidade líquida (leve), *infinitamente mais dinâmica*.[448] Não é sem motivo que Streck[449] denuncia que "o paradigma (modelo/modo de produção de Direito) liberal-individualista está esgotado. O crescimento dos direitos transindividuais e a crescente complexidade social (re)clamam novas posturas dos operadores jurídicos".

A coisa julgada na investigação de paternidade deve ser compreendida com base na *Teoria Tridimensional do Direito de Família*, que reconhece o ser humano não como um ser genético, nem apenas genético e afetivo, mas, sim, genético E afetivo E ontológico, pelo que ele tem o direito fundamental à condição humana tridimensional, que é um princípio preponderante ao da coisa julgada, diante do fato de ser o pilar da República e do Estado Constitucional. Quer dizer, é possível o ajuizamento de nova ação de investigação de paternidade se na ação anterior não foi outorgada a trindade da condição humana, não havendo, em decorrência, a incidência da coisa julgada, pois a decisão judicial não apreciou o mérito da ação de estado.

Antes da Era do exame genético em DNA, não era possível ao Judiciário a afirmação *científica* da paternidade, mas, nem por isso, o ser humano precisa carregar, para sempre, a incerteza de seu mundo genético, já que, desde o início da humanidade, o ser humano carregou consigo a condição humana tridimensional, que não é formal, presumida, e sim existencial, genética, afetiva e ontológica.

Desse modo, se alguém tem um pai meramente registral, formal, presumido, deve ter o direito fundamental, decorrente do princípio da dignidade humana, de saber a sua origem, a sua ancestralidade, a sua condição humana tridimensional, pois, como diz Lenio Luiz Streck,[450] "sa-

---

[446] BAPTISTA DA SILVA, Ovídio Araújo. Coisa julgada relativa? In: *Anuário de pós-graduação em Direito*. São Leopoldo: Unisinos, 2003, p. 363.

[447] SANTOS, Boaventura de Souza. *Pela mão de Alice. O social e o político na pós-modernidade*. 9. ed. São Paulo: Cortez, 2003, p. 23. Enfatiza que essa expressão foi utilizada no Manifesto Comunista de 1.848, por Marx e Engels.

[448] BAUMAN, Zygmunt. *Modernidade Líquida*. Traduzido por Plínio Dentzien. Rio de Janeiro: Jorge Zahar, 2001, textos constantes na orelha esquerda e na contracapa do livro.

[449] STRECK, Lenio Luiz. Hermenêutica (jurídica) e Estado Democrático de Direito: uma análise crítica. In: *Anuário do Programa de Pós-Graduação em Direito. Mestrado e Doutorado*. Leonel Severo Rocha, Lenio Luiz Streck e José Luis Bolzan de Morais (orgs.). São Leopoldo: UNISINOS, 1999, p. 77, 105 e 108.

[450] STRECK, Lenio Luiz. Respondendo a um e-mail, em 09.05.2007, acerca da indagação que lhe fiz sobre a questão da entificação do ser do ser humano na investigação de paternidade.

ber o nome do pai é uma questão civilizatória; é o resgate da origem; do desvelamento de nosso ser; a angústia que persegue o homem desde a aurora da civilização é saber quando e de que maneira algo é e pode ser. Portanto, proteger o nome do pai no anonimato é metafísica, é a negação da origem, do primeiro, da aurora das coisas. Enfim, negar o nome do pai é negar o princípio".

A renovação da ação de investigação de paternidade tem o propósito de outorgar ao ser humano o que não lhe foi concedido na ação anterior, qual seja, o direito fundamental à condição humana tridimensional, pelo que não se está afastando o princípio constitucional da coisa julgada, mas, sim, afirmando que, sem a condição humana tridimensional, genética, afetiva e ontológica (artigo 1º, III, da CF), a sentença da ação investigação de paternidade *não estará declarando, jurídica e cientificamente, a ocorrência da paternidade genética*, isto é, *não examinará o mérito da ação de estado*.

Não há dúvida de que a tridimensionalidade humana é um direito fundamental, porquanto, segundo Luigi Ferrajoli,[451] "son derechos fundamentales todos aquellos derechos subjetivos que corresponden universalmente a todos los seres humanos em cuanto dotados del 'status' de personas com capacidad de obrar". Cuida-se de um direito humano universal, pelo que a denegação do direito aos mundos genético, afetivo e ontológico, em plena Era Republicana e Constitucional, representa a face oculta da proteção dos direitos humanos, muito mais antijurídico, desumano e atentatório à humanidade do que relativizar, eventualmente, a coisa julgada.

É equivocada a compreensão de que o princípio da coisa julgada pode trazer segurança jurídica, paz e ordem social, pois, como na Constituição do País estão insertos dezenas de princípios, é razoável e proporcional que o Direito, nele incluída a investigação de paternidade genética e socioafetiva, não pode ser compreendido unicamente com base na ocorrência, ou não, da coisa julgada, mas, sim, tomando-se como paradigma *a harmonia e integridade de toda a principiologia constitucional*.

Na Era do neoconstitucionalismo, não se concebem posturas que acolhem tão só um princípio constitucional – da coisa julgada na investigação de paternidade –, em detrimento de todos os demais princípios do direito de família, já que a realidade da vida comprova que o ser humano vive, ao mesmo tempo, em três mundos: genético, afetivo e ontológico, direito humano fundamental, imprescritível, indisponível, intransmissível, impenhorável, irrenunciável, incomunicável, enfim, intocável, pelo que nenhum princípio constitucional poderá obstacularizar o conhecimento

---

[451] FERRAJOLI, Luigi. *Derechos y garantias: la ley del más débil*. Madrid: Trotta, 1999, p. 37, *apud* STRECK, Maria Luiza Schäfer. *Direito Penal e Constituição*. Porto Alegre: Livraria do Advogado, 2009, p. 55 e 58.

dessa trindade humana, com a concessão de todos os direitos dessas duas paternidades, ao mesmo tempo, harmonizando-se, assim, toda a principiologia constitucional.

Em um Estado Constitucional, não há coisa julgada se houver ofensa aos princípios que edificaram o Estado Republicano, Democrático, Laico e Social de Direito, com a denegação dos modos de ser-no-mundo-genético, de ser-no-mundo-afetivo e de ser-no-mundo-ontológico. A coisa julgada ocorre se a sentença examinar o mérito da demanda investigatória de paternidade, e isso se dá unicamente com o reconhecimento judicial da condição humana tridimensional, com a produção de todas as provas em direito admitidas, sempre que possível, como documental, testemunhal, depoimento pessoal e pericial, especialmente o exame genético em DNA.

Caso a tridimensionalidade humana não puder ser declarada, deverá ser extinto o processo investigatório de paternidade, sem resolução do mérito, visto que não foi examinada a realidade biológica, mas unicamente o simulacro do mundo genético, sendo, pois, admitida nova ação, já que *o tempo não pode impedir nenhuma pessoa humana de buscar o seu verdadeiro pai. E o sistema de direito positivo, que nasceu com a Constituição de 1988, consagrou, sem dúvida, esse postulado de ordem pública.*[452]

Portanto, a imutabilidade da coisa julgada atenta contra a paz e a tranquilidade social, à República, ao Estado Democrático de Direito e à condição humana tridimensional, que não é do interesse só do investigante ou do investigado, mas de toda a sociedade, vez que diz respeito à questão civilizatória, ao resgate da origem, ao desvelamento de nosso ser e ao princípio da humanidade, direito constitucional fundamental, constituído de manifesto interesse público e essencial ao ser do ser humano, genuíno princípio da dignidade da pessoa humana.

Numa só palavra, diante da harmonia e integridade de todos os princípios constitucionais, o princípio da condição humana tridimensional sempre será preponderante, dada a sua condição de fundamento da República, do Estado Democrático e do Direito. Do conflito entre esse princípio, da segurança jurídica e da coisa julgada, a medida de ponderação é predeterminada pelo princípio da dignidade humana tridimensional, genética, afetiva e ontológica, admitindo-se, assim, a renovação da investigação de paternidade, até que seja declarada, com precisão científica, a condição humana tridimensional.

---

[452] REsp nº 158.086-MS, Rel. Min. Carlos Alberto Menezes Direito, DJ de 28/08/2000). Iterativos precedentes. Agravo improvido. (AgRg no REsp 400103/RS, Quarta Turma do STJ, Relator Min. Hélio Quaglia Barbosa, j. 21.09.2006).

Referências bibliográficas

AGRA, Walber de Moura. *Republicanismo*. Porto Alegre: Livraria do Advogado, 2005.
AHRENS, Ney da Gama. Comportamento processual da parte como prova. *Revista da Ajuris* nº 06, de 03/76.
ALBUQUERQUE, Antônio Augusto. Reportagem constante no *Jornal Correio do Povo*, de Porto Alegre, de 12.11.98.
ALMEIDA, Aline Mignon de. *Bioética e Biodireito*. Rio de Janeiro: Lumen Juris, 2000.
ALMEIDA, Maria Christina de. *Investigação de Paternidade e DNA: aspectos polêmicos*. Porto Alegre: Livraria do Advogado, 2001.
──────. Prova do DNA: uma evidência absoluta?. In: *Revista Brasileira de Direito de Família* - Nº 2 - Jul-Ago-Set/99, Porto Alegre, 1999.
ALMEIDA, Silmara Juny de Abreu Chinelato e. Exame de DNA, Filiação e Direitos da Personalidade. In: *Grandes Temas da Atualidade, DNA como meio de prova da filiação*. Eduardo de Oliveira Leite (coord.). Rio de Janeiro: Forense, 2000.
ALMEIDA JÚNIOR, A. *Paternidade: aspectos biopsicológico, jurídico e social*. São Paulo: Cia. Editora Nacional, 1940.
AMAR, Ayush Morad. *Investigação de Paternidade e Maternidade do ABO ao DNA*. Cone, 1991.
AMARAL, José Amir do. Investigação de paternidade. In: *Revista Ajuris* 63/219, de mar./95, Porto Alegre, 1995.
ARAGÃO, Egas Moniz de. *Sentença e coisa julgada*. Rio de Janeiro: Aide, 1992.
ARANTES, Valéria Amorim. *Afetividade e Cognição: rompendo a dicotomia na educação*. Disponível em: http://www.hotto-pos.com/videtur23/valeria.htm. Acesso em 26.10.2004.
ARRUDA, José Acácio; PARREIRA, Kleber Simônio. *A Prova Judicial de ADN*. Belo Horizonte: Del Rey, 2000.
ASIMOV, Isaac. *O Código Genético*. São Paulo: Cultrix, 1962.
AZAMBUJA, Maria Regina Fay de. *Violência sexual intrafamiliar: é possível proteger a criança?* Porto Alegre: Livraria do Advogado, 2004.
BALLONE, GJ. *Afetividade*. Disponível em: http://www.psiqweb.med.br/cursos/afet.html. Acesso em 26.10.2004.
BAPTISTA DA SILVA, Ovídio A. Coisa julgada relativa. In *Anuário do Programa de Pós-Graduação em Direito. Mestrado e Doutorado*. Leonel Severo Rocha e Lenio Luiz Streck (orgs.). São Leopoldo: UNISINOS, 2003.
──────. *Curso de Processo Civil*. Processo de conhecimento. 5.ed. São Paulo: Revista dos Tribunais, 2001. Volume I.
BAQUERO, Victoriano. *Afetividade Integrada Libertadora*. 3.ed. Rio de Janeiro: Edições Loyola, 1992.
BARBOZA, Heloísa Helena. Novas relações de filiação e paternidade. In: *Repensando o direito de família, Anais do I Congresso Brasileiro de Direito de Família*. Rodrigo da Cunha Pereira (coord.). IBDFAM, OAB-MG, Belo Horizonte: Del Rey, 1999.
BARROS, Fabrício Silveira. O interesse superior da criança como paradigma da filiação sócio-afetiva. In: *O direito de família descobrindo novos caminhos*. Maria Cláudia Crespo Brauner (coord.). Canoas: La Sale, 2001.
BARROS, Fernanda Otoni de. Um Pai Digno de Ser Amado. Direito de família: a família na travessia do milênio. *Anais do II Congresso Brasileiro de Direito de família*. Rodrigo da Cunha Pereira (coordenador), Belo Horizonte, IBDFAM, OAB – Minas Gerais: Del Rey, 2000.
BARROS, Sérgio Resende. A Constituição e o afeto. In: *Boletim IBDFAM*, de novembro/dezembro de 2005.
BARROSO, Luís Roberto. *Interpretação e aplicação da Constituição*. 5. ed. São Paulo: Saraiva, 2003.
BAUMAN, Zygmunt. *Modernidade Líquida*. Traduzido por Plínio Dentzien. Rio de Janeiro: Jorge Zahar Editor, 2001.
BEBER, Jorge Luiz Costa. Ação negatória de paternidade aforada por pai registral ou reconhecido judicialmente. In: *Revista Jurídica* nº 258, p. 39, de 04/99, e CD revista jurídica nº 04/2000.

BEVILAQUA, Clovis. *Direito da Família*. 7. ed. Rio de Janeiro: Freitas Bastos, 1943.
BÍBLIA CATÓLICA. *Antigo e Novo Testamento*. Traduzido por: Padre Antônio Pereira de Figueiredo. Difusão Cultural do Livro. Gênesis.
BITTENCOURT, Edgard de Moura. *Concubinato*. São Paulo: Leud, 1975.
———. *Família: casamento, divórcio, concubinato, filiação, filhos de criação; adoção comum, simples e plena*, 4. ed. São Paulo: Universitária de Direito, 1987.
BLANC, Mafalda de Faria. *Introdução à Ontologia*. Coleção Pensamento e Filosofia. Lisboa: Instituto Piaget, 1990.
BOEIRA, José Bernardo Ramos. *Investigação de Paternidade: Posse de Estado de Filho: paternidade socioafetiva*. Porto Alegre: Livraria do Advogado, 1999.
BOFF, Leonardo. *Ethos mundial: um consenso mínimo entre os humanos*. Brasília: Letraviva, 2000.
BONAVIDES, Paulo. *Curso de Direito Constitucional*. 11. ed. São Paulo: Malheiros, 2001.
———. *Do País Constitucional ao País Neocolonial: a derrubada da Constituição e a recolonização pelo golpe de Estado institucional*. 2. ed. São Paulo: Malheiros, 2001.
———. Prefácio na obra *Dignidade da Pessoa Humana e direitos fundamentais na Constituição Federal de 1988*, de Ingo Wolfgang Sarlet. Porto Alegre: Livraria do Advogado, 2001.
BRAGA, Renata. Por um estatuto jurídico do embrião humano. In: *Direitos de Família, uma abordagem interdisciplinar*. Reinaldo Pereira Silva e Jackson Chaves de Azevedo (coords.). São Paulo: LTr, 1999.
BRAGA, Valeschka e Silva. *Princípios da proporcionalidade & da razoabilidade*. Curitiba: Juruá, 2004.
BRAUNER, Maria Cláudia Crespo. *A bioética e os progressos tecnocientíficos da medicina moderna: quais os limites de segurança*. São Leopoldo, RS: Anuário da Unisinos, 1999.
———. Casamento Desfeito, Transitoriedade e Recomposição Familiar. In: *Casamento, uma escuta além do Judiciário*. Ivone M. C. Coelho de Souza (org.).Florianópolis: VoxLegem, 2006.
———. Nascer com dignidade frente à crescente instrumentalização da reprodução humana In: *Revista do Direito do Programa de Pós-Graduação em Direito-Mestrado nº 14 (jul./dez.2000)*. Santa Cruz do Sul: Editora UNISC, 2000.
———. Novos contornos do Direito da Filiação: a dimensão afetiva das relações parentais. São Leopoldo, RS. In: *Anuário da UNISINOS*, 2000 e Revista Ajuris nº 78, de 07/2000.
BRUM, Argemiro J. *O Desenvolvimento Econômico Brasileiro*. 20. ed. Ijuí: Editora UNIJUÍ, 1999.
BRUN, Jean. *Os Pré-Socráticos*. Traduzido por Armindo Rodrigues. Lisboa: Edições 70.
BRUNET, Karina Schuch. *Engenharia Genética: Implicações Éticas e Jurídicas*. Porto Alegre: Revista Jurídica nº 274, 08/2000.
BUZZI, Arcângelo R. *Introdução ao pensar*. 31. ed. Rio de Janeiro: Vozes, 2004.
CAHALI, Yussef Said. *Divórcio e Separação*, 9. ed. São Paulo: Revista dos Tribunais, 2000.
CANOTILHO, J.J. Gomes. In: *Canotilho e a Constituição Dirigente*. 2. ed. Jacinto Nelson de Miranda Coutinho (org.). São Paulo: Renovar, 2005.
———. *Direito Constitucional e Teoria da Constituição*. 3. ed. Coimbra – Portugal: Livraria Almedina, 1999.
CAPPELLETTI, Mauro; GARTH, Bryan. *Acesso à Justiça*. Tradução Ellen Gracie Northfleet. Porto Alegre: Fabris, 1988.
CAPPELLETTI, Mauro. *Juízes legisladores?* Traduzido por Carlos Alberto Álvaro de Oliveira. Porto Alegre: Fabris, 1999.
CARLUCCI, Aída Kemelmajer de. Unificación supranacional del derecho de familia. In: *VI Jornada Jurídica Nacional e I Jornada Internacional de Direito de Família*. Realizada em novembro de 1997, Porto Alegre: ADV, Instituto dos Advogados do Rio Grande do Sul, Seleções Jurídicas, março/abril de 1998.
CARVALHO, Hélio Costa Veiga de. Da imprescritibilidade da ação negatória de paternidade e da legitimidade ativa do próprio autor do reconhecimento da filiação. In: *Revista da Faculdade de Direito da USF*, Volume nº 17, 2000, e CD juris síntese 29, de 08.2001.
CARVALHO, Salo de. *Pena e garantias: uma leitura do garantismo de Luigi Ferrajoli no Brasil*. Rio de Janeiro: Lumen Juris, 2001.
CASTELLS, Manuel. *A Sociedade em Rede*, 2. ed. São Paulo: Paz e Terra, 1999.
CATTANI, Aloysio Raphael; PINTO, Ana Célia Roland Guedes; FRANCO, Beatriz Cardoso Esteves; MARRACCINI, Eliane Michelini; SALEH, Lígia Pimenta; HUNGRIA, Maria Cristina Leme; NASSOUR, Mariza Naldony; FERREIRA, Verônica A. M. Cesar. O Nome e a Investigação de Paternidade: uma nova proposta interdisciplinar. Direito de Família e Ciências Humanas. Eliana Riberti Nazareth, Maria Antonieta Pisano Motta (Coordenação geral). In: *Caderno de Estudos* nº 2, São Paulo: Jurídica Brasileira, 1998.
CERQUEIRA Filho, Giságlio. *Estatuto da Criança e do Adolescente Comentado: comentários jurídicos e sociais*. Munir Cury; Antônio Fernando do Amaral e Silva; Emílio García Mendez (Coords.). 2. ed. São Paulo: Malheiros, 1992.
CEZAR, Marcos Cailleaux. Exame de DNA pode relativizar a coisa julgada na ação de investigação de paternidade?. In: *Revista Justiça & Cidadania*, edição 90, jan. 2008.

CHASIN, Ibaney. *O canto dos afetos*. São Paulo: Perspectiva, 2004.
CHAVES, Antônio. *Adoção*. Belo Horizonte: Del Rey, 1995.
CHIOVENDA, Giuseppe. *Instituição de Direito Processual Civil*. 2. ed. Traduzido por J. Guimarães Menegale. São Paulo: Livraria Acadêmica Saraiva, 1942, v. I.
CINTRA, Antonio C. de Araujo. et al. *Teoria Geral do Processo*. 18. ed. São Paulo: Malheiros, 2002.
COBRA, Rubem Q. *Martin Heidegger*. Disponível em: http://www.cobra.pages.nom.br/fc-heidegger.html. Acesso em 20.12.2001.
CONDE, Enrique Álvarez. *Curso de Derecho Constitucional*. 3. ed. Madrid: Editorial Tecnos, 1999, v. I.
CORRÊA, Darcísio. *A construção da cidadania, reflexões histórico-políticas*. Ijuí: Editora UNIJUÍ, 1999.
CORTES, Hélio Armond Werneck. *Revelia, Confissão e Transigência dos Direitos Indisponíveis*. In: RT 471/28.
COSTA, Maria Luiza Andreozzi da. *Piaget e a intervenção psicopedagógica*. São Paulo: Olho d´Água, 1997.
COULANGES, Fustel de. *A Cidade Antiga*. 4. ed. Traduzido por Fernando de Aguiar. São Paulo: Martins Fontes, 1998.
CRETELLA Júnior. *Curso de Direito Romano: o direito romano e o direito civil brasileiro, no novo Código Civil*. 28. ed. Rio de Janeiro: Forense, 2003.
D'AGOSTINI, Franca. *Analíticos e continentais*. Traduzido por Benno Dischinger. Coleção Ideias. São Leopoldo: Unisinos, 2003.
DIAS, Maria Berenice. Incesto: um pacto de silêncio. In: *Boletim IBDFAM* de novembro/dezembro de 2005.
──────. Investigação de paternidade, prova e ausência de coisa julgada material. In: *Revista brasileira de direito de família* nº 01, de abril/maio/jun./99. Porto Alegre: Síntese, 1999.
──────. Investigação de paternidade, prova e ausência de coisa julgada material. Disponível em: <http://www.mariaberenice.com.br>. Acesso em: 07 de março de 2008.
DIAS, Maria Berenice. Souza, Ivone M. C. Coelho de. Separação Litigiosa, na 'Esquina' do Direito com a Psicanálise. In: *Revista da Ajuris*, doutrina e jurisprudência, Porto Alegre, Ano XXVI - nº 76, 12/99.
DINARMARCO, Cândido Rangel. Relativizar a coisa julgada. In: *Revista da Escola Paulista de Magistratura*. São Paulo, vol. 2, n. 2, jul/dez, 2001. Disponível em: <http://www.epm.sp.gov.br. Acesso em: 07 de março de 2008.
DINIS, Joaquim José de Souza. *Filiação Resultante da Fecundação Artificial Humana, Direitos de Família e do Menor - inovações e tendências - doutrina e jurisprudência*. 3. ed. Sálvio de Figueiredo Teixeira (coordenador). Belo Horizonte: Del Rey, 1993.
DOTTI, René Ariel. O exame de DNA e as garantias do acusado. In: *Grandes Temas da Atualidade, DNA como meio de prova da filiação*. Eduardo de Oliveira Leite (coord.). Rio de Janeiro: Forense, 2000.
DOURADO, Ione Collado Pacheco; PRANDINI, Regina Célia Almeida Rego. *Henri Wallon: psicologia e educação*. Disponível em: http://www.anped.org.br. Acesso em 26.10.2004.
DUBY, Georges. *Idade Média, idade dos homens: do amor e outros ensaios*. Traduzido por Jônatas Batista Neto. São Paulo: Companhia das Letras, 1989.
ENGELS, Friedrich. *A origem da família, da propriedade privada e do Estado*. 14. ed. Tradução Leandro Konder. Rio de Janeiro: BCD União de Editoras, 1997.
ESPINDOLA, Angela Araujo da Silveira; SALDANHA, Jânia Maria Lopes. Construir a Constituição para a Cidadania: A compreensão e a Linguagem na Nova Crítica do Direito Afastando os Mitlaufers Jurídicos. In: *Olhares hermenêuticos sobre o Direito*. Douglas Cesar Lucas (org.). Ijuí: Editora Unijuí, 2006.
FACHIN, Luiz Edson. *Elementos Críticos do Direito de Família: curso de direito civil*. Rio de Janeiro: Renovar, 1999.
──────. *Da Paternidade: relação biológica e afetiva*. Belo Horizonte: Del Rey, 1996.
FACHIN, Luiz Edson. *Da Paternidade: relação biológica e afetiva*. Belo Horizonte: Del Rey, 1996.
──────. *Elementos Críticos do Direito de Família: curso de direito civil*. Rio de Janeiro: Renovar, 1999.
──────. *Estabelecimento da Filiação e Paternidade Presumida*. Porto Alegre: Fabris, 1992.
──────. Família Hoje. In: *A Nova Família: problemas e perspectivas*. Vicente Barreto (org.). Rio de Janeiro: Renovar, 1997.
FERNANDES, Tycho Brahe. O exame de DNA na prova criminal. In: *Grandes Temas da Atualidade, DNA como meio de prova da filiação*. Eduardo de Oliveira Leite (coord.). Rio de Janeiro: Forense, 2000.
FERRAJOLI, Luigi. *Derecho y razón. Teoria del garantismo penal*. 4. ed. Traduzido por Perfecto Andrés Ibañez et al. Madrid: Editorial Trotta, 2000.
FERRAZ JÚNIOR, Tércio Sampaio. *Constituição de 1988: legitimidade, vigência e eficácia, supremacia*. São Paulo: Atlas, 1989.
FERRAZ, Sérgio. *Manipulações Biológicas e Princípios Constitucionais: uma introdução*. Porto Alegre: Sergio Antonio Fabris Editor, 1991.
FERREIRA, Patrícia Vasconcellos Pires. *Afetividade e cognição*. Disponível em: http://www.psicopedagogia.com.br/artigos/artigo.asp?entrID=404. Acesso em 29.10.2004.

FIDA, Orlando. e ALBUQUERQUE, J. B. Torres de. *Investigação de Paternidade*. São Paulo: Editora de Direito, 1996.

FILIPPI, Rejane. Recasamentos. In: *Casamento, uma escuta além do Judiciário*. Ivone M. C. Coelho de Souza (org.). Florianópolis: Vox Legem, 2006.

FONSECA, Antonio Cezar Lima da. Anotações aos direitos da personalidade. In: *Revista do Ministério Público* nº 37/277, de mar./95, Porto Alegre, 1995.

FRAGA, Gustavo de. *Sobre Heidegger*. Coimbra: Livraria Almedina, 1965.

FREITAS, Juarez. Tendências Atuais e Perspectivas da Hermenêutica Constitucional. In: *Revista da Ajuris*, Porto Alegre, ano XXVI - nº 76 - dezembro de 1999.

FREYRE, Gilberto. *Casa-Grande & Senzala*. 49. ed. São Paulo: Global, 2004.

FROMM, Erich. *A arte de amar*. Traduzido por Eduardo Brandão. São Paulo: Martins Fontes, 2000.

GABRIEL CHALITA. Educação: a solução está no afeto. 8. ed. São Paulo: Gente, 2001.

GADAMER, Hans-Georg. *Hermenêutica em retrospectiva. Heidegger em retrospectiva*. Rio de Janeiro: Vozes, 2007.

——. *O problema da consciência histórica*. 2. ed. Tradução de Paulo César Duque Estrada. Rio de Janeiro: Fundação Getúlio Vargas, 2003.

——. *Quem sou eu, quem és tu?: comentário sobre o ciclo de poemas*. Hausto-Cristal de Paul Celan. Traduzido e apresentado por Raquel Abi-Sâmara. Rio de Janeiro: UERJ, 2005.

——. *The enigma of health*. Traduzido por Jason Gaiger and Nicholas Walker. Stanford University Press: California, 1996.

——. *Verdade e Método I*. 6. ed. Traduzido por Flávio Paulo Meurer. Petrópolis: Vozes, 2004.

——. *Verdade e Método II*. 2. ed. Traduzido por Enio Paulo Giachini. Petrópolis: Vozes, 2004.

GAMA, Guilherme Calmon Nogueira da. Filiação e reprodução assistida: introdução ao tema sob a perspectiva do direito comparado. In: *Revista dos Tribunais* nº 776, ano 2000.

GARCIA, Célio. Prefácio na obra de Pereira, Rodrigo da Cunha. *Direito de Família: uma abordagem psicanalítica*. 2.ed. Belo Horizonte: Del Rey, 1999.

——. Psicanálise: operadores do simbólico e clínica das transformações familiares. In: *Repensando o direito de família*. Anais do I Congresso Brasileiro de Direito de família. Rodrigo da Cunha Pereira (coord.). IBDFAM, OAB-MG, Belo Horizonte: Del Rey, 1999.

GASPAR, Rubik. AI nº 10.256, publicado no DJE de 29.10.96.

GOMES, Orlando. *Direito de família*. 7. ed. Rio de Janeiro: Forense, 1994.

GRAU, Eros Roberto. *O direito posto e o direito pressuposto*. 5. ed. São Paulo: Malheiros, 2003.

GRISARD FILHO, Waldyr. Será verdadeiramente plena a adoção unilateral? CD *Revista brasileira de Direito de família* nº 05, Porto Alegre: Síntese, 2004

GUSMÃO, Paulo Dourado de. *Introdução ao Estudo do Direito*. 19. ed. Rio de Janeiro: Forense, 1996.

HAAR, Michel. *Heidegger e a essência do homem*. Lisboa: Instituto Piaget, 1990.

HABERMAS, Jurgen. *Direito e Democracia entre facticidade e validade*. Traduzido por Flávio Beno Siebeneichler. Rio de Janeiro: Tempo Brasileiro, 1997, v. II.

HEIDEGGER, Martin. *A caminho da linguagem*. Traduzido por Márcia Sá Cavalcante Schuback. Rio de Janeiro: Vozes, 2006.

——. *Heráclito*. Traduzido por Marcia Sá Cavalcante Schuback. 3.ed. Rio de Janeiro: Relume Dumará, 2002.

——. *Introdução à Metafísica*. Traduzido por Emmanuel Carneiro Leão. Rio de Janeiro: Tempo Brasileiro, 1969.

——. *Matrizes pós-românticas. Fenomenologia e existencialismo*. Disponível em: http://www.ufrgs.br/museupsi/aula29.PPT#36. Acesso em 24-10-2005.

——. *O caminho da linguagem*. Rio de Janeiro: Vozes, 2003.

——. *Seminários de Zollikon*. Traduzido por Gabriela Arnhold e Maria de Fátima de Almeida Prado. Petrópolis: Vozes, 2001.

——. *Ser e Tempo*. 14.ed. Traduzido por Márcia Sá Cavalcante Schuback. Petrópolis: Vozes, 2005. Parte I.

HERMANN, Nadja. *Hermenêutica e Educação*. Porto Alegre: DP&A, 2003.

HIRONAKA, Giselda Maria Fernandes Novaes. Se eu soubesse que ele era meu pai.. In: *Direito de Família: a família na travessia do milênio*. Anais do II Congresso Brasileiro de Direito de Família. Rodrigo da Cunha Pereira (coordenador). Belo Horizonte: IBDFAM, OAB - MG, Del Rey, 2000.

HOTTOIS, Gilberto. *História da filosofia*. Traduzido por Maria Fernanda Oliveira. Lisboa, Portugal: Instituto Piaget, 2002.

JOBIM, Luiz Fernando. Em ofício remetido e protocolado sob nº 1586/98, de 07.08.98, datado de 03.08.98, nos quais constam os diversos tipos de exame genético DNA.

——; HORTA, Maria Fernanda. Mur, Maria Del Carmen e JOBIM, Maria Regina. Perícias médicas em investigação de paternidade pelos principais sistemas genéticos. In: *Revista do HCPA*, abril de 1996, volume 16, Porto Alegre.

JUNGES, José Roque. *Bioética, perspectivas e desafios*. São Leopoldo: Editora Unisinos, 1999.

KOSHIBA, Luiz. *História: origens, estruturas e processos*. São Paulo: Atual, 2000.

KUSCH, Martin. *Linguagem como cálculo versus linguagem como meio universal*. Traduzido por Dankwart Bernsmuller. São Leopoldo: Editora Unisinos, 2003.

LACAN, Jacques. *Para Ler o seminário 11 de Lacan*. Tradução: Dulce Duque Estrada. Richard Feldstein, Bruce Fink e Maire Jaanus (org). Rio de Janeiro: Jorge Zahar Editor, 1997.

LACERDA, Galeno. O juiz e a justiça no Brasil. *Revista da Ajuris* 53/58, de 11/91.

LEIRIA, Maria Lúcia Luz. *O acesso à jurisdição e a garantia do crédito-débito tributário para impugnar a execução fiscal: uma releitura hermenêutica*. Disponível em www.revistadoutrina.trf4.gov.br/index.revistadoutrina.trf4. Acesso em 12.07.2005.

LEITE, Eduardo de Oliveira. Exame de DNA, ou, o limite entre o genitor e o pai. In: *Grandes Temas da Atualidade, DNA como meio de prova da filiação*. Eduardo de Oliveira Leite (coord.). Rio de Janeiro: Forense, 2000.

——. *Procriações artificiais: bioética e biodireito*. Repensando o direito de família, Anais do I Congresso Brasileiro de Direito de Família. Rodrigo da Cunha Pereira (coord.). IBDFAM, OAB-MG, Belo Horizonte: Del Rey, 1999.

——. *Temas de Direito de Família*, São Paulo: Revista dos Tribunais, 1994.

LIMA NETO, Francisco Vieira. Obtenção de DNA para exame: direitos humanos "versus" exercício da jurisdição. In: *Grandes Temas da Atualidade, DNA como meio de prova da filiação*. Eduardo de Oliveira Leite (coord.). Rio de Janeiro: Forense, 2000.

LIXA, Ivone Fernandes Morcilo. *Hermenêutica e Direito: uma possibilidade crítica*. Curitiba: Juruá, 2003.

LÔBO, Paulo Luiz Neto. O exame de DNA e o princípio da dignidade da pessoa humana. In: *Revista brasileira de direito de família* nº 01, de 06/99.

——. Princípio Jurídico da Afetividade na Filiação. Direito de família: a família na travessia do milênio. *Anais* do II Congresso Brasileiro de Direito de família. Rodrigo da Cunha Pereira (coordenador). Belo Horizonte, IBDFAM, OAB – MG: Del Rey, 2000.

LOCKE, John. *Dois Tratados Sobre o Governo*. Tradução Julio Fischer. São Paulo: Martins Fontes, 1998.

LOPES, Sônia Godoy Bueno Carvalho. *Bio - Introdução à Biologia, Citologia, Embriologia animal, Histologia animal, Os seres vivos, Genética, Evolução, Ecologia*, 5. ed. São Paulo: Saraiva, 1996.

LOTUFO, Maria Alice Zaratin. *Curso Avançado de Direito Civil*. São Paulo: Revista dos Tribunais, 2002, v. 5: *Direito de Família*.

LUCAS, Douglas César (coord.). Hermenêutica filosófica e os limites do acontecer do direito numa cultura jurídica aprisionada pelo "procedimentalismo metodológico". In: *Olhares hermenêuticos sobre o Direito*. Ijuí: Editora Unijuí, 2006.

LUZ, Valdemar P. da. *Curso de Direito de família*. Caxias do Sul: Mundo Jurídico, 1996.

MADALENO, Rolf. A coisa julgada na investigação de paternidade. Disponível em: <http://www.ibdfam.org.br/?artigos&artigo=351>. Acesso em: 07 de março de 2008.

——. A coisa julgada na investigação de paternidade. In: *Grandes Temas da Atualidade, DNA como meio de prova da filiação*. Eduardo de Oliveira Leite (coord.). Rio de Janeiro: Forense, 2000.

——. *Novas Perspectivas no Direito de família*. Porto Alegre: Livraria do Advogado, 2000.

——. O calvário da execução de alimentos. Porto Alegre: Síntese. In: *Revista Brasileira do Direito de Família* nº 01, 06/99.

MARQUES, Claudia Lima. Visões sobre o teste de paternidade através do exame do DNA em direito brasileiro - direito pós-moderno à descoberta da origem? In: *Grandes Temas da Atualidade, DNA como meio de prova da filiação*. Eduardo de Oliveira Leite (coord.). Rio de Janeiro: Forense, 2000.

MARTINS, Ives Gandra da Silva. O exame do DNA como meio de prova – aspectos constitucionais. In: *Grandes Temas da Atualidade, DNA como meio de prova da filiação*. Eduardo de Oliveira Leite (coord.). Rio de Janeiro: Forense, 2000.

MARTINS, José Renato Silva. ZAGANELLI, Margareth Vetis. Recusa à realização do exame de DNA na investigação de paternidade: direito à intimidade ou direito à identidade? In: *Grandes Temas da Atualidade, DNA como meio de prova da filiação*. Eduardo de Oliveira Leite (coord.). Rio de Janeiro: Forense, 2000.

MAY, Rollo. *A descoberta do ser*. 4. ed. Traduzido por Cláudio G. Somogyi. Rio de Janeiro: Rocco, 2000.

MEIRELLES, Jussara. *Gestação por outrem e determinação da maternidade - "mãe de aluguel"*. Curitiba: Genesis, 1998, nota 12 do capítulo VI.

MELO, Albertino Daniel de. Filiação Biológica - Tentando Diálogo Direito – Ciências. In: *Grandes Temas da Atualidade, DNA como meio de prova da filiação*. Eduardo de Oliveira Leite (coord.). Rio de Janeiro: Forense, 2000.

MENDES, Sérgio de Sá. *Direito Romano Resumido*. 2. ed. Rio de Janeiro: Rio, 1978.

MILHOMENS, Jônatas; ALVES, Geraldo Magela. *Manual Prático de Direito de Família.* 3. ed. Rio de Janeiro: Forense, 1995.

MINDLIN, Betty. Família Indígena, Poligamia e Mitos de Moqueca de Maridos. In: *Direito de Família: a família na travessia do milênio.* Anais do II Congresso Brasileiro de Direito de Família, Rodrigo da Cunha Pereira (coordenador). Belo Horizonte: IBDFAM, OAB - MG, Del Rey, 2000.

MIRANDA, Jorge. *Manual de Direito Constitucional.* 2. ed. Tomo IV. Coimbra, Portugal: Coimbra Editora, 1993.

——. *Manual de Direito Constitucional.* 3. ed. Coimbra: Coimbra Editora, 2000, v. IV.

——. *Manual de Direito Constitucional.* Coimbra: Coimbra Editora, 1997, v. IV.

——. *Manual de Direito Constitucional.* Tomo I, 6. ed., Coimbra: Coimbra Editora, 1997.

MONTEIRO, Denise Schulthais dos Anjos; PEREIRA, Luciana Fernandes; SARMENTO, Marilza Rodrigues Sarmento; e MERCIER, Tânia Maura de Aquino. *Resiliência e pedagogia na presença: intervenção sócio-pedagógica no contexto escolar.* Disponível em: http://www.pedagogiaemfoco.pro.br/fundam01.htm. Acesso em 29.10.2004.

MONTEIRO, Washington de Barros. *Estatuto da Criança e do Adolescente.* São Paulo: Malheiros, 1992.

MORAES, Maria Celina Bodin de. O direito personalíssimo à filiação e a recusa ao exame de DNA: uma hipótese de colisão de direitos fundamentais. *Grandes Temas da Atualidade, DNA como meio de prova da filiação.* Eduardo de Oliveira Leite (coord.). Rio de Janeiro: Forense, 2000.

——. Recusa à Realização do Exame de DNA na Investigação de Paternidade e Direitos de Personalidade. In: *A Nova Família: problemas e perspectivas.* Vicente Barreto, Jacques Comaille [...] [et al.] (org.). Rio de Janeiro: Renovar, 1997.

MORAIS, José Luís Bolzan de; AGRA, Waber de Moura. A jurisprudencialização da Constituição e a densificação da legitimidade da jurisdição constitucional. In: *Revista do Instituto Hermenêutica Jurídica* – (Neo)constitucionalismo: ontem, os Códigos; hoje, as Constituições. Porto Alegre, 2004.

MOREIRA, Vital. O Futuro da Constituição. In: *Direito Constitucional: estudos em homenagem a Paulo Bonavides.* Eros Roberto Grau e Willis Santiago Guerra Filho (org.). São Paulo: Malheiros, 2001.

MORIN, Edgar. *Amor, poesia, sabedoria.* 6. ed. Traduzido por Edgard de Assis Carvalho. Rio de Janeiro: Bertrand Brasil, 2003.

NEUMANN, Jorge Milton. Ofício remetido ao Fórum de Guarani das Missões-RS, em 25.08.97, juntado ao processo nº 2.543/214.

NOGUEIRA, Jacqueline Filgueras. *A filiação que se constrói: o reconhecimento do afeto como valor jurídico.* São Paulo: Memória Jurídica, 2001.

NUNES, Victor Augusto Pereira. *Tratado: filiação legítima e ilegítima- Comentário à Lei de Protecção dos Filhos.* 3. ed. Coimbra: Coimbra Editora, 1963.

OHLWEILER, Leonel. Administração Pública e Filosofia Política Contemporânea: algumas projeções do constitucionalismo comunitário. In: *Direito, Estado e Democracia: entre a (in)efetividade e o imaginário social.* Porto Alegre: Instituto de Hermenêutica Jurídica, v. 1, n. 4.

OLIVEIRA, Guilherme de. *Critério Jurídico da Paternidade.* Coimbra: Livraria Almedina, 1998.

OLIVEIRA, J. M. Leoni Lopes de. *A nova lei de investigação de paternidade.* 2. ed. Rio de Janeiro: Lumen Juris, 1994.

OLIVEIRA, José Lamartine Corrêa de; MUNIZ, Francisco José Ferreira. *Direito de Família.* Porto Alegre: Sergio Antonio Fabris, 1990.

PENA, Sérgio D. J. Determinação de paternidade pelo estudo direto do DNA: estado da arte no Brasil. In: *Direitos de Família e do menor.* Sálvio de Figueiredo Teixeira (coord.). 3. ed. Belo Horizonte: Del Rey, 1993.

——. *O DNA como (Única) Testemunha em Determinação de Paternidade.* Disponível no site: http://www.cfm.org.br/revista/bio2v5/odnacomounica.htm.

PENA, Sérgio Danilo J. Engenharia genética – DNA: a testemunha mais confiável em determinação de paternidade. In: *Repensando o direito de família,* Anais do I Congresso Brasileiro de Direito de Família. Rodrigo da Cunha Pereira (coord.). IBDFAM, OAB-MG, Belo Horizonte: Del Rey, 1999.

PEREIRA, Caio Mário da Silva. *Instituições de Direito Civil.* Rio de Janeiro: Forense, 1994, v. I.

——. *Reconhecimento de paternidade e seus efeitos,* 5. ed. Rio de Janeiro: Forense, 1996.

PEREIRA, Lafayette Rodrigues. *Direitos de Família: anotações e adaptações ao Código Civil por José Bonifácio de Andrada e Silva.* 5. ed. Rio de Janeiro: Freitas Bastos, 1956.

PEREIRA, Rodrigo da Cunha (coord.). Direito, Amor e Sexualidade. In: *Direito de Família: a família na travessia do milênio,* Anais do II Congresso Brasileiro de Direito de Família. Belo Horizonte: IBDFAM, OAB - MG, Del Rey, 2000.

——. A criança não existe. In: *Direito de família e Psicanálise.* Giselle Câmara Groeninga e Rodrigo da Cunha Pereira (coord.). Rio de Janeiro: Imago, 2003.

———. A desigualdade dos gêneros, o declínio do patriarcalismo e as discriminações positivas (coord.). In: Repensando o direito de família. *Anais do I Congresso Brasileiro de Direito de família, IBDFAM,* OAB-MG, Belo Horizonte: Del Rey, 1999.

———. *Direito de Família: uma abordagem psicanalítica,* 2. ed. Belo Horizonte: Del Rey, 1999.

———. Família, direitos humanos, psicanálise e inclusão social. In: *Direito de família e Psicanálise.* Giselle Câmara Groeninga e Rodrigo da Cunha Pereira (coords.). Rio de Janeiro: Imago, 2003.

PEREIRA, Sérgio Gischkow. A imprescritibilidade das ações de Estado e a socioafetividade: repercussão do tema no pertinente aos arts. 1.601 e 1.614 do Código Civil. In: *Direitos fundamentais do direito de família.* Belmiro Pedro Welter e Rolf Hanssen Madaleno (coord.). Porto Alegre: Livraria do Advogado.

———. *Estudos de direito de família.* Porto Alegre: Livraria do Advogado, 2004.

PEREIRA, Tânia da Silva. O estatuto da criança e do adolescente inovando o direito de família. In: *Repensando o direito de família - I Congresso Brasileiro de Direito de família, 1999.* Belo Horizonte. Anais. Rodrigo da Cunha Pereira (coord.). Belo Horizonte: Del Rey, 1999.

———. O princípio do "melhor interesse da criança" no âmbito das relações familiares. In: *Direito de família e Psicanálise.* Giselle Câmara Groeninga e Rodrigo da Cunha Pereira (coords.). Rio de Janeiro: Imago, 2003.

PESSOA, Oswaldo Frota. *Fronteiras do Biopoder,* http://200.239.45.3/cfm/espelho/revista/bio2v5/fronteirasbiopoder.htm, em 09.06.99.

PHILIPPI, Jeanine Nicolazzi. *A Lei: uma abordagem a partir da leitura cruzada entre Direito e Psicanálise.* Belo Horizonte: Del Rey, 2001.

———. Direito e psicanálise: breves apontamentos acerca do estatuto da lei. In: Repensando o direito de família. Anais do I Congresso Brasileiro de Direito de família. Rodrigo da Cunha Pereira (coord.), IBDFAM, OAB-MG, Belo Horizonte: Del Rey, 1999.

PINHO, Rodrigo César Rebello. *Sinopses jurídicas. Teoria Geral da Constituição e Direitos Fundamentais,* nº 17. 5. ed. São Paulo: Saraiva, 2005.

PIRES, Celestino. Deus e a Teologia em Martin Heidegger. In: *Revista portuguesa de filosofia.* Braga, jul.-dez. 1970. fase 3-4. Tomo XXVI.

PORTO, Sérgio Gilberto. *Coisa Julgada Civil.* Rio de Janeiro: Aide, 1996.

PORTUGAL, Sylvio. *Investigação de Paternidade.* São Paulo, 1926.

RASKIN, Salmo. A análise de DNA na determinação de paternidade: mitos e verdades no limiar do século XXI. In? *Grandes Temas da Atualidade, DNA como meio de prova da filiação.* Eduardo de Oliveira Leite (coord.). Rio de Janeiro: Forense, 2000.

———. A Evolução das Perícias Médicas na Investigação de Paternidade: dos redemoinhos do cabelo ao DNA. Direito de Família: a família na travessia do milênio. *Anais do II Congresso Brasileiro de Direito de Família.* Rodrigo da Cunha Pereira (coord.). Belo Horizonte, IBDFAM, OAB – MG: Del Rey, 2000.

———. *A evolução das perícias médicas na investigação de paternidade: dos redemoinhos do cabelo ao DNA.* Porto Alegre: Síntese. Revista Brasileira de Direito de família nº 3 – Out-Nov-Dez/99.

———. *Investigação de Paternidade: manual prático do DNA,* 1. ed. 2. tir. Curitiba: Juruá, 1999.

Revista Veja Educação, 2001 - Editora Abril S.A., www.veja.com.br, 06.08.01 "A duplicação de um ser humano adulto é teoricamente possível, usando-se o mesmo processo adotado na Escócia para clonar "Dolly".

RIBEIRO, Renato Janine. A Família na Travessia do Milênio. In: *Direito de Família: a família na travessia do milênio. Anais do II Congresso Brasileiro de Direito de Família.* Rodrigo da Cunha Pereira (coord.). Belo Horizonte: IBDFAM, OAB - MG, Del Rey, 2000.

RIZZARDO, Arnaldo. *Direito de Família,* vol. II, Rio de Janeiro: Aide, 1994.

ROCHA, Acílio da Silva Estanqueiro. O Ideal da Europa. In: *Revista Portuguesa de Filosofia.* jul./dez. 2000. Vol. 56, fase 3-4.

ROENICK, Hermann Homem de Carvalho. Algumas reflexões sobre a verdade e a certeza no campo probatório. In: *Revista da Ajuris* 68/55, de nov./96, Porto Alegre, 1996.

ROHDEN, Luiz. Hermenêutica e linguagem. In: Hermenêutica filosófica: Nas trilhas de Hans-Georg Gadamer. *Coleção Filosofia 117.* Porto Alegre: EDIPUCRS, 2000.

ROHDEN, Luiz. Hermenêutica e linguagem. In: *Hermenêutica filosófica. Nas trilhas de Hans-Georg Gadamer.* Porto Alegre: EDIPUCRS, 2000.

SALDANHA, Nelson. *Secularização e Democracia.* Rio de Janeiro: Renovar, 2003.

SANTOS, Boaventura de Souza. *Pela mão de Alice. O social e o político na pós-modernidade.* 9. ed. São Paulo: Cortez, 2003.

SANTOS, Eduardo dos. *Direito da Família.* Coimbra: Livraria Almedina, 1999.

SANTOS, Maria Celeste Cordeiro Leite. *Quem são os pais? O DNA e a filiação, proposta de solução ou início dos dilemas?*. In: *Grandes Temas da Atualidade, DNA como meio de prova da filiação*. Eduardo de Oliveira Leite (coord.). Rio de Janeiro: Forense, 2000.

SARLET, Ingo Wolfgang (org.). As dimensões da dignidade da pessoa humana: construindo uma compreensão jurídico-constitucional necessária a possível. In: *Dimensões da Dignidade: ensaios da Filosofia do Direito e Direito Constitucional*. Porto Alegre: Livraria do Advogado, 2005.

SARLET, Ingo Wolfgang. A eficácia dos direitos fundamentais. 4. ed. Porto Alegre: Livraria do Advogado, 2004.

——. *Dignidade da Pessoa Humana e Direitos Fundamentais na Constituição Federal de 1988*. Porto Alegre: Livraria do Advogado, 2001.

——. *Maquiavel, "o príncipe" e a formação do Estado moderno*. In: CD juris plenum, edição 72, vol.2, agosto de 2003.

SILVA, Edson Ferreira da. Direitos de personalidade: os direitos de personalidade são inatos?. In: *Revista dos Tribunais* nº 694/21, de agosto/93, São Paulo, 1993.

SILVA, José Afonso da. A dignidade da pessoa humana como valor supremo da democracia. In: *Revista de Direito Administrativo*. Rio de Janeiro: Renovar, nº 212. abr./jun. 1998.

——. *Curso de Direito Constitucional Positivo*, 10. ed. São Paulo: Malheiros, 1995.

SILVA, Reinaldo Pereira e. Acertos e desacertos em torno da verdade biológica. In: *Grandes Temas da Atualidade, DNA como meio de prova da filiação*. Eduardo de Oliveira Leite (coord.). Rio de Janeiro: Forense, 2000.

SIMAS FILHO, Fernando. A prova na investigação de paternidade. 5. ed. Curitiba: Juruá, 1996.

——. Investigação de paternidade: peculiaridades, panorama atual, futuro. In: Repensando o Direito de família. *Anais do I Congresso Brasileiro de Direito de família*. Rodrigo da Cunha Pereira (coord.). Belo Horizonte, IBDFAM, OAB-MG: Del Rey, 1999.

SOUZA, Maria Thereza Costa Coelho de. O desenvolvimento afetivo segundo Piaget. In: *Afetividade na Escola*. Valéria Amorim Arantes (org.). São Paulo: Summus Editorial, 2003.

SPAREMBERGER, Raquel Fabiana Lopes (org.). Hermenêutica filosófica. História e hermenêutica na obra de Hans-Georg Gadamer. In: *Hermenêutica e argumentação*. Ijuí: Unijuí, 2003.

STEIN, Ernildo. *Uma breve introdução à filosofia*. Ijuí: Unijuí, 2002.

——. *Pensar é pensar a diferença*. Ijuí: Unijuí, 2002.

STEINMETZ, Wilson Antônio. *Colisão de Direitos Fundamentais e princípio da proporcionalidade*. Porto Alegre: Livraria do Advogado, 2001.

STRECK, Danilo R. *Rousseau & a Educação*. Belo Horizonte: Autêntica, 2004.

STRECK, Lenio Luiz. A hermenêutica filosófica e as possibilidades de superação do positivismo pelo (neo)constitucionalismo. In: *Constituição, sistemas sociais e hermenêutica: Anuário do Programa de Pós-Graduação em Direito da UNISINOS*: Porto Alegre: Livraria do Advogado, 2005.

——. *E que o texto constitucional não se transforme em latifúndio improdutivo – uma crítica à ineficácia do Direito*. Disponível em: www.leniostreck.com.br. Acesso em 12.06.2006.

——. Em manifestação em apelação criminal nº 70.006.451.827, 5ª Criminal do Tribunal de Justiça do RS, em 20 de junho de 2003. Relator: Luiz Gonzaga da Silva Moura.

——; MORAIS, José Luis Bolzan de. *Ciência Política e Teoria Geral do Estado*. Porto Alegre: Livraria do Advogado, 2000.

——. *Hermenêutica e(m) crise*, 2. ed. Porto Alegre: Livraria do Advogado, 2000.

——. *Hermenêutica Jurídica e(m) Crise*. 5. ed. Porto Alegre: Livraria do Advogado, 2004.

——. In prefácio no livro de Belmiro Pedro Welter. *Igualdade entre as filiações biológica e socioafetiva*. São Paulo: Revista dos Tribunais, 2003.

——. In: *manifestação no processo-crime nº 70001588300*. 5ª Câmara Criminal do Tribunal de Justiça do Rio Grande do Sul. 01.11.2000. Relator: Amilton Bueno de Carvalho.

——. In: *Parecer no Hábeas-Córpus nº 70.011.823.531*, da 5ª CCr. do Tribunal de Justiça do Rio Grande do Sul, em 15.06.2005. Disponível em: www.leniostreck.com.br. Acesso em 6/6/6.

——. In: *Parecer no HC 70.911.823.531*, 5ª Câmara Cível. TJ/RS, em 15/06/2005. Disponível em: www.leniostreck.com.br. Acesso em: 06/06/2006.

——. In: *Parecer no HC nº 70.011.823.531*, da 5ª CCr. do Tribunal de Justiça do Rio Grande do Sul, em 15.06.2005. Disponível em: www.leniostreck.com.br. Acesso em 6 jun. 2006.

——. Interpretar e Concretizar: em busca da superação da discricionariedade do positivismo jurídico. In: *Olhares hermenêuticos sobre o Direito*. Douglas Cesar Lucas (org.). Ijuí: Unijuí, 2006.

——. *Jurisdição constitucional e hermenêutica: uma nova visão crítica do direito*. 2. ed. Rio de Janeiro: Forense, 2004.

──────. O "crime de porte de arma" à luz da principiologia constitucional e do controle de constitucionalidade: três soluções à luz da hermenêutica. In: *Revista de Estudos Criminais* nº 01, 2001.

──────. *Verdade e Consenso.* Rio de Janeiro: Lumen Juris, 2006.

STRECK, Maria Luiza Schäfer. *Direito Penal e Constituição.* Porto Alegre: Livraria do Advogado, 2009.

TAVARES, José de Farias. *Comentários ao estatuto da criança e do adolescente.* 4. ed. Rio de Janeiro: Forense, 2002.

TEPEDINO, Gustavo. Normas Constitucionais e relações de direito civil na experiência brasileira. In: *Revista Jurídica* nº 278, de 12/2000, Porto Alegre, 2000.

THEODORO JÚNIOR, Humberto. Prova – princípio da verdade real – poderes do juiz – ônus da prova e sua eventual inversão – provas ilícitas – prova e coisa julgada nas ações relativas à paternidade (DNA). In: *Revista Brasileira de Direito de Família* – nº 3 – Out-Nov-Dez/99, Porto Alegre, 1999.

TOLFO, Rogério. Linguagem e mundo: a fenomenologia do sinal em *ser e tempo* de Martin Heidegger. *In:* HELFER, Inácio (org.). *Pensadores alemães dos séculos XIX e XX.* Santa Cruz do Sul: EDUNISC, 2000.

TRACHTENBERG, Anete. O poder e as limitações dos testes sanguíneos na determinação de paternidade. In: *Grandes Temas da atualidade. DNA como meio de prova da filiação.* Eduardo de Oliveira Leite (coord.). Rio de Janeiro: Forense, 2000.

TRACHTENBERG, Anete. O poder e as limitações dos testes sanguíneos na determinação da paternidade. Porto Alegre, *Revista Ajuris* nº 63/327, de 03/1995.

VARELLA, Dráuzio. A imposição sexual. In: *Caderno Colunistas do jornal O SUL.* Em 04 de março de 2007.

VATTIMO, Gianni. *Introdução a Heidegger.* 10. ed. Lisboa: Instituto Piaget, 1999.

VELOSO, Zeno. A Dessacralização do DNA. *Direito de Família: a família na travessia do milênio, Anais do II Congresso Brasileiro de Direito de Família.* Rodrigo da Cunha Pereira (coord.). Belo Horizonte, IBDFAM, OAB – MG: Del Rey, 2000.

──────. A sacralização do DNA na investigação de paternidade. In *Grandes Temas da Atualidade, DNA como meio de prova da filiação.* Eduardo de Oliveira Leite (coord.). Rio de Janeiro: Forense, 2000.

──────. *Direito brasileiro da filiação e paternidade.* Rio de Janeiro: Malheiros, 1997.

VENOSA, Sílvio de Salvo. *Direito Civil: parte geral.* São Paulo: Atlas, 2001.

VERUCCI, Florisa. O direito de ter pai. In: *Grandes Temas da Atualidade, DNA como meio de prova da filiação.* Eduardo de Oliveira Leite (coord.). Rio de Janeiro: Forense, 2000, p. 98.

VIANA, Marco Aurélio S. *Curso de Direito Civil.* Belo Horizonte: Del Rey, 1993, v. II.

VIEIRA, Helena Cunha. Poderes instrutórios do juiz no processo brasileiro. In: *Revista Ajuris* 60/327, de mar./94, Porto Alegre, 1994.

VILLELA, João Baptista. Desbiologização da Paternidade. In: *Boletim IBDFAM* nº 11, ano 02, set./out./2001.

──────. O modelo constitucional da filiação: verdades & superstições. *Revista Brasileira de Direito de família*, nº 2, julho/agosto/setembro de 1999.

VIVEIRA, Helena Cunha. Poderes instrutórios do juiz no processo brasileiro. *Revista da Ajuris* 60/327, de 03/94.

WARAT, Luis Alberto. *Introdução Geral ao Direito, o Direito não estudado pela teoria jurídica moderna.* Porto Alegre: Sergio Antonio Fabris, 1997, v. III.

WELTER, Belmiro Pedro. *(Des)velamento da cidadania na democracia constitucional.* Revista de Direito da Universidade Regional Integrada do Alto Uruguai e das Missões, Santo Ângelo, junho de 2002.

──────. A compreensão dos preconceitos do direito de família pela hermenêutica filosófica. In: *Revista brasileira de direito de família.* Porto Alegre: Síntese, 2006.

──────. A secularização do direito de família. In: *Direitos fundamentais do direito de família.* Belmiro Pedro Welter e Rol Hanssen Madaleno (coord.). Porto Alegre: Livraria do Advogado, 2004.

──────. *Alimentos na união estável.* 3. ed. Porto Alegre: Síntese, 2003.

──────. *Alimentos no Código Civil.* 2. ed. São Paulo: Thomson-IOB, 2004.

──────. *Coisa julgada na investigação de paternidade.* 2. ed. Porto Alegre: Síntese, 2002.

──────. *Direito de família: questões controvertidas.* Porto Alegre: Síntese, 2000.

──────. *Estatuto da união estável.* 2. ed. Porto Alegre: Síntese, 2003.

──────. Família pós-contemporânea: uma escuta para além do judiciário. In: *Casamento: uma escuta além do judiciário.* Ivone M. C. Coelho de Souza (coord.). Florianópolis: Voxlegem, 2006.

──────. *Fraude de execução.* 4. ed. Porto Alegre: Síntese, 1999.

──────. *Igualdade entre a filiação biológica e socioafetiva.* São Paulo: Revista dos Tribunais, 2003.

──────. Inconstitucionalidade do processo de adoção judicial. In: *Direitos fundamentais do direito de família.* Belmiro Pedro Welter e Rol Hanssen Madaleno (coord.). Porto Alegre: Livraria do Advogado, 2004.

──────. *Investigação de paternidade.* Volumes I e II. Porto Alegre: Síntese, 1999.

──. O racionalismo moderno e a ineficácia do processo civil. In: *Revista dos Tribunais*, 2006.

──. O sistema epistemológico de Hans Kelsen. In: *Direito. Revista do Programa de Pós-graduação*. Unicruz e Unisinos, 2001.

──. Relativização do princípio da coisa julgada na investigação de paternidade. In: *Anais do IV Congresso Brasileiro de direito de família*. Rodrigo da Cunha Pereira (coord.). Belo Horizonte: IBDFAM, OAB, 2004.

──. Rito processual na prestação alimentar, litisconsórcio e tutela antecipada. In: *Alimentos no Código Civil*. Francisco José Cahali e Rodrigo da Cunha Pereira (coord.) Belo Horizonte: IBDFAM, OAB, 2005.

──. *Separação e divórcio*. Porto Alegre: Síntese, 2000.

──. *Teoria Tridimensional do Direito de Família*. Porto Alegre: Livraria do Advogado, 2009.

ZABAGLIA, Rosângela Alcântara; PEREIRA, Tânia da Silva. O Estatuto do Idoso e os desafios da modernidade. In: *A arte de envelhecer*. Maria Teresa Toríbio Brittes Lemos e Rosângela Alcântara Zabaglia (organizadoras). Rio de Janeiro: Ideias & Letras, 2004.

ZARADER, Marlène. *Heidegger e as palavras de origem*. Tradução de João Duarte. Lisboa: Instituto Piaget, 1990.